AF226862

COLLECTION COMPLETE

DES LOIS PROMULGUÉES

SUR LES DÉCRETS

DE L'ASSEMBLÉE NATIONALE,

IMPRIMÉE

PAR ORDRE DE L'ASSEMBLÉE NATIONALE,

SOUS LA SURVEILLANCE DU MINISTRE DE LA JUSTICE.

TOME QUINZIÈME.

———

A PARIS,

DE L'IMPRIMERIE NATIONALE.

1791.

L O I

CONCERNANT une Édition complète de tous les Décrets acceptés ou sanctionnés par le Roi.

Donnée à Paris le 19 Janvier 1791.

LOUIS, par la grace de Dieu & par la Loi conftitutionnelle de l'État, ROI DES FRANÇAIS; à tous préfens & à venir; SALUT. L'ASSEM-BLÉE NATIONALE a décrété, & Nous voulons & ordonnons ce qui fuit :

Quatrième difpofition du décret de l'Affemblée Nationale.

Du 9 janvier 1791.

L'ASSEMBLÉE NATIONALE ordonne qu'il fera procédé, aux frais de la Nation, & fous la furveillance du Garde-des-Sceaux, à une édition complète, & au nombre de deux mille exemplaires, de tous les décrets rendus jufqu'à ce jour, acceptés ou fanctionnés par le Roi, dont un defdits exemplaires fera envoyé à tous les tribunaux de juftice, commiffaires du Roi, diftricts, départemens & bureaux de conciliation, de telle forte qu'aucun de ces corps ne puiffe à l'avenir prétexter l'ignorance des décrets.

Mandons & ordonnons à tous les tribunaux, corps adminiftratifs & municipalités, que les préfentes ils faffent tranfcrire fur leurs regiftres, lire, publier & afficher dans leurs reffórts & départemens repectifs, &

A 2

exécuter comme Loi du Royaume. En foi de quoi Nous avons ſigné & fait contre-ſigner leſdites préſentes, aux-quelles Nous avons fait appoſer le Sceau de l'Etat. A Paris , le dix-neuvième jour du mois de janvier, l'an de grace mil ſept cent quatre-vingt-onze , & de notre règne le dix - ſeptième. *Signé* LOUIS. *Et plus bas ,* M. L. F. Duport. Et ſcellées du Sceau de l'Etat.

Certifié conforme à l'original.

COLLECTION COMPLÈTE

DES LOIS PROMULGUÉES

Sur les Décrets de l'Assemblée Nationale,

Depuis le 3 Novembre 1789.

***

N°. 2159.

LOI

QUI conserve comme oratoire l'église du ci-devant monastère des Ursulines de la ville de Ligny.

Donnée à Paris le 19 octobre 1791.

Louis, par la grace de Dieu, &c.

Décret du 21 septembre 1791.

L'ASSEMBLÉE NATIONALE, après avoir entendu le rapport qui lui a été fait par son comité ecclésiastique, de l'arrêté pris par le directoire du département de la Meuse, le 9 mai dernier, de concert avec l'évêque de ce département, sur les délibérations du directoire de district de Bar & du conseil général de la commune de Ligny, des 31 & 26 du même mois, concernant

A 3

l'érection de l'église du ci-devant monaſtère des Urſulines de cette ville en ſuccurſale, décrète ce qui ſuit :

L'égliſe du ci-devant monaſtère des Urſulines de la ville de Ligny eſt conſervée comme oratoire de la paroiſſe de cette ville; & le curé y enverra, les dimanches & fêtes, un de ſes vicaires, pour y célébrer la meſſe, & y faire les inſtructions ſpirituelles, ſans pouvoir y exercer les fonctions curiales.

Mandons & ordonnons à tous les corps adminiſtratifs & tribunaux, &c.

2160.

L O I

Relative à la circonſcription des paroiſſes des cantons de Conſolens & de Chabannais.

Donnée à Paris le 19 octobre 1791.

Louis, par la grace de Dieu, &c.

Décret du 21 ſeptembre 1791.

L'Aſſemblée nationale, après avoir entendu le rapport qui lui a été fait par ſon comité eccléſiaſtique,

De l'arrêté du directoire du département de la Charente, du 20 août 1791, ſur la réunion & la nouvelle circonſcription des paroiſſes de la ville & du canton de Conſolens & de celles du canton de Chabannais ; de la délibération du directoire du diſtrict de Conſolens, priſe de concert avec l'un des vicaires de l'évêque du département, le 15 juillet précédent, décrète ce qui ſuit :

Canton de Confolens.

ARTICLE PREMIER.

Le canton de Confolens fera compofé de fix paroiffes, favoir : Saint-Maxime-de-Confolens, Anfac, Manot, Saint-Maurice, Lefterpt & Effe.

I I.

Les paroiffes de Saint-Barthelemi, Saint-Michel, Lezignac-fur-Goire , Chambon, Négrat & Saint-Quentin près Lefterpt, font fupprimées.

I I I.

L'églife de Saint-Barthelemi fera confervée comme oratoire de la paroiffe de Saint-Maxime, & celle de Saint-Quentin comme oratoire de celle de Lefterpt ; les curés y enverront, les dimanches & fêtes, un vicaire pour y célébrer la meffe & y faire les inftructions fpirituelles, fans pouvoir y exercer les fonctions curiales.

I V.

La paroiffe de Saint-Maxime de Confolens comprendra fon ancien territoire, celui des paroiffes de Saint-Barthelemi & de Saint-Michel, & encore de la paroiffe de Négrat : les villages & hameaux du Boft-du-Juge, des Tiers, du Maf-Marteau, de la Martinie, des Moulins de la Rochette & des Tiers : le furplus fera réuni à la paroiffe de Saint-Germain-fur-Vienne.

De la paroiffe d'Anfac, les hameaux de la Grange-du-Paul & de la Grange-Boireau.

De la paroisse de Saint-Maurice, les villages & hameaux de Jallais, le Mas, & Chez-Garau.

Et de la paroisse d'Esse, les hameaux du Bois-de-Pommeau, Chez-Pascaud, Fénouillac, les Alexandries, & le Moulin de la Combe.

V.

La paroisse d'Ansac conservera son territoire actuel, à l'exception des deux hameaux réunis à Saint-Maxime.

V I.

La paroisse de Manot conservera son étendue actuelle jusqu'à ce que, par la nouvelle circonscription des paroisses du canton de la Péruze, il en soit distrait, ou il soit ajouté les lieux & hameaux que la localité indiquera d'y joindre ou d'en ôter.

V I I.

La paroisse de Saint-Maurice sera composée de son ancien territoire, à l'exception des trois hameaux réunis à Saint-Maxime, & des villages de Chez-Chambon, la Vigne, la Garcellie, Pierre-Fixe, & la Chaise, qui feront partie de la paroisse d'Esse.

La paroisse du Chambon est réunie à celle de Saint-Maurice, à l'exception du hameau des Places, qui fera partie de celle de Chabrac, canton de Chabannais.

De la paroisse de Lézignac-sur-Gorse, il sera réuni à celle de Saint-Maurice, le bourg dudit Lézignac, les villages & hameaux du Rus, Chez-Pinot, Chez-Maudon, Chez-Lavaud, le Moulin de l'Isle, le Moulin-neuf, Villemier, Chez-Bourgnaud, & Lachenan.

Les villages & moulin de la Brunie, la Goinie-Poursac, Chez-le-Beau, le Queroix & Gorces, de ladite paroisse de Lézignac, sont réunis à celle de Chabrac.

Et ceux des Borderies, Roussignac, la Papoutie, Chez-Rougnac, Chez-Belivier, Pui-Beaudet feront partie de la paroisse de Saugond, canton de Brigueil.

V I I I.

La paroisse de Lesterpt conservera son ancien territoire, à l'exception de ce qu'elle peut avoir dans le village de la Chambrunie, qui sera réuni à celle d'Esse.

La paroisse de Saint-Quentin est réunie à celle de Lesterpt, si ce n'est ce qui en dépendoit dans les villages de Villessot, Joumard, & les Gouttes, qui sera partie de celle de Saint-Christophe, canton de Brigueil.

I X.

La paroisse d'Esse conservera son ancien territoire, à l'exception des hameaux réunis par l'article IV à Saint-Maxime de Confolens, & de ceux de la Grange-Teyroux, & de la Grange-Baudou, ainsi que de ceux qui sont au-delà de la petite rivière de Dissoire, qui feront réunis à Saint-Germain.

Feront partie de ladite paroisse d'Esse, les cinq villages de la paroisse de Saint-Maurice, appelés Chez-Chambon, la Vigne, la Garcelie, Pierre-Fixe & la Chaise, ainsi que tout ledit village de la Chambrunie.

Canton de Chabannais.

X.

Le canton de Chabannais sera composé de six paroisses, qui feront Saint-Pierre-de-Chabannais, Chirac, Chabrac, Etagnac, Chassenon & Saint-Quentin.

X I.

Les paroisses de Saint-Sébastien, Grenord-d'Eau, Pressignac & Exideuil sont supprimées & réunies; savoir, Saint-Sébastien & Grenord-d'Eau à Saint-Pierre-de-Chabannais, ainsi qu'une partie d'Exideuil, dont le surplus sera réuni & divisé entre les paroisses de Saint-Quentin & la Péruze.

Les villages du Mas-Chaumont, la Broussanderie, Coulounoux, & le Courtieux, de la paroisse de Chirac, feront partie de celle de Saint-Pierre-de-Chabannais.

X I·I.

La paroisse de Pressignac est réunie, partie à Saint-Quentin, & partie à Chassenon.

X I I I.

Les églises de Saint-Sébastien & d'Exideuil sont conservées comme oratoires de la paroisse de Saint-Pierre-de-Chabannais, & celle de Pressignac, comme succursale de celle de Chassenon. Le curé de la paroisse de Saint-Pierre-de-Chabannais enverra, les fêtes & dimanches, un vicaire dans chacun des oratoires ci-dessus, pour y célébrer la messe, & y faire les instructions spirituelles, sans pouvoir y exercer les fonctions curiales.

X I V.

Pour déterminer, d'une manière claire & positive, les limites des cantons de Confolens & de Chabannais, & des paroisses qui les composent, il en sera dressé procès-verbal par les membres du directoire du district de Confolens, où leurs délégués, qui, au befoin feront placer des bornes élevées & fixatives defdites limites. Copies de ce procès-verbal feront remifes aux municipalités intéreffées, au directoire du diftrict, à celui du département, & à l'Affemblée nationale.

Mandons & ordonnons à tous les corps adminiftratifs & tribunaux, &c.

2161.

L O I

Relative à la circonfcription des paroiffes du diftrict de Vihiers.

Donnée à Paris le 19 octobre 1791.

Louis, par la grace de Dieu, &c.

Décret du 21 feptembre 1791.

L'Affemblée nationale, après avoir entendu le rapport qui lui a été fait par fon comité eccléfiaftique, de l'arrêté du directoire du département de Maine-&-Loire, du 17 août dernier, fur la délibération du directoire du diftrict de Vihiers, du 2 précédent, concernant la circonfcription des paroiffes de ce diftrict, décrète ce qui fuit :

ARTICLE PREMIER.

Les paroiffes du diftrict de Vihiers font réduites au nombre de 36, ainfi qu'il fuit :

Alleuds. (les)
Alençon.

Aubigné.
Beaulieu.
Brigné.
Briffac.
Champ. (le)
Chanzeaux.
Charcé.
Chavaignes.
Cerqueux. (les)
Cléré.
Concourfon.
Coron.
Faveray.
Faye.
Gompré.
Martigné.
Montillers.
Nueil, dont la Lande fera fuccurfale, & qui aura, à Paffavant, un oratoire où le curé de Nueil enverra, les dimanches & fêtes, un de fes vicaires pour y célébrer la meffe & y faire les inftructions fpirituelles, fans pouvoir y exercer les fonctions curiales.
Plaine. (la)
Rablay.
Salle. (la)
Saugé-l'Hopital.
Somloire.
Saint-George-Châtelaizon.
Saint-Hilaire-du-Bois.
Saint-Lambert.
Saint-Nicolas-de-Vihiers.
Saint-Paul-du-Bois.
Tancoigné.
Thouarcé.
Tigné.
Trémont.

Vauchrétien.
Voide. (le)

I I.

Lefdites paroiffes feront circonfcrites ainfi qu'il eft expliqué dans la délibération fufdatée du directoire du diftrict de Vihiers, fauf les changemens réglés par l'arrêté du directoire du département de Maine-&-Loire.

Mandons & ordonnons à tous les corps adminiftratifs & tribunaux, &c.

2162.

L O I

Relative à la réunion des paroiffes de la ville de Bar-fur-Aube.

Donnée à Paris le 19 octobre 1791.

Louis, par la grace de Dieu, &c.

Décret du 21 feptembre 1791.

L'Affemblée nationale, après avoir entendu le rapport qui lui a été fait par fon comité eccléfiaftique, de l'arrêté du directoire du département de l'Aube, du 7 du préfent mois de feptembre, fur les délibérations du directoire du diftrict, de la municipalité & du confeil-général de la commune de Bar-fur-Aube, des 14, 5 & premier avril dernier, concernant la réunion des paroiffes de la ville de Bar-fur-Aube; & de l'avis de l'évêque du département, du · dudit mois de feptembre, décrète ce qui fuit :

Les paroisses de Saint-Pierre, de la Madeleine, &
de Saint-Maclou, de la ville de Bar-sur-Aube, sont
réunies en une seule, qui sera desservie dans l'église
ci-devant de Saint-Maclou, sous l'invocation de Sainte-
Germaine. L'église ci-devant paroissiale de la Madeleine est conservée comme oratoire; & le curé y enverra, les dimanches & fêtes, un de ses vicaires pour
y célébrer la messe & y faire les instructions spirituelles, sans pouvoir y exercer les fonctions curiales.

Mandons & ordonnons à tous les corps administratifs
& tribunaux, &c.

2163.

L O I

Relative à la réunion des paroisses de Neuilly
Saint-Front.

Donnée à Paris le 19 octobre 1791.

Louis, par la grace de Dieu, &c.

Décret du 21 septembre 1791.

L'Assemblée nationale, après avoir entendu le rapport qui lui a été fait par son comité ecclésiastique, de
l'arrêté du directoire du département de l'Aisne, du 23
août dernier, sur les délibérations du directoire du
district de Château-Thierry, & de la municipalité de
Neuilly-Saint-Front, des 6 & 3 du même mois, concernant la réunion des paroisses de Neuilly-Saint-Front;
& de l'avis de l'évêque du département du 4 du présent mois de septembre, décrète ce qui suit :

Il n'y aura, pour la ville de Neuilly-Saint-Front qu'une seule paroisse qui sera desservie dans l'église de Saint-Front, & à laquelle est réunie, avec son territoire, la paroisse de Saint-Remi de la même ville.

Mandons & ordonnons à tous les corps administratifs & tribunaux, &c.

2164.

L O I

Relative à la réunion de la paroisse de la ville de Dourdan.

Donnée à Paris le 19 octobre 1791.

Louis, par la grace de Dieu, &c.

Décret du 21 *septembre* 1791.

L'Assemblée nationale, après avoir entendu le compte qui lui a été rendu par son comité ecclésiastique, des arrêtés du directoire du département de Seine-&-Oise, des 2 juillet & 17 août 1791, sur les délibérations du directoire du district & de la municipalité de Dourdan, prises de concert avec le fondé de pouvoirs de l'évêque du département, concernant la réunion des paroisses de ladite ville, décrète ce qui suit :

District de Dourdan. Ville de Dourdan.

Il n'y aura pour la ville de Dourdan, qu'une seule paroisse qui sera desservie dans l'église de Saint-Germain ; la paroisse de Saint-Pierre est supprimée, & son territoire réuni à celui de la paroisse de Saint-Germain.

Mandons & ordonnons à tous les corps administratifs & tribunaux, &c.

2165.

L O I

Relative à la circonscription des paroisses du district de Besse.

Donnée à Paris le 19 octobre 1791.

Louis, par la grace de Dieu, &c.

Décret du 21 septembre 1791.

L'Assemblée nationale, après avoir entendu le rapport qui lui a été fait par son comité ecclésiastique, de l'arrêté pris le 3 juin dernier, par le directoire du département du Puy-de-Dôme, de concert avec l'évêque de ce département, sur le projet de circonscription des paroisses du district de Besse, proposé le 29 mai précédent, par le directoire de ce district, décrète ce qui suit :

ARTICLE PREMIER.

Les paroisses du district de Besse, département du Puy-de-Dôme, sont réduites au nombre de 26, ainsi qu'il suit :

Avèze.

Bains.

Bagnols ; qui conservera son ancien territoire, à l'exception des villages de Peu, Jouvion & Bertinet,

réunis

réunis à la paroisse de Saint-Donnat, & ceux de Fouillat, Bourbontout, Lacoste & Limberteix, réunis à la
Cros-la-Tartière.

Besse, qui comprendra, outre son ancien territoire,
la Fabrie, hameau, distrait de Saint-Anastèze, & le
village de Mont-Redon, distrait de Saint-Victor, & qui
continuera d'avoir un oratoire à Vassivières.

Chambon, qui conservera son ancien territoire, à
l'exception du village de Beaune, réuni à Murol.

Chartreix.

Compains, qui conservera son ancien territoire, sauf
les parties qui en sont distraites pour être réunies à
l'Église-Neuve.

Courgoul.

Cros-la-Tartière, qui réunira à son ancien territoire
les villages de Bourbontout, Fouillat, la Coste &
Limberteix.

Eglise-Neuve, qui réunira à son ancien territoire les
villages de Gruffandeix, Grands-Jounes, Maudeyres,
Espinat & Redondel, ainsi que les vacheries & mon-
tagnes de Chabagnol & Chambedaze, le tout distrait
de la paroisse de Compains.

Espinchal, auquel est réunie comme succursale la
paroisse de Godivelle.

Murol, qui comprendra tous les objets dont la réunion est proposée par l'arrêté susdaté du directoire du
département.

Picherande.

Rodde (la).

Singles.

Saint-Anastèze, qui conservera son ancien territoire,
excepté ce qui en a été distrait pour être réuni à Besse.

Saint-Diéry, qui conservera son ancien territoire, sauf
les parties qui en seront détachées ci-après, pour être
réunies à la paroisse de Saint-Pierre-Colamines.

Saint-Donnat, qui comprendra, outre son ancien

territoire, les villages de Peu, Jouvion & Bertinet, distraits de Bagnols.

Saint-Genest Champespe.

Saint-Nectaire, qui conservera son ancien territoire, sauf les parties qui en sont détachées par l'arrêté susdaté. La paroisse de Saillant est réunie à celle de Saint-Nectaire.

Saint-Pardoux, qui continuera d'avoir un oratoire à la Tour.

Saint-Pierre-Colamines, qui continuera d'avoir un oratoire à Long-Prat, & qui reunira à son ancien territoire le village du Mont & le hameau de Laborie, distraits de Saint-Diéry.

Saint-Victor, qui conservera son ancien territoire, à l'exception du village de Mont-Redon, réuni à Besse.

Tauves, auquel est réunie la paroisse de Saint-Gal.

Tremouillés, Saint-Loup, auquel seront réunies les paroisses de la Besset, comme succursale, & de Beaulieu, dont le territoire sera compris dans le territoire de cette succursale.

Valbeleix.

I I.

Il sera envoyé, les dimanches & fêtes, par les curés respectifs, un de leurs vicaires, dans chacun des oratoires mentionnés au présent décret, pour y célébrer la messe, & y faire les instructions spirituelles, sans pouvoir y exercer les fonctions curiales.

Mandons & ordonnons à tous les corps administratifs & tribunaux, &c.

2166.

L O I

Relative à la circonscription des paroisses du district de Calais.

Donnée à Paris le 19 octobre 1791.

Louis, par la grace de Dieu, &c.

Décret du 21 septembre 1791.

L'Assemblée Nationale, après avoir entendu le rapport qui lui a été fait par son comité ecclésiastique,

De l'arrêté du directoire du département du Pas-de-Calais, du 7 juillet 1791, sur la délibération prise, de concert avec Pierre - Joseph Porion, évêque de ce département, par le directoire du district de Calais, le 5 mai précédent, concernant la circonscription des paroisses de ce district, décrète ce qui suit :

A R T I C L E   P R E M I E R.

Il n'y aura, comme ci-devant, pour la ville de Courgain & la citadelle de Calais, qu'une seule paroisse. L'église du ci-devant monastère des Minimes sera conservée comme oratoire.

I I.

Les paroisses du district de Calais, hors la ville, chef-lieu du territoire, sont réduites au nombre de vingt-six, ainsi qu'il suit :

Ardres , qui aura pour fuccurfale Bois-en-Ardres, & Balinghem , & pour oratoire l'églife de Brêmes, & celle d'Autingues.

Audruicq.

Allembon , qui aura pour fuccurfale Hermelinghem.

Bonningues , qui aura pour fuccurfale Pehem , & Hervelinghem.

Coulogne.

Guines , qui aura pour fuccurfale Ardres.

Guemps.

Louches , qui aura pour fuccurfale Nielles & Zouafques.

Licques , qui aura pour fuccurfale Bonningues , & qui aura un oratoire à Hocquinghem.

Marck , qui aura pour fuccurfale Les-Attaques.

Nortkerque.

Offekerque.

Oyè.

Peuplingues, qui aura un oratoire à Coquelle.

Polinchove.

Rodelinghem , auquel feront réunies les paroiffes de Ferllinghem , Landretun , & Bouquehaut font confervées comme fuccurfales avec leur ancien territoire. Campagne & Ecottes font confervées comme oratoires de Rodelinghem.

Ruminghem.

Sangatte , qui aura pour fuccurfale Ecalles.

Saint - Folquin.

Sainte-Marie-Kerque.

Saint-Nicolas.

Saint-Omer-Capelle.

Saint-Pierre.

Saint - Tricas , auquel font réunies les paroiffes de Hames, Boucres, Nielles-lès-Calais, & Frethun. Boucres

& Frethun font confervés comme fuccurfales avec leur ancien territoire refpectif.

Vieille-Eglife, qui comprendra la paroiffe de Nou-velle-Eglife confervée avec fon ancien territoire, comme fuccurfale.

Zudkerque.

I I I.

Lefdites paroiffes & fuccurfales feront circonfcrites ainfi qu'il eft expliqué dans la délibération fufdatée, du directoire du diftrict de Calais, fauf les exceptions réglées par l'article précédent.

I V.

Il fera envoyé, les dimanches & fêtes, par les curés refpectifs, un de leurs vicaires, dans chacun des oratoires défignés au préfent décret, pour y célébrer la meffe, & y faire les inftructions fpirituelles, fans pouvoir y exercer les fonctions curiales.

Mandons & ordonnons à tous les corps adminiftratifs & tribunaux, &c.

2167.

LOI

Relative à la circonscription des paroisses du district de Boulogne.

Donnée à Paris le 19 octobre 1791.

Louis, par la grace de Dieu, &c.

Décret du 21 septembre 1791.

L'Assemblée Nationale, après avoir entendu le rapport qui lui a été fait par son comité ecclésiastique,

De l'arrêté du directoire du département du Pas-de-Calais, du 5 août dernier, sur la délibération du directoire du district de Boulogne, du 2 précédent, concernant la circonscription des paroisses de ce district ; & de l'avis d'Honoré Spitallier, vicaire, & fondé du pouvoir spécial de l'évêque de ce département, du 3 dudit mois ; décrète ce qui suit :

ARTICLE PREMIER.

Il y aura, pour la ville de Boulogne, chef-lieu du district de ce nom, au département du Pas-de-Calais, deux paroisses ; dont l'une, pour la haute-ville, sera desservie dans l'église ci-devant cathédrale, & aura pour succursale la ci-devant paroisse de Saint-Martin ; l'autre, pour la basse-ville, sera desservie dans l'église de Saint-Nicolas, & aura un oratoire dans l'église du ci-devant monastère des Cordeliers.

I I.

Les autres paroisses du district de Boulogne, seront réduites au nombre de soixante-cinq, ainsi qu'il suit :

Alinctun, qui aura un oratoire à Bellebrune.

Atin.

Audinghem, dont Tardinghem sera succursale, & qui aura un oratoire à Inghem.

Audrezelles, qui aura pour succursale Ambleteuse & Barnighen.

Bainctun, qui aura Questinghen pour succursale.

Bainghen, qui aura un oratoire à Longueville.

Belle, qui aura un oratoire à Houttefort.

Bernighen, qui aura un oratoire à Enquin.

Beussens, qui aura pour succursale Bernieulles.

Beuvreuquen, qui comprendra, 1º. Lissevert & Etiembrique ; 2º. Wacquinghen comme succursale, laquelle aura dans son territoire Offretin ; 3º. Maninghen, qui sera succursale ; 4º. Pitefaux, où il y aura un oratoire.

Bournonville, dont Hennevaux sera oratoire.

Bourthes.

Boursin, qui aura le Wast pour succursale.

Brequesen.

Camiers, qui comprendra le Faux, & qui aura Dannes pour succursale.

Carly, qui aura un oratoire à Verlinctun.

Clenleu, qui comprendra Tollendal-la-Hétroye, & la ferme du Menage, & qui aura pour succursale Bimont, dont dépendra la Falemprise.

Colembercq, qui aura un oratoire à Nabringhen.

Condette, qui aura un oratoire à Hesdiguel.

Cormont, qui aura un oratoi e à Huberfen.

Cremarest.

Desvres, qui aura un orató té à Sainte-Gertrude.

Dondauville.

Ergny, dont Wicquenghen sera succursale, & qui aura un oratoire à Aix-en-Ergny.

Etaples.

Etreelles, qui aura un oratoire à Etrée.

Ferques, qui aura un oratoire à Elinghen.

Fiennes.

Frenc.

Hardinghen, qui aura pour succursale Hermolin-ghen.

Herly, qui comprendra Avesnes.

Hesdin - l'Abbé, qui aura pour succursale Herme-linghen.

Inquesen, qui aura un oratoire à Recques.

Landretun, qui aura un oratoire à Caffiers.

Leubrighen, qui aura pour succursale Audembert, & Saint-Inglevert.

Long-Fossé, qui aura Courset pour succursale, à laquelle le grand désert est réuni.

Longvilliers, dont Tubersen sera succursale, & qui aura un oratoire à Maresville.

Manneville, qui aura un oratoire à Saint - Martin-Choques.

Marquise, qui aura pour succursale Leulinghen.

Mont-Cavrel, qui aura un oratoire à Alette.

Neufchâtel, qui aura un oratoire à Nesles.

Neuville.

Outréau, qui aura pour succursale Saint-Etienne.

Parenty.

Pernes, qui aura pour succursale Conteville.

Preures, qui comprend Hucquelières.

Quesques, qui aura un oratoire à Lottinghen.

Quiden, dont Meninghen sera succursale, & qui aura un oratoire à Saint-Michel.

Réty.

Ringuesen, qui aura un oratoire à Hidrequin.

Rumilly.

Samer, qui aura un oratoire à Wierre-aux-Bois.

Scelles, qui aura un oratoire à Bruffembert.

Sempy, qui aura Marles pour fuccurfale.

Senlecques, qui aura un oratoire à Vieil-Moutiers.

Saint-Léonard, qui comprendra Oftrohove, & qui aura pour fuccurfale Echinghen.

Thiembrone.

Tingri, qui aura un oratoire à Lacres.

Verchocq.

Wideben, qui comprendra la ferme de Litendal, Niembourg, Haut-Pichot & Halinghen, où il y aura un oratoire.

Wimile, qui aura un oratoire à l'Hermitage.

Wierre-Effroi, qui aura un oratoire à Hefdres.

Wiffant.

Wirwignes, qui aura Queftrecques pour fuccurfale.

Zoteux, qui aura Bécour pour fuccurfale.

I I I.

Lefdites paroiffes & fuccurfales fefont circonfcrites ainfi qu'il eft expliqué dans la délibération fufdatée du directoire du diftrict de Boulogne.

I V.

Les curés des paroiffes auxquelles il eft accordé des oratoires par le préfent décret, veilleront à ce que les dimanches & fêtes il foit célébré une meffe & fait des inftructions fpirituelles dans chacun defdits oratoires, fans qu'il y foit exercé aucune fonction curiale.

Mandons & ordonnons à tous les corps adminiftratifs & tribunaux, &c.

2168.

L O I

Relative à la circonscription des paroisses du district d'Issoire, & qui rectifie une erreur commise dans le décret de circonscription des paroisses des districts de Clermont & de Riom.

Donnée à Paris le 19 octobre 1791.

Louis, par la grace de Dieu, &c.

Décrets des 21 & 24 septembre 1791.

L'Assemblée Nationale, après avoir entendu le rapport qui lui a été fait par son comité ecclésiastique,

De l'arrêté pris par le directoire du département du Puy - de - Dôme, le 28 mai dernier, de concert avec l'évêque de ce département, sur le tableau de circonscription & de réunion des paroisses du district d'Issoire, dressé le 8 avril précédent par le directoire de ce district, décrète ce qui suit :

ARTICLE PREMIER.

Ville d'Issoire.

Les deux paroisses de la ville d'Issoire sont réunies en une seule, qui sera desservie dans l'église de Saint-Paul, & qui aura pour succursale la ci-devant paroisse de Periers.

I I.

Ville de Saint - Germain - Lambron.

Les deux paroisses de la ville de Lambron sont réunies

en une feule, qui fera deffervie fous le nom & dans l'églife de Saint-Germain. Celles de Collanges, Breuil, Gignat & Chalus, font réunies à la nouvelle paroiffe ; les trois dernières, à titre de fuccurfales.

I I I.

Bourg de Champeix.

Les deux paroiffes du bourg de Champeix font réunies en une feule, qui fera deffervie dans l'églife de Sainte-Croix-de-Champeix, & qui aura pour fuccurfale Ludeffe.

I V.

Les autres paroiffes du diftrict d'Iffoire font réduites au nombre de quarante, ainfi qu'il fuit.

Achat.

Antoing, auquel eft réuni Solignat.

Auzat-le-Luguet, qui comprendra les hameaux d'Apchers, diftraits de Leyvaun.

Auzat-fur-Allier, qui aura pour fuccurfale Efteil.

Ardes.

Beaulieu, qui aura pour fuccurfale Charbonnier.

Boudes, qui comprendra le village de Letz, diftrait d'Augnat, & qui aura Saint-Herent & Madriat pour fuccurfales.

Champagnat-le-Jeune, qui comprendra la Chapelle-fous-Uffon comme fuccurfale, & Pellières, où il y aura un oratoire.

Chapelle-fous-Marcouffe (la).

Clemenfat, auquel eft réuni Saint-Floret.

Coudes-Mont-Peyroux.

Flat, auquel font réunies les paroiffes d'Aulhat, Saint-Privat & Orbeil, cette dernière comme fuccurfale.

Jumeaux.

Marienge , qui comprendra Ternaux , comme fuccurfale , & Villeneuve, où il y aura un oratoire.

Mauriat , qui aura Vichel pour fuccurfale.

Mazoire.

Meilhaud , qui aura pour fuccurfale Pardines.

Montaigu, auquel font réunies les paroiffes de Ver-
rières & Crandeyrol , cette dernière comme fuccurfale ,
& Regnat , où il y aura un oratoire.

Mulhat-le-Monge , qui réunira les paroiffes de Saint-
Martin-des-Plains & de Danfat , cette dernière comme
fuccurfale.

Vecher , qui aura pour fuccurfale Chadeleuf.

Nonette , qui aura pour fuccurfale Orfonnette.

Parentignat , auquel font réunies les paroiffes de Saint-
Germain-fous-Uffon , & de Brenat , cette dernière comme
fuccurfale.

Rentières.

Roche-Charles , qui comprendra le village de Gene-
lières , & la paroiffe de la Meyrand , où il y aura un
oratoire.

Saurier , qui réunira Chaffaigne comme fuccurfale , &
Creft , où il y aura un oratoire.

Sauxillame , qui aura pour fuccurfale Eglife-Neuve-
des-Liards.

Saint-Alyre-ès-Montagne.

Saint-Babel.

Saint-Cirgues , qui aura Chidrac & Saint-Vincent pour
fuccurfales.

Saint-Etienne-fous Uffon , auquel eft réunie la paroiffe
de Chameant.

Saint-Geneft.

Saint-Gervafi , qui comprendra Augnat comme fuccurfale , diftraction faite du village de Letz.

Saint-Jean-en-Val.

Saint-Jean-Saint-Gervais.

Saint-Martin-des-Holières , auquel eft réunie la paroiffe

de Val-fous-Château-Neuf, dont l'églife fera confervée comme oratoire.

Saint-Remi--de-Chargnat.

Saint-Yvoine, qui aura Sauvagnat pour fuccurfale.

Uffon.

Vernet, qui comprendra le hameau de la Varenne.

Vodable, qui réunira Colomine, Danzat, dont fera diftrait le hameau de Genechères & Ronzières. Danzat & Ronzières font confervés comme fuccurfales.

V.

Il fera envoyé, les dimanches & fêtes, par les curés refpectifs, un de leurs vicaires dans chacun des oratoires mentionnés au préfent décret, pour y célébrer la meffe, & y faire les inftructions fpirituelles, fans pouvoir y exercer les fonctions curiales.

L'omiffion faite de la paroiffe de Sayat, dans la rédaction du décret de circonfcription des paroiffes du diftrict de Clermont, fera réparée; en conféquence, Sayat eft déclarée paroiffe; elle comprendra Saint-Vincent, & toute l'étendue qui lui eft fixée par l'avis du directoire de département.

L'erreur commife dans le décret fur la circonfcription des paroiffes du diftrict de Riom, au fujet de la paroiffe de Marfat, fera corrigée; en conféquence, elle eft déclarée paroiffe; & conformément aux avis des directoires du diftrict & du département, elle comprendra le lieu de Saint-Geneft-l'Enfant, les Moulins de Robert, de Bas-de-Barente, de Prague, de la Cheix, de Bonnët, de Barge, de Joubert, de Pionat, & les dépendances de ces Moulins; le furplus des dépendances de Saint-Geneft demeurant réuni à Volvic.

Mandons & ordonnons à tous les corps adminiftratifs & tribunaux, &c.

2169.

L O I

Relative à la circonscription des paroisses de Commercy.

Donnée à Paris le 19 octobre 1791.

Louis, par la grace de Dieu, &c.

Décret du 21 septembre 1791.

L'Assemblée Nationale, après avoir entendu le rapport qui lui a été fait par son comité ecclésiastique,

De l'arrêté pris par le directoire du département de la Meuse, le 9 mai dernier, de concert avec l'évêque de ce département, sur les délibérations du directoire du district, & de la municipalité de Commercy, des 15 & 13 avril précédent, concernant la circonscription des paroisses de la ville de Commercy, décrète ce qui suit :

Il y aura pour la ville de Commercy deux paroisses, dont l'une, qui sera desservie dans l'église de Saint-Pantaléon, comprendra tout le territoire *intrà muros* des paroisses de Saint-Pantaléon & de Saint-Nicolas ; & l'autre, qui sera desservie dans l'église du ci-devant monastère des Bénédictins du fauxbourg du Breuil, comprendra tout le territoire dépendant dudit fauxbourg.

Mandons & ordonnons à tous les corps administratifs & tribunaux, &c.

2170.

L O I

Relative à réunion des paroisses de la ville d'Uzerche.

Donnée à Paris le 19 octobre 1791.

Louis, par la grace de Dieu, &c.

Décret du 21 septembre 1791.

L'Assemblée Nationale, d'après le compte qui lui a été rendu par son comité ecclésiastique,

De l'arrêté du directoire du département de la Corrèze, du 27 juillet dernier, sur le travail préparatoire fait de concert avec le fondé de pouvoirs de l'évêque de ce département, par le directoire du district d'Uzerche concernant la réunion des paroisses de la ville d'Uzerche, décrète ce qui suit :

Les paroisses de Saint-Nicolas, de Notte-Dame & de Sainte-Eulalie de la ville d'Uzerche, sont réunies en une seule, qui sera desservie sous l'invocation de Saint-Pierre, dans l'église ci-devant collégiale de ladite ville, & qui comprendra tout le territoire des trois paroisses réunies. L'église ci-devant paroissiale de Sainte-Eulalie est conservée comme oratoire, & le curé y enverra les dimanches & fêtes un vicaire, pour y célébrer la messe, & y faire les instructions spirituelles, sans pouvoir y exercer les fonctions curiales.

Mandons & ordonnons à tous les corps administratifs & tribunaux, &c.

2171.

L O I

Relative à la réunion des paroisses de la ville de Gonesse.

Donnée à Paris le 19 octobre 1791.

Louis, par la grace de Dieu, &c.

Décret du 21 septembre 1791.

L'Assemblée Nationale, après avoir entendu le compte qui lui a été rendu par son comité ecclésiastique,

De l'arrêté du directoire du département de Seine-&-Oise, du 17 août 1791, sur le procès-verbal rédigé par deux commissaires du district de Gonesse, & la délibération du directoire de ce district, des 21 mai & 15 juin suivant, la pétition sans date des habitans de la paroisse de Saint-Nicolas de Gonesse, concernant la réunion des paroisses de cette ville, & de l'avis de Jean-Julien Avoine, évêque de ce département, du 5 août 1791, décrète ce qui suit:

Ville de Gonesse.

Il n'y aura, pour la ville de Gonesse, qu'une seule paroisse, qui sera desservie dans l'église de Saint-Pierre, & à laquelle est réunie celle de Saint-Nicolas, dont l'église est conservée comme oratoire. Le curé de Saint-Pierre enverra les dimanches & fêtes un vicaire à cet oratoire, pour y célébrer la messe, & y faire les instructions spirituelles, sans pouvoir y exercer les fonctions curiales.

Mandons & ordonnons à tous les corps administratifs & tribunaux, &c.

2172.

LOI

Relative à la circonscription des paroisses de la ville de Bar.

Donnée à Paris le 19 octobre 1791.

Louis, par la grace de Dieu, &c.

Décret du 26 septembre 1791.

L'Assemblée Nationale, après avoir entendu le rapport qui lui a été fait par son comité ecclésiastique,

Des arrêtés du directoire du département de la Meuse, des 9 mai & 28 août 1791, sur les délibérations du directoire du district, de la municipalité, & du conseil-général de la commune de Bar, des 7 mai, 19 août, 8 février & 14 août de la même année, concernant la circonscription des paroisses de la ville de Bar, & de l'avis de l'évêque du département, du 23 avril, décrète ce qui suit :

ARTICLE PREMIER.

La ville de Bar conservera ses trois paroisses dans leurs limites & circonscriptions actuelles; & néanmoins le service de la paroisse de Saint-Antoine sera transféré dans l'église des ci-devant Augustins, & celui de la paroisse de Saint-Etienne dans l'église du ci-devant chapitre de Saint-Marc & Saint-Pierre.

I I.

L'église Saint-Antoine est conservée pour servir d'oratoire à la ville baſſe ; les curés des paroiſſes de Notre-Dame & de Saint-Antoine y enverront alternativement un vicaire les dimanches & fêtes, pour y célébrer la meſſe.

Mandons & ordonnons à tous les corps adminiſtratifs & tribunaux, &c.

2173.

L O I

Sur la réclamation du ſieur Deſperriers, relativement à la liquidation de ſon office de lieutenant-général au bailliage d'Orbec.

Donnée à Paris le 19 octobre 1791.

Louis, par la grâce de Dieu, &c.

Décret du 21 août 1791.

L'Aſſemblée Nationale, après avoir entendu le rapport des comités central de liquidation & de judicature, qui lui ont rendu compte des réclamations faites par le ſieur Deſperriers, relativement à la liquidation de l'office de lieutenant-général au bailliage d'Orbec, dont il étoit pourvu, décrète qu'il ſera liquidé ſur le pied de ſon évaluation, faite par acte du 23 janvier 1772, ſans avoir égard à la rectification d'évaluation par lui faite le 24 mai 1777, ſous la déduction de vingt mille livres qu'il a reçues en 1776, lors de la création du bailliage de Bernay ; en conſéquence, qu'il recevra la ſomme de quarante-quatre mille livres, reſtant de ſon évaluation, & les acceſſoires, conformément aux précédens décrets.

Mandons & ordonnons à tous les corps adminiſtratifs & tribunaux, &c.

2174.

L O I

Sur la réclamation du sieur Aucante, relativement à la liquidation de son office.

Donnée à Paris le 19 octobre 1791.

Louis, par la grâce de Dieu, &c.

Décret du 21 août 1791.

L'Assemblée Nationale, après avoir entendu le rapport des comités de judicature & central de liquidation, décrète que l'office de procureur au ci-devant parlement de Paris, dont le sieur Aucante étoit pourvu, sera liquidé sur le pied de cinquante mille livres, prix porté dans le contrat d'acquisition de son office, en date du 6 avril 1770 ; & sur la demande par lui faite d'ajouter au prix de son contrat d'acquisition la somme de vingt mille livres, principal du contrat de constitution, du même jour, décrète qu'il n'y a pas lieu à délibérer.

Mandons & ordonnons à tous les corps administratifs & tribunaux, &c.

2175.

L O I

*Qui déclare qu'il n'y a pas lieu à délibérer sur la récla-
mation du sieur Ballot, ci-devant procureur au châtelet
de Paris.*

Donnée à Paris le 19 octobre 1791.

Louis, par la grace de Dieu, &c.

Décret du 21 août 1791.

L'Assemblée Nationale, après avoir entendu le rapport
des comités de judicature & central de liquidation, qui
lui ont rendu compte de la réclamation du sieur Ballot,
ci - devant procureur au châtelet de Paris, tendante à
obtenir une indemnité sur la somme de dix mille six
cents livres, principal porté dans le contrat de constitution par lui consenti à son vendeur le même jour du
contrat d'acquisition de son office, décrète qu'il n'y a lieu
à délibérer sur ladite réclamation.

Mandons & ordonnons à tous les corps administratifs
& tribunaux, &c.

2176.

L O I

Relative à la liquidation des offices de secrétaires du roi, audienciers & contrôleurs en la chancellerie, près le parlement de Bordeaux.

Donnée à Paris le 19 octobre 1791.

Louis, par la grace de Dieu, &c.

— *Décret du 21 août 1791.*

L'Assemblée Nationale, après avoir entendu le rapport des comités de judicature & central de liquidation, qui lui ont rendu compte de la pétition des sieurs Cazenave, Méneire, Terret, Souverbie, Nouqués, Acquart, héritiers Marquadé & Mel-de-Fontenay, tendant à ce que les offices de secrétaires du roi, audienciers & contrôleurs en la chancellerie, près le parlement de Bordeaux, dont ils étoient pourvus, soient liquidés sur le pied de leur contrat d'acquisition ; décrète que la liquidation qui a été faite de leurs offices par le décret de ce jour, sur le pied de la finance, conformément à l'article V du décret du 2 septembre, aura son effet ; & que sur ladite pétition, il n'y a pas lieu à délibérer.

Mandons & ordonnons à tous les corps administratifs & tribunaux, &c.

2177.

L O I

Relative à l'inscription aux archives nationales, des noms & adresses des députés de la première législature.

Donnée à Paris le 19 octobre 1791.

Louis, par la grace de Dieu, &c.

Décret du premier septembre 1791.

L'Assemblée Nationale, considérant que le terme de ses travaux est très-prochain, & desirant remettre la conduite des affaires publiques aux nouveaux représentans élus par la nation, dès qu'elle les saura arrivés en assez grand nombre pour former la prochaine législature;

Décrète que les députés élus dans les départemens pour former la première législature, se présenteront dès leur arrivée à Paris aux archives nationales, & y feront inscrire leurs noms & leurs adresses sur un registre qui y sera tenu à cet effet.

Mandons & ordonnons à tous les corps administratifs & tribunaux, &c.

2178.

L O I

Relative aux électeurs de la ville de Nantes.

Donnée à Paris le 19 octobre 1791.

Louis, par la grace de Dieu, &c.

Décret du 7 septembre 1791.

L'Assemblée Nationale, ayant entendu son comité de constitution sur l'exposé fait à l'Assemblée au nom du conseil-général de la commune de Nantes, qu'une partie des électeurs de ladite commune a été tumultueusement exclue de l'assemblée électorale par les autres électeurs du département, quoique du tableau des citoyens actifs de la ville, il résulte qu'elle avoit le droit de fournir quatre-vingt-dix électeurs ; & sur la nullité dont les opérations ultérieures de l'Assemblée électorale sont en conséquence arguées, l'assemblée s'est déclarée incompétente, & a passé à l'ordre du jour.

Mandons & ordonnons à tous les corps administratifs & tribunaux, &c.

2179.

L O I

Qui renvoie le sieur Négrier à se pourvoir au tribunal de cassation contre le jury tenu dans la rade du Port-au-Prince.

Donnée à Paris le 19 octobre 1791.

Louis, par la grace de Dieu, &c.

Décret du 16 août 1791.

L'Assemblée Nationale, après avoir entendu le rapport de ses comités de la marine & des rapports, relatif à l'affaire de M. Négrier, décrète qu'elle le renvoie à se pourvoir au tribunal de cassation contre le jury tenu dans la rade du Port-au-Prince.

Mandons & ordonnons à tous les corps administratifs & tribunaux, &c.

2180.

L O I

Portant qu'il n'y a pas lieu à liquider les offices de porteurs de sel à Rouen.

Donnée à Paris le 19 octobre 1791.

Louis, par la grace de Dieu, &c.

Décret du 26 août 1791.

L'Assemblée Nationale, ouï le rapport de ses comités central de liquidation & de judicature, décrète qu'il n'y a lieu à liquider les offices de porteurs de sel de Rouen, sauf à eux à se pourvoir en indemnité, s'il y échoit.

Mandons & ordonnons à tous les corps administratifs & tribunaux, &c.

2181.

L O I

Relative à l'emplacement des corps administratifs des districts de Champlitte, Pontarlier & Morhange.

Donnée à Paris le 19 octobre 1791.

Louis, par la grace de Dieu, &c.

Décret du 29 septembre 1791.

L'Assemblée Nationale, ouï le rapport de son comité d'emplacement, autorise, 1°. le directoire du district

de Champlitte , département de la Haute - Saone , à
acquérir , aux frais des adminiſtrés , & dans les formes
preſcrites par les décrets de l'Aſſemblée pour la vénte
des biens nationaux , la maiſon des Auguſtins de cette
ville , pour y placer les corps adminiſtratifs du diſtrict ,
le tribunal & le bureau de conciliation.

L'autoriſe également à faire procéder à l'adjudication
au rabais , des réparations , ouvrages & arrangemens
intérieurs néceſſaires , ſur l'état indicatif & eſtimatif
qui en a été dreſſé par le ſieur Guyet , viſé par le directoire du diſtrict , le 26 avril dernier , pour le montant
de ladite adjudication au rabais être ſupporté par leſdits
adminiſtrés.

Excepte de la préſente permiſſion d'acquérir , l'égliſe ,
la chapelle , la ſacriſtie , les jardins , vergers, l'enclos ,
les terres labourables, les vignes & terreins en dépen-
dans, ainſi que le bâtiment ſervant de vendangerie &
le preſſoir , pour étre , tous leſdits objets exceptés ,
vendus ſéparément dans les formes preſcrites , & le prix
de la vente verſé dans la caiſſe du diſtrict.

2°. Autoriſe auſſi le directoire du diſtrict de Pontarlier
à faire procéder à l'adjudication au rabais des ouvrages
à faire à l'auditoire de Pontarlier , ſur le devis eſtimatif
qui en a été dreſſé par le ſieur Jacquemet , le 5 décembre
1790 , pour être , le montant de l'adjudication , ſupporté
par les adminiſtrés.

L'Aſſemblée nationale décrète pareillement que le
tribunal du diſtrict de Morhange & les priſons , ſeront
placés dans l'hôtel commun de la ville de Faulquemont.

3°. Autoriſe le directoire du diſtrict de Morhange
à faire faire les conſtructions, réparations & arrangemens
intérieurs néceſſaires tant audit tribunal qu'auxdites
priſons, ſur le devis eſtimatif qui a été dreſſé par le ſieur
Robin , le 24 février dernier ; le montant de laquelle

adjudication fera fupporté par les adminiftrés & jufti-
ciables du diftrict.

Mandons & ordonnons à tous les corps adminiftratifs
& tribunaux , &c.

2182.

L O I

*Qui improuve la conduite tenue par les électeurs du
département de Paris , relativement à l'huiffier Damiens.*

Donnée à Paris le 19 octobre 1791.

Louis , par la grace de Dieu , &c.

Décret du 17 septembre 1791.

L'Affemblée Nationale, ouï le rapport de fon comité
de conftitution fur les pétitions refpectives de l'affemblée électorale du département de Paris, & de l'huiffier
Damiens, décrète qu'elle improuve la conduite tenue par
les électeurs du département de Paris ; à l'égard de
l'huiffier, le renvoie à fe pourvoir ainfi qu'il verra devant
les juges compétens.

Mandons & ordonnons à tous les corps adminiftratifs
& tribunaux , &c.

2183.

L O I

Portant que le sceau dont le Corps législatif se servira,
portera ces mots : la nation, la loi & le roi.

Donnée à Paris le 19 octobre 1791.

Louis, par la grace de Dieu, &c.

Décret du 15 septembre 1791.

L'Assemblée Nationale décrète que le sceau dont le
Corps législatif se servira désormais, sera semblable à
celui qui est déposé aux archives nationales, & portera
ces mots : *la nation, la loi & le roi ;* & que celui qui
portoit seulement les mots, *la loi & le roi,* sera brisé.

Mandons & ordonnons à tous les corps administratifs
& tribunaux, &c.

2184.

L O I

Relative à la résiliation du bail des domaines & droits domaniaux de la ci - devant principauté de Sedan & dépendances.

Donnée à Paris le 19 octobre 1791.

Louis, par la grace de Dieu , &c.

Décret du 21 septembre 1791.

L'Assemblée Nationale , après avoir ouï le rapport de son comité des domaines,

Décrète que le bail des domaines & droits domaniaux de Sedan , Raucourt, Saint-Mauger, Château - Renaud & Mohon , & des ci - devant prévôtés de Montmédy , Marville , Damvilliers & le Hauvancy-le-Château ; des domaines de Mouzon, Beaumont, l'Etonne, la Bezale & dépendances, fait au profit du sieur Husson, ci-devant subdélégué de l'intendance de Metz, par l'arrêt du conseil du 18 mai 1784, pour le prix annuel de soixante-quinze mille livres , & pour le temps de douze années qui ont commencé au premier janvier 1787 , sera résilié & révoqué , à compter du premier janvier prochain, époque à laquelle la régie des domaines nationaux rentrera en jouissance des domaines, & les fera régir ou administrer au profit de la nation , jusqu'à ce qu'il ait été procédé à leur vente , conformément aux décrets de l'Assemblée nationale. Remettra ledit sieur Husson à ladite régie tous les titres, reconnoissances & papiers concernant les biens qui sont dans sa main.

Mandons & ordonnons à tous les corps administratifs & tribunaux., &c.

2185.

L O I

Relative au terrier général de l'île de Corse.

Donnée à Paris le 19 octobre 1791.

Louis, par la grace de Dieu, &c.

Décret du 22 septembre 1791.

L'Assemblée Nationale, après avoir entendu son comité des rapports, décrète ce qui suit :

ARTICLE PREMIER.

Les arrêts du conseil d'Etat des 8 octobre 1784 & 13 mars 1786, portant résiliation du traité passé le 18 mars 1780, entre le directeur-général des finances & les sieurs Testevuide & Bédigis, pour la continuation & l'achèvement du terrier général de l'île de Corse, sont & demeurent comme non avenus, ainsi que tout ce qui s'en est suivi, & ledit traité sera exécuté selon sa forme & teneur.

En conséquence, le bureau des géomètres chargé, postérieurement auxdits arrêts, de continuer en régie ledit terrier, cessera ses fonctions à cet égard, à dater de la publication du présent décret.

I I.

Les sieurs Testevuide & Bédigis reprendront la continuation dudit terrier conformément à leur traité, & ils feront tenus de l'achever dans le délai de dix-huit mois, à dater de la même publication.

I I I.

Il fera préalablement fait en leur préfence, ou après les avoir légalement appelés, & devant deux commiffaires nommés à cet effet par le département de Corfe, récolement de l'inventaire fait en 1786, de tous les objets dudit terrier dont le dépôt fut remis au fieur Vuiller, chef du bureau des géomètres de l'intendance de Corfe, & lefdits objets feront remis aux fieurs Teftevuide & Bédigis, qui en demeureront chargés & refponfables.

I V.

A la fuite dudit récolement, il fera fait un inventaire particulier de tous les plans levés, papiers & mémoires relatifs à la continuation dudit terrier, depuis la formation du bureau des géomètres chargés en régie de cette opération, lefquels feront à cet effet repréfentés par ledit fieur Vuiller ou par tous autres dépofitaires.

Le tout fera remis enfuite aux fieurs Teftevuide & Bédigis, qui en demeureront pareillement refponfables.

V.

L'Affemblée nationale renvoie les demandes en indemnité formées par les fieurs Teftevuide & Bédigis, à l'examen du commiffaire liquidateur, pour, fur fon rapport, être enfuite ftatué ce qu'il appartiendra.

Mandons & ordonnons à tous les corps adminiftratifs & tribunaux, &c.

2186.

L O I

Qui déclare nulles des élections faites par le district de Pont - à - Mousson, & qui fixe les règles à suivre en pareille circonstance par les assemblées électorales, & les administrations de districts & de départemens.

Donnée à Paris le 19 octobre 1791.

Louis, par la grace de Dieu, &c.

Décret du 22 septembre 1791.

L'Assemblée Nationale, ouï le rapport de ses comités ecclésiastique & de constitution,

Déclare nulles & comme non avenues les élections faites dans le mois de juillet dernier, par l'assemblée électorale du district de Pont-à-Mousson, département de la Meurthe, aux curés de Saint-Laurent, de Saint-Martin, de Villers-sous-Pressy, de Villecey, de Vaude-lainville, de Sainte - Geneviève, de Regneville, de Movian, de Limey, de Scarponne, de Charrey & de Port-sur-Seille.

Défend aux assemblées électorales de procéder à aucune élection, si ce n'est pour les places qui leur auront été désignées par les procureurs-syndics de district ou par les procureurs-généraux-syndics de département, chacun en ce qui les concerne, sans préjudice de la réunion ordonnée par la constitution des assemblées électorales pour la nomination des membres des législatures, lorsque les convocations n'auront pas été faites par les pouvoirs constitués, aux époques déterminées.

Défend

Défend pareillement aux procureurs-syndics de district, ainsi qu'aux administrateurs de district & de département, d'autoriser l'élection pour des cures dont ils auront arrêté la suppression, soit l'augmentation par la réunion de quelque autre paroisse, jusqu'à ce que l'Assemblée nationale ait statué sur les suppressions ou réunions projetées.

Les élections faites par contravention aux règles déclarées par le présent décret, seront annullées par le conseil ou directoire du département, sauf le recours des parties intéressées au conseil ou directoire du département, dont le chef-lieu sera le plus voisin du chef-lieu du directoire du département qui aura prononcé.

Mandons & ordonnons à tous les corps administratifs & tribunaux, &c.

2187.

L O I

Portant répudiation du legs fait à la patrie par la dame de Melliand.

Donnée à Paris le 19 octobre 1791.

Louis, par la grace de Dieu, &c.

Décret du 23 septembre 1791.

L'Assemblée Nationale, après avoir entendu le rapport de son comité des domaines, & la lecture du testament olographe de la dame Thieslin de Meilland, du 20 juillet 1790, & de son codicille du 22 décembre suivant, par lesquels elle donne à la patrie deux de ses métairies & leurs accessoires, avec les semences & bestiaux qui lui appartiennent;

Collec. des Lois. Tome XV.   D

Déclare répudier purement & simplement le legs fait à la patrie par ladite dame de Melliand.

Mandons & ordonnons à tous les corps adminiftratifs & tribunaux, &c.

2188.

L O I

Relative aux eaux-de-vie de grains, dites de genièvre.

Donnée à Paris le 19 octobre 1791.

Louis, par la grace de Dieu, &c.

Décret du 23 feptembre 1791.

L'Affemblée Nationale, après avoir entendu le rapport de fon comité d'agriculture & de commerce, décrète ce qui fuit :

ARTICLE PREMIER.

Les eaux-de-vie de grains, *dites* de genièvre, venant de l'étranger, pourront être entrepofées, en franchife de tous droits, dans les ports de Gravelines, Calais, Boulogne, Dieppe, Fécamp, Cherbourg, Saint-Malo, Morlaix & Rofcoff, à la charge d'être réexportées à l'étranger dans l'année de l'arrivée, en obfervant les formalités prefcrites pour les entrepôts, & fous les peines déterminées par l'article V ci-après.

I I.

Il pourra être établi dans lefdits ports, aux frais du commerce, & dans les lieux qui feront convenus avec la régie nationale des douanes, des dépôts où les tafias des colonies françaises, reçus en entrepôt, pourront être convertis en rhum, en exemption des droits, à la charge d'être également réexportés dans l'année à l'étranger.

I I I.

Les cours & bâtimens destinés auxdites fabriques n'auront de communication extérieure que par une seule porte placée du côté du port, laquelle fermera à deux clefs différentes, dont une sera remise à un préposé de la régie nationale des douanes, & l'autre aux propriétaires; lesdits tafias & rhum ne pourront être extraits desdits bâtimens que pour être transportés dans les magasins de l'entrepôt, ou pour être embarqués à la destination de l'étranger.

I V.

Les habitans des ports dénommés dans l'article premier pourront également recevoir en entrepôt réel, & réexporter à l'étranger, en exemption des droits, les raisins de Corinthe.

V.

Toute soustraction & tout versement auxquels les entrepôts, transvasemens & conversions permis par le présent décret, pourroient donner lieu, seront punis par la confiscation de la marchandise ou de sa valeur, & d'une amende de trois cents livres pour la première fois; en cas de récidive, l'amende sera double, & celui qui aura fait ou contribué à la fraude, sera déchu de la faculté d'entrepôt ou de fabrication; les propriétaires des marchandises seront garans, à cet égard, des faits de leurs agens.

Mandons & ordonnons à tous les corps administratifs & tribunaux, &c.

2189.

L O I

Relative à la fabrication & vente des poudres &
salpêtres.

Donnée à Paris le 19 octobre 1791.

Louis, par la grace de Dieu, &c.

Décret du 27 septembre 1791.

L'Assemblée Nationale décrète ce qui suit :

T I T R E   P R E M I E R.

De la fabrication & vente des poudres & salpêtres.

A R T I C L E   P R E M I E R.

La fabrication & vente des poudres continuera d'être
exploitée & régie pour le compte de la Nation.
Les propriétaires & possesseurs des nitrières pourront en continuer l'exploitation comme au passé, à la
condition de livrer leurs produits à la régie.

I I.

Les règlemens faits sur la fabrication des poudres &
salpêtres continueront d'être exécutés ; & cependant il
ne pourra être fait aucune fouille dans les lieux d'habi-
tation, sans la permission des citoyens.

I I I.

Le miniftre des contributions propofera inceffamment fes vues fur le mode de paiement & fur la fixation du prix du falpêtre fourni par les falpêtriers.

I V.

Les départemens de la guerre & de la marine recevront les poudres de guerre qui leur feront néceffaires, fur les ordres donnés par les miniftres de ces départemens.

V.

Les fournitures qui leur feront faites, feront payées comptant par les miniftres de la guerre & de la marine, à la régie, à mefure des livraifons dans les fabriques, au prix de quinze fous la livre, barillage compris, d'après les récépiffés fournis par l'artillerie & la marine.

V I.

Les poudres ne feront recevables qu'autant qu'à l'épreuve faite au mortier, elles donneront des portées moyennes de cent toifes au lieu de quatre-vingt-dix, précédemment prefcrites par les ordonnances.

V I I.

Les départemens de la guerre et de la marine remettront à la régie les poudres avariées; elles leur feront remplacées en poudre neuve, de bonne qualité; les remifes feront faites d'après procès-verbaux de vérification, et le remplacement ne fera dû que dans la proportion du falpêtre qu'elles contiendront.

V I I I.

Les ministres des départemens de la guerre et de la marine feront vérifier & essayer les poudres anciennes qui sont dans les dépôts de leurs départemens, & remettront successivement, comme poudres avariées, celles qui ne supporteront pas l'épreuve de cent toises, portées moyennes, en commençant par celles de la moindre qualité.

I X.

Les poudres de guerre nécessaires au service des gardes nationales, seront demandées par les municipalités ; leurs demandes, visées & autorisées par le district & le département, seront adressées au ministre de l'intérieur, qui donnera ordre de faire les fournitures qu'il jugera nécessaires : elles seront payées comptant par les municipalités, quinze sous la livre.

X.

Il ne pourra au surplus être vendu de la poudre de guerre qu'après les approvisionnemens complets des départemens de la guerre & de la marine, & seulement aux négocians pour le commerce extérieur, au prix de vingt sous la livre.

X I.

Le salpêtre nécessaire aux fabricans d'acides minéraux dans les divers départemens, leur sera vendu, à la charge par eux de rapporter des certificats de leurs municipalités, visés par leurs directoires de district, qui constatent leurs qualités & l'activité de leurs fabriques.

Le falpêtre brut fera payé par lefdits fabricans le même prix qui aura été réglé pour celui fourni par les falpê-triers.

X I I.

Les bâtimens deftinés au fervice des poudres & fal-pêtres, les fabriques, magafins, ateliers, raffineries & dépendances, acquis ou conftruits aux dépens de la Na-tion, refteront affectés à cette deftination, tant qu'il n'en fera pas autrement ordonné par le Corps légiflatif; ils feront cependant portés aux tableaux des domaines nationaux, & les titres de propriété dépofés avec ceux defdits domaines.

X I I I.

Les poudres & falpêtres de différentes qualités, ven-dues aux citoyens, feront payés comme fuit, la livre poids de marc :

1°. Salpêtre brut, quatorze fous la liv., ci .　　l. 14 f.
Salpêtre de deux cuites, dix-fept fous, ci . .　　17
Salpêtre de trois cuites, vingt fous, ci . . 1
2°. Poudre de traite aux armateurs & négo-cians, vingt fous, ci 1
Poudre de mine, dix-huit fous, ci . . . .　　18
Poudre de chaffe dans les magafins de la régie, une livre feize fous, ci 1 16
Poudre fuperfine, trois livres, ci 3

T I T R E I I.

De l'organifation de la régie des poudres & falpêtres.

X I V.

La régie des poudres & falpêtres fera confiée à une feule adminiftration, aux conditions fuivantes :

X V.

Le nombre des régisseurs sera de trois ; ils seront tenus de résider à Paris, & de tenir des assemblées pour l'expédition des affaires de la régie. Ils tiendront registre de leurs délibérations qui seront signées des membres présens.

X V I.

Les régisseurs seront sous la surveillance & les ordres du ministre des contributions publiques ; & tous les employés nécessaires à l'exploitation & fabrication seront sous les ordres des régisseurs, qui ne pourront les destituer que par délibération.

X V I I.

Il sera établi des commissaires comptables à la tête des fabriques, des raffineries, des bureaux de réception & ventes, & de ceux de simples ventes, suivant l'état annexé au présent.

X V I I I.

Il y aura deux inspecteurs généraux, deux inspecteurs particuliers, neuf contrôleurs & quatre élèves, qui seront envoyés par les régisseurs dans les fabriques, raffineries & établissemens où ils le jugeront utile.

X I X.

Il sera formé un bureau de correspondance près la régie centrale ; il sera composé d'un directeur, un caissier, un sous-directeur, un premier commis, un véri-

me N° F 0002

s *vendues*, *sur salpêtres reçus*, *sur*

	TOTAL présumé du TRAITEMENT.	OBSERVATIONS.
Produit de la remise		
220ᵗᵗ	4,770ᵗᵗ	
160	5,110	
440	3,090	
440	4,442	
80	4,646	
440	3,140	
160	4,543	
160	5,060	
220	3,170	
160	5,460	
440	4,140	

NOMBRE des AGENS.	LEURS QUALITÉS.		TRAITEMENT fixe DE CHACUN.	AUGMENTATION DES TRAITEMENS		MAXIMUM des traitemens, tant en fixe que remises.	TOTAL PRÉSUMÉ.
				Pour REMISES.	Pour gratifications.		
3	Régisseurs		4,000ᴸ	11,000ᴸ	»	15,000ᴸ	45,000ᴸ
	Bureau de correspondance & caisse à Paris.						
1	Directeur		4,000	00	»	»	4,000
1	Sous-directeur		3,000	00	»	»	3,000
1	Premier Commis		2,400	00	»	»	2,400
1	Vérificateur des comptes		2,000	00	»	»	2,000
1	Principal Commis		1,800	00	»	»	1,800
8	Expéditionnaires	à chacun	1,200	00	»	»	9,600
1	Garçon de bureau		700	00	»	»	700
1	Caissier		6,000	00	»	»	6,000
1	Porteur d'ordres		500	00	»	»	500
47	Commissaires	13 de la 3e. classe, à	»	»	00	1,500	12,146
		10 de la 2e. à	»	»	00	2,400	15,731
		24 de la 1re. à	»	»	00	7,000	58,657
1	Inspecteurs généraux	à chacun	6,000	00	»	»	12,000
2	Inspecteurs particuliers	à chacun	2,500	00	»	»	5,000
9	Contrôleurs	à chacun	1,200	00	»	»	10,950
4	Elèves	à chacun	800	00	»	1,200	3,200
3	Visiteurs de salpêtres	2 à chacun	1,000	00	»	»	2,000
		1 à	600	00	»	»	600
3	Commis de département	1 à	1,000	00	»	»	1,000
		1 à	800	00	»	»	800
		1 à	600	00	»	»	600
108	Gardes-magasins	1	»	»	»	»	19,697
	Frais de registres, papier, chauffage, entretien de l'hôtel & des bureaux						5,000
	Fonds annuel destiné aux gratifications à répartir aux termes du décret						12,000
						TOTAL..	273,831ᴸ

Traitement des régisseurs, & fixation de leurs remises.

3 régisseurs à 4,000ᴸ fixe chacun 12,000ᴸ

REMISES.

1°. Sur l'excédant de 700,000 de poudre fine, vendue 2 sous par livre de poudre.

2°. Sur poudre de guerre, vendue au commerce, 3 deniers par livre de poudre.

3°. Sur poudre de traite . . . . *Idem.*

4°. Sur le salpêtre provenant des ateliers exploités par la régie, seulement 6 den. par livre de salpêtre.

ÉTAT des établissemens de la Régie des poudres, & détail du traitement présumé des Commissaires des poudres, & de la fixation de leurs remises sur poudres vendues, sur salpêtres reçus, sur salins & potasse achetés, & sur les portées des poudres fournies aux Arsenaux.

NOMS des DÉPARTEMENS	RÉSIDENCES	CLASSES	ÉMOLUMENS FIXES	Sur les ventes de la poudre — FINE : Quotité de la remise	Quantités présumées	Produit de la remise	De Guerre, Mine et Traite : Quotité de la remise	Produit présumé	Sur la réception du Salpêtre : Quotité de la remise	Quantités présumées	Produit de la remise	Sur les achats de Salins et de Potasse : Quotité de la remise	Quantités présumées	Produit de la remise	Sur la portée des poudres : Quotité de la remise	Quantités présumées	Produit de la remise	TOTAL présumé du traitement	OBSERVATIONS
Du Jura, du Doubs & de la Saône	Besançon	1ere.	»	1 · 9ħ	14,000ħ	1,050ħ	» · »	»	» · 3ħ	100,000ħ	1,500ħ	» · 1ħ	140,000ħ	1,000ħ	»	10,000ħ	220ħ	4,770ħ	
De la Gironde, de la Garonne & des Landes	Bordeaux	1ere.	»	» · 9	75,000	3,750	» · 3	900ħ	» · 6	13,000	300	» · »	»	»	1	40,000	160	5,110	
Du Finistère	Brest	1ere.	1,600ħ	3 · »	9,000	900	» · 3	150	» · »	»	»	» · »	»	»	1	40,000	440	3,090	
Haut & Bas-Rhin	Colmar	1ere.	»	3 · »	4,000	600	» · 3	200	» · 5	110,000	1,201	» · »	»	»	1	100,000	440	4,442	
Côte-d'Or, Saône-&-Loire	Dijon	1ere.	»	1 · 6	32,000	2,400	» · »	»	» · 4	130,000	2,166	» · 2	110,000	1,005	1	100,000	88	4,646	
Des Ardennes	Mézières	1ere.	1,800	3 · »	6,000	900	» · »	»	» · »	»	»	» · »	»	»	1	101,000	450	1,140	
De l'Hérault & de l'Aude	Montpellier	1ere.	»	» · 9	60,000	2,250	» · 2	300	» · 4	110,000	1,833	» · »	»	»	1	100,000	450	4,543	
De la Meurthe & des Vosges	Nancy	1ere.	»	1 · 6	24,000	1,800	» · 6	100	» · 3	180,000	1,500	» · 1	180,000	1,500	1	40,000	160	5,000	
Des Pyrénées-Orientales	Perpignan	1ere.	1,200	3 · »	8,000	1,200	» · 6	250	» · 6	11,000	300	» · »	»	»	1	40,000	210	3,170	
De la Seine-Inférieure & de l'Eure	Rouen	1ere.	»	» · »	»	»	» · »	»	» · »	»	»	» · »	»	»	1	50,000	160	5,450	
De la Charente-Inférieure	Saint-Jean-d'Angely	2e.	»	» · 6	64,000	3,200	» · »	1,150	» · 4	70,000	850	» · »	»	»	1	40,000	440	4,140	
Du Pas-de-Calais	Saint-Omer	1ere.	1,500	3 · »	8,000	1,200	» · »	200	» · 6	10,000	500	» · »	»	»	1	100,000	440	3,440	
De la Haute-Garonne, Ariège, &c.	Toulouse	1ere.	»	1 · »	60,000	3,000	» · 2	200	» · 4	80,000	1,330	» · »	»	»	1	40,000	160	4,690	
De la Moselle	Metz	1ere.	»	3 · »	4,000	600	» · »	»	» · 6	40,000	1,000	» · 2	150,000	1,150	1	100,000	440	3,290	
De l'Indre-&-Loire	Tours	1ere.	»	2 · »	10,000	1,200	» · »	»	» · 4 (sur raffinage n'oubl. portion)	220,000 · 300,000	3,606 · 300	» · »	»	»	1	40,000	160	5,326	
De Seine-&-Marne	Essonne	1ere.	{Appt. 1,000 / Gratif. 600}	» · »	»	»	» · »	»	» · »	»	»	» · »	»	»	1	40,000	160	3,760	
Du Var	Saint-Chamas	1ere.	3,000	» · »	»	»	» · »	»	» · »	»	»	» · »	»	»	1	40,000	160	3,760	
Du Rhône	Lyon	1ere.	»	1 · »	36,000	1,800	» · 3	250	» · 4	80,000	1,330	» · »	»	»	1	36,000	220	3,210	
Des Bouches-du-Rhône	Marseille	1ere.	»	1 · »	60,000	3,000	2 · 3	500	» · 1	160,000	1,330	» · »	»	»	»	»	»	3,380	
De la Mayenne	Saumur	1ere.	1,100	1 · »	18,000	900	» · »	»	» · 2	400,000	2,334	» · »	»	»	»	»	»	4,830	
De la Seine	Paris	1ere.	»	» · 6	64,000	1,600	» · 2	250	» · 1	1,050,000	4,291	» · »	»	»	»	»	»	4,434	
De la Marne	Châlons	1ere.	»	1 · 3	16,000	800	» · »	»	» · 8	40,000	1,500	» · »	»	»	»	»	»	6,141	
De Seine-&-Marne	La Fère	2e.	»	2 · »	15,000	1,500	» · »	»	» · 6	8,000	200	» · »	»	»	»	»	»	2,300	
Du Morbihan	Port-Louis	2e.	»	3 · »	6,000	900	» · 3	60	» · 6	11,000	275	» · »	»	»	»	»	»	1,700	
De la Meuse	Verdun	1e.	1,000	1 · »	4,000	400	» · »	»	» · 3	18,000	225	» · »	»	»	»	»	»	1,255	
De la Somme	Amiens	2e.	»	1 · 6	18,000	1,350	» · »	»	» · 4	»	»	» · 1	»	»	»	»	»	1,758	
De la Charente	Angoulême	3e.	»	» · 6	18,000	450	» · »	»	» · 2	9,000	900	» · »	»	»	»	»	»	1,350	
Du Cher	Bourges	3e.	»	1 · 6	9,000	675	» · »	»	» · 3	50,000	625	» · 1	10,000	83	»	»	»	1,350	
Du Calvados	Caen	2e.	»	» · 9	28,000	1,050	» · »	»	» · 6	10,000	500	» · »	»	»	»	»	»	1,300	
De la Vienne	Châtellerault	2e.	»	1 · 6	8,000	600	» · »	»	» · 2	100,000	833	» · »	»	»	»	»	»	1,550	
De Puy-de-Dôme	Clermont	2e.	»	» · 9	14,000	900	» · 3	160	» · 4	11,000	366	» · »	»	»	»	»	»	1,433	
D'Indre-&-Loire	Chinon	3e.	600	» · »	»	»	» · »	»	» · 6	240,000	1,000	» · »	»	»	»	»	»	1,326	
Charente-Inférieure	La Rochelle	2e.	»	1 · 3	16,000	1,000	» · 3	500	» · 6	8,000	200	» · »	»	»	»	»	»	1,800	
Du Nord	Lille	3e.	»	4 · »	4,000	800	» · »	»	» · 5	10,000	166	» · »	»	»	»	»	»	2,780	
De l'Allier & Nièvre	Moulins & Nevers	2e.	»	1 · 6	18,000	1,125	» · 3	187	» · 6	6,000	130	» · »	»	»	»	»	»	966	
Du Loiret	Orléans	1ere.	»	1 · »	27,000	2,025	» · »	»	» · 6	20,000	500	» · »	»	»	»	»	»	1,462	
Du Jura	Poligny	2e.	»	2 · »	4,000	400	» · »	»	» · 3	70,000	875	» · »	»	»	»	»	»	2,525	
Des Basses-Pyrénées	Bayonne	3e.	»	1 · »	16,000	800	» · »	»	» · »	»	»	» · 1	30,000	125	»	»	»	1,400	
De l'Isère	Grenoble	3e.	»	1 · »	11,000	600	» · 1	200	» · »	»	»	» · »	»	»	»	»	»	800	
De l'Indre	Le Blanc	3e.	»	4 · »	3,000	600	» · »	»	» · »	»	»	» · »	»	»	»	»	»	800	
De la Sarthe	Le Mans	3e.	»	1 · »	15,000	750	» · »	»	» · »	»	»	» · »	»	»	»	»	»	600	
De la Vienne	Limoges	1e.	»	1 · »	40,000	1,500	» · »	»	» · »	»	»	» · »	»	»	»	»	»	770	
Loire-Inférieure	Nantes	1ere.	{Appt. 600 / Gratif. 300}	1 · »	17,000	850	» · 2	1,000	» · »	»	»	» · »	»	»	»	»	»	3,750	
Basses-Pyrénées	Pau	3e.	»	2 · »	5,000	500	» · »	»	» · »	»	»	» · »	»	»	»	»	»	500	
De la Vilaine	Rennes	3e.	»	1 · 6	13,000	833	» · »	»	» · »	»	»	» · »	»	»	»	»	»	831	
De la Vilaine	Saint-Malo	3e.	»	1 · 6	5,000	375	» · »	260	» · »	»	»	» · »	»	»	»	»	»	611	
Du Nord	Valenciennes	3e.	»	3 · »	5,000	450	» · 6	180	» · »	»	»	» · »	»	»	»	»	»	630	
TOTAUX		»	16,400	» · »	»	55,582	» · »	8,197	» · »	»	56,547	» · »	»	4,958	»	»	4,500	125,084	

ñcateur des comptes, un commis principal & huit commis expéditionnaires.

X X.

Les commiffaires comptables & le caiffier fourniront
des cautionnemens en immeubles de la valeur de ceux
qu'ils avoient en argent.

Les contrôleurs & infpecteurs particuliers fourniront
des cautionnemens de fix mille livres;

Les infpecteurs généraux, de douze mille livres;

Les régiffeurs, de foixante mille livres.

Ceux qui ont précédemment fourni des cautionnemens en efpèces, en feront rembourfés après qu'ils
auront fourni les cautionnemens en immeubles fixés
pour leurs emplois, fans pouvoir exiger d'intérêts de
leurs fonds de cautionnement, à compter du premier
janvier 1792.

T I T R E I I I.

Fonctions des employés.

X X I.

Les commiffaires comptables feront tenus de réfider
aux lieux de leurs établiffemens, de tenir regiftre, jour
par jour, de toutes leurs opérations en dépenfe & recette, d'en compter mois par mois, & de fournir un
compte général de l'année avant le premier avril de
l'année fuivante, à peine de perte, fur leurs remifes,
d'un fixième pour chaque mois de retard.

X X I I.

Les contrôleurs feront tenus de fuivre avec affiduité

les opérations des commissaires comptables de l'arrondissement auquel ils auront été préposés, d'arrêter les registres des commissaires, & de rendre compte aux régisseurs de l'état des établissemens, de la conduite des employés & ouvriers, des abus à corriger & des améliorations à faire : ils tiendront registre de leurs opérations.

X X I I I.

Les inspecteurs rempliront les mêmes fonctions dans les tournées qui leur seront prescrites par les régisseurs. Ils vérifieront & arrêteront de plus les regiftres des contrôleurs, & rendront compte de tout ce qui leur paroîtra intéresser le service de la régie.

X X I V.

Les élèves feront envoyés dans les fabriques & raffineries sous les ordres des commissaires & des contrôleurs, & suppléeront ces derniers en cas d'absence ou de maladie.

X X V.

Les régisseurs exerceront une surveillance active sur tous les préposés, dirigeront leurs mouvemens, nommeront aux emplois, ordonneront les changemens & les destitutions, feront pourfuivre les comptables reliquataires, ordonneront les paiemens d'achats faits pour le compte de la régie, fourniront par chaque mois un bordereau de recettes & dépenses, & un état de situation des matières, vérifieront, clorront & arrêteront les comptes de chaque comptable, & rendront chaque année, dans le mois de décembre au plus tard, leur compte général des produits & dépenses de l'année précédente ; auquel compte ils joindront toutes les pièces

le recette & dépenfe, à peine de perte, par chaque
mois de retard, d'un fixième fur leurs remifes.

Ces comptes & lefdits bordereaux de quartier feront
remis au miniftre des contributions publiques, & des
doubles dépofés aux archives nationales.

T I T R E I V.

De l'admiffion aux emplois, & des règles d'avancement.

X X V I.

Nul ne pourra parvenir aux emplois de la régie des
poudres & falpêtres, fans avoir été élève, fauf les exceptions ci-après ; & pour obtenir une commiffion d'é-
lève, il faudra au moins dix-huit ans, & fubir un examen au concours fur la géométrie & la mécanique élé-
mentaire, la phyfique expérimentale & la chimie.

X X V I I.

Lorfqu'une place d'élève deviendra vacante, le concours fera publié au moins trois mois avant d'avoir lieu ;
l'époque en fera fixée, & l'examen fera fait publiquement
par des profeffeurs attachés à l'inftitution nationale pour
les objets de l'examen.

X X V I I I.

Les places de contrôleurs qui viendront à vaquer, ne
feront données qu'aux élèves.

X X I X.

Les places de commiffaires comptables feront divifées en trois claffes. Dans la première, feront comprifes

les fabriques du premier rang ; dans la seconde, les fabriques & les raffineries du second ordre, & dans la troisième, les entrepôts ordinaires de vente, suivant le tableau annexé au présent décret.

X X X.

Les places de commissaires comptables qui viendront à vaquer dans la seconde classe, ne pourront être données qu'aux contrôleurs ou aux premiers commis & vérificateurs des comptes, qui auront été élèves.

X X X I.

Les places d'inspecteurs ne pourront être données qu'à des commissaires de première & seconde classe, ou à des contrôleurs.

X X X I I.

Les places de commissaires de la première classe ne pourront être données qu'aux inspecteurs ou aux commissaires de seconde classe.

X X X I I I.

Les places de commis-expéditionnaires seront données à des jeunes gens de dix-huit ans au moins, après examen sur les qualités nécessaires pour en remplir les fonctions.

X X X I V.

Les places de premier commis, de vérificateur des comptes & commis principal, seront données aux contrôleurs, aux élèves, ou aux commis expéditionnaires.

X X X V.

La place de fous-directeur fera donnée au premier commis, à un commis de feconde claffe, au vérificateur ou à un des contrôleurs.

X X X V I.

Les places de directeur & de caiffier feront données aux commiffaires de la première ou feconde claffe, ou aux infpecteurs ayant au moins trois ans d'exercice en ces qualités.

X X X V I I.

Les places de commiffaires de la troifième claffe ne pourront être données qu'à des élèves, ou à titre de retraite, à des commis de la régie, ou à d'autres employés des régies & adminiftrations, pourvu que, par le temps de leurs fervices, ils aient droit à une penfion fur le tréfor public.

X X X V I I I.

Les régiffeurs feront choifis & nommés par le roi entre tous les commiffaires de première claffe, le directeur de correfpondance, le caiffier & les infpecteurs, pourvu qu'ils aient au moins cinq ans d'exercice en ces qualités.

X X X I X.

Les régiffeurs rendront, chaque trimeftre, compte au miniftre de l'affiduité & des talens & fervices des infpecteurs & commiffaires de première claffe, & il en fera tenu regiftre; ils tiendront un regiftre particu-

lier des comptes rendus par les contrôleurs & infpecteurs, de la conduite des autres employés.

X L.

Les régisseurs feront tenus de fe conformer aux
difpofitions précédentes ; il ne pourra, dans aucun
cas, être difpofé des places à titre de furvivance,
adjonction ou autrement.

T I T R E V.

Du traitement des employés.

X L I.

Les traitemens de tous les employés feront compofés
de remifes fur la vente des poudres & falpêtres, fur
la fabrication du falin, de la potaffe, & fur la qualité
de la poudre, ou de fommes fixes, fuivant le tableau
annexé au préfent.

X L I I.

Les traitemens compofés en partie de remifes, ne
pourront, en aucun cas, excéder tant en fommes fixes
qu'en produit de remifes : favoir, pour les régisseurs,
la fomme de quinze mille livres ; pour les commiffaires de première claffe, celle de fept mille livres ;
pour les commiffaires de feconde claffe, de deux mille
livres, & pour les commiffaires de troifième claffe,
celle de quinze cents livres.

X L I I I.

Pour tous les frais de regiftres, papiers, lumières,

bois de chauffage, entretien de l'hôtel & autres dépenses de la régie à Paris, il lui sera alloué cinq mille
livres, sans qu'elle puisse rien prétendre de plus.

X L I V.

Il sera passé chaque année une somme de douze
mille livres pour être distribuée en gratifications aux
employés des divers grades, & même aux ouvriers,
d'après l'état de distribution qu'en feront les régisseurs,
& qui sera arrêté par le ministre. Cette somme sera distribuée, une moitié entre les commissaires & les inspecteurs, un quart entre les contrôleurs & employés
des bureaux de Paris, & un quart entre les ouvriers
des diverses fabriques.

X L V.

Si des fournitures extraordinaires, ou d'autres évè-
nemens imprévus nécessitoient une augmentation dans
les dépenses ci-dessus fixées, le Pouvoir exécutif pourra
provisoirement l'autoriser sur la demande des régisseurs,
jusqu'à la concurrence de vingt mille livres.

X L V I.

Le pouvoir exécutif pourra également autoriser provisoirement des achats de salpêtre à l'étranger, dans le
cas où des circonstances imprévues rendroient cette
mesure nécessaire ; & il veillera à ce qu'il y ait toujours dans les magasins de la régie, soit en poudre fa-
briquée, soit en salpêtre, soufre & charbon, de quoi
compléter un approvisionnement de quatre millions
de livres de poudres de toute espèce.

TITRE VI.

Disposition de discipline générale.

XLVII.

Il ne pourra être donné de poudres gratuitement, ni être accordé par les préposés à la régie & autres agens du Pouvoir exécutif, comme modération ni remise des prix fixés ci-devant, à peine d'en compter personnellement.

XLVIII.

Les poudres étrangères saisies, & dont la confiscation sera ordonnée, seront remises par la régie des douanes aux bureaux de celle des poudres, qui les paiera dix sous la livre, dont la distribution sera faite par forme de gratification entre les employés des douanes.

XLIX.

Aucun employé ne pourra s'absenter sans un congé par écrit des administrateurs, & il n'en sera expédié que sous la condition expresse que les employés perdront le quart de leur traitement & remises après quinze jours d'absence, au prorata du temps qu'ils n'auront pas fait leur service, & ce quart tournera au profit de ceux qui les remplaceront.

L.

Au moyen des traitemens & remises accordés aux préposés de la régie, suivant le tableau annexé au présent, il ne leur sera passé aucune dépense pour loyer de maisons, magasins, frais de commis, & autres quelconques.

LI.

L I.

Les commissaires seront tenus de compter à la caisse générale, à Paris, le montant de leurs recettes : tous les frais de transports & risques d'insolvabilité seront a leur charge, & il leur sera seulement passé demi pour cent sur le montant de leurs remises. Les régisseurs seront tenus de compter, tous les mois, à la trésorerie nationale les produits des recettes ; & dans le cas de fournitures extraordinaires de la régie aux départemens de la guerre & de la marine, la trésorerie nationale fournira à la régie les fonds nécessaires pour subvenir aux dépenses d'exploitation.

L I I.

La régie ne poura faire faire aucun nouvel établissement ou construction de fabrique, que d'après un décret du Corps législatif. Elle fera procéder aux réparations ordinaires & extraordinaires, mais en rendra compte au ministre, pour se faire autoriser toutes les fois que les réparations pourront exiger plus de douze cents livres de dépense.

L I I I.

Les employés de la régie des poudres auront droit aux mêmes pensions & retraites que tous les employés des autres compagnies de finance.

Mandons & ordonnons à tous les corps administratifs & tribunaux, &c.

2190.

L O I

Code militaire.

Donnée à Paris le 19 octobre 1791.

Louis, par la grace de Dieu, &c.

Décret du 30 septembre 1791.

TITRE PREMIER.

De la juridiction militaire.

ARTICLE PREMIER.

Les délits militaires consistent dans la violence définie par la loi du devoir militaire, & la loi détermine les peines qui doivent y être appliquées.

I I.

Aucun fait ne peut être imputé à délit militaire, s'il n'est déclaré tel par la loi.

I I I.

Nul n'est exempt de la loi commune & de la juridiction des tribunaux, sous prétexte du service militaire; & tout délit qui n'attaque pas immédiatement le devoir, ou la discipline ou la subordination militaire, est un délit commun, dont la connoissance appartient aux juges ordinaires, & pour raison duquel le prévenu soldat, sous-officier ou officier, ne peut être traduit que devant eux.

I V.

Nul délit n'est militaire, s'il n'a été commis par un individu qui fait partie de l'armée. Tout autre individu ne peut jamais être traduit comme prévenu devant les juges délégués par la loi militaire.

V.

Si parmi deux, ou plusieurs prévenus du même délit, il y a un ou plusieurs militaires, & un ou plusieurs individus non militaires, la connoissance en appartient aux juges ordinaires.

V I.

Si dans le même fait il y a complication de délit commun & de délit militaire, c'est aux juges ordinaires d'en prendre connoissance.

V I L

Si pour raison de deux faits, la même personne est dans le même temps prévenue d'un délit commun & d'un délit militaire, la poursuite en est portée devant les juges ordinaires.

V I I I.

Lorsque les juges ordinaires connoissent en même temps, par la préférence qui leur est accordée, d'un délit commun & d'un délit militaire, ils appliqueront les peines de l'un & de l'autre si elles sont compatibles, & la plus grave si elles sont incompatibles.

X.

Le condamné a le droit de demander la cassation du jugement, & le commissaire-auditeur a le même droit; mais la signification doit en être faite dans les trois jours qui suivent la lecture du jugement, dont on lui donnera copie s'il la demande; & dans les trois jours suivans, la procédure & le jugement doivent être envoyés au greffe du tribunal de cassation, pour en prendre connoissance dans la forme & les délais prescrits à l'égard des jugemens criminels en général.

X.

En cas de prévarication de la part des juges, l'accusé a le droit de les prendre à partie & de les citer au tribunal de cassation.

X I.

Tout général en chef pourra, à la guerre, faire un règlement pour le maintien du bon ordre dans son armée, & ce règlement aura force de loi pendant la durée du commandement de ce général en chef.

X I I.

Les ordres de circonstances que donnera à la guerre un commandant en premier d'une troupe ou d'un corps détaché, auront force de loi pendant la durée de son commandement.

X I I I.

Les peines attachées aux délits prévus par le règlement du général en chef, ou les ordres de circonstances du commandant en premier, ne pourront être appliquées que conformément à la loi, si elles s'étendent fur la vie, ou fur l'honneur, ou fur l'état du prévenu, mais fans recours à la cour de caffation.

X I V.

L'on fera cenfé être en temps de guerre, pour l'exercice de l'autorité accordée aux généraux en chef, aux commandans en premier, & pour l'application des peines, à raifon du temps de guerre, après que la proclamation en aura été faite aux troupes; & en temps de paix, tout raffemblement de troupes campées, ou cantonnées pour former un camp, fera cenfé être en état de guerre.

X V.

Il n'eft pas dérogé, par les articles du préfent décret, à l'article III de la loi du 22 feptembre 1790, concernant la compétence des tribunaux militaires à l'égard des perfonnes qui fuivent l'armée.

X V I.

Par la dénomination de militaire, la loi entend tous les individus qui compofent l'armée, fans aucune diftinction de grade, de métier ou de profeffion.

 L o i *du* 19 *Octobre* 1791.

TITRE II.

Des délits & peines.

ARTICLE PREMIER.

Tout foldat, tout fous-officier, tout officier qui en cas d'alerte, d'appel ou de la générale, ne fe fera pas rendu fon pofte au moment où la troupe prend les armes, pourra être puni d'une punition de difcipline par le commandant de la troupe dont il fait partie, ou être foumis au jury d'accufation. Si le jury d'accufation trouve que les circonftances atténuent le délit, la punition en appartiendra au commandant de la troupe dont il fait partie; & s'il eft foumis au jury de jugement & déclaré coupable, & non excufable, la peine eft, en temps de guerre, d'être chaffé du fervice.

I I.

Le militaire qui, à la guerre, ne fe fera pas rendu à fon pofte, ou qui aura abandonné fon pofte pour fonger à fa propre fûreté, fera puni de mort.

I I I.

Le militaire qui, dans une place prife d'affaut, quittera fon pofte pour fe livrer au pillage, fera puni de la peine exprimée par la proclamation du général qui aura commandé l'affaut.

I V.

Tout foldat trouvé endormi en faction ou en vedette, fera puni d'une punition de difcipline par le commandant

de la troupe dont il fait partie , à moins que des circonftances agravantes ne déterminent le commiffaire-
auditeur à le traduire devant la cour martiale.

Dans le cas où le prévenu feroit traduit devant la
cour martiale , & déclaré coupable, la peine eft, en
temps de paix , de trois mois de prifon, & en temps
de guerre, d'être puni de mort.

V.

Tout commandant d'un pofte , tout fergent d'un
pofte, ainfi que la fentinelle , qui fera convaincu d'avoir
tranfmis de fauffes confignes à la place de celles qu'il
avoit reçues , fera puni de mort.

V I.

Le commandant d'une patrouille qui fera convaincu
d'avoir perfidement caché au commandant de fon pofte
les découvertes qu'il aura faites, fera puni de mort.

V I I.

Le commandant d'un pofte qui tairoit perfidement à
celui qui le relève les découvertes effentielles qu'il auroit
faites , foit par lui-même , foit par fes patrouilles , foit
par toute autre perfonne , relativement à la défenfe du
pofte , fera puni de mort.

V I I I.

Le commandant d'un pofte qui aura cru devoir s'écarter
de fa configne , en fera refponfable au commandant
de la troupe dont il fait partie ; & fi , traduit à la
cour martiale, il eft déclaré coupable , il fera puni de
mort.

E 4

I X.

Un soldat en sentinelle ou en vedette qui aura manqué à sa consigne, sera puni d'une punition de discipline par le commandant de la troupe dont il fait partie, à moins que des circonstances agravantes ne déterminent le commissaire-auditeur à le traduire à la cour martiale; & s'il est traduit à la cour martiale & déclaré coupable, la peine est d'être puni de mort.

X.

Tout soldat, sous-officier & officier qui aura quitté son poste sans la permission de son commandant, sera puni d'une punition de discipline, par le commandant de la troupe dont il fait partie, à moins que des circonstances agravantes ne déterminent le commissaire-auditeur à le traduire à la cour martiale; & s'il est traduit à la cour martiale & déclaré coupable, la peine est d'être puni de mort.

X I.

Tout soldat, sous-officier & officier convaincu d'avoir communiqué le secret du poste ou le mot d'ordre à quelqu'un qui n'en devoit pas avoir connoissance, sera puni de mort.

X I I.

Tout militaire convaincu d'avoir insulté une sentinelle, de propos ou de geste, la peine est contre le simple soldat, d'un mois d'arrestation, de six semaines contre le sous-officier, & de trois mois contre l'officier.

Si l'insulte avoit été faite avec une arme quelconque, ou si elle consistoit en voies de fait, & que la sentinelle ne l'eût pas tué, le délinquant fera puni de mort.

X I I I.

Tout militaire convaincu d'entretenir une correspon-dance dans l'armée ennemie, fans la permiffion par écrit du commandant de la troupe dont il fait partie, fera puni par ledit commandant, d'une punition de difcipline ; & fi fa correfpondance eft une trahifon, il fera puni de mort.

X I V.

Tout militaire qui aura paffé les poftes avancés de l'armée, ou qui fera forti d'une place affiégée fans la permiffion du commandant de la troupe dont il fait partie, fera puni conformément au règlement du général de l'armée ou du commandant de la place.

X V.

Tout militaire convaincu d'avoir été en maraude, fera puni conformément au règlement du général de l'armée.

X V I.

Tout fubordonné qui ne s'eft pas conformé fur-le-champ à un ordre de fon fupérieur, relatif au fervice militaire, fera en temps de paix puni de fix mois de prifon ; & en temps de guerre, toute défobéiffance formelle fera punie de mort.

X V I I.

Si un fubordonné eft convaincu d'avoir menacé fon fupérieur de la parole ou du gefte, la peine eft d'un an de fers contre le foldat, de deux ans contre le fous-officier, & de deux ans de prifon contre l'officier.

Si la menace a été accompagnée de quelque mouvement d'armes, la peine eft contre le foldat de deux ans de fers; contre le fous-officier, de quatre ans, & contre l'officier, d'être caffé & de quatre ans de prifon.

X V I I I.

Si un fubordonné eft convaincu d'avoir frappé fon fupérieur, la peine eft contre le coupable d'être puni de mort.

X I X.

S'il y a révolte contre les fupérieurs, la peine de la défobéiffance combinée eft, à l'égard de ceux qui l'ont fufcitée, d'être puni de mort, & ceux qui l'ont partagée, d'être condamnés à dix ans de fers.

X X.

Si la défobéiffance combinée confifte en réfiftance d'inertie, la peine contre les moteurs de cette révolte eft de cinq ans de fers; & contre ceux qui ne fe feront pas rendus à la troifième fommation du commandant, la peine eft de deux ans de fers.

X X I.

En cas d'attroupement, les fupérieurs commanderont qu'on fe fépare & que chacun fe retire; & s'ils ne font pas fur-le-champ obéis, ils nommeront ou défigneront ceux qu'ils jugeront êtres les auteurs de l'attroupement; & fi les défignés ne rentrent pas auffitôt dans le devoir, ils feront dès-lors déclarés chefs de révolte, & fubiront la peine énoncée dans l'article XIX.

Si le raffemblement n'eft pas diffous par le commandement fait au nom de la loi, les fupérieurs font autorifés à employer tels moyens de force qu'ils jugeront
bons, fans préjudice des peines portées, & fans que les
fupérieurs puiffent jamais être recherchés, ni inquiétés
pour raifon des moyens qu'ils auront employés pour
que force demeure à la loi.

X X I I.

Dans le cas de la peine de prifon, par jugement de
la cour martiale, le temps entier de la peine eft diftrait
de celui du fervice.

X X I I I.

Celui qui volera l'argent de l'ordinaire de fes cama-
rades, celui qui vendra ou qui mettra en gage, en tout
ou en partie, fes armes ou fon habillement, ou fon
fourniment, fera puni de deux ans de fers.

X X I V.

Celui qui aura déferté en temps de paix & n'étant
pas de fervice, fera puni de trois mois de prifon; s'il étoit
de fervice, de fix mois de prifon; & s'il a déferté étant
de faction, il fera condamné aux fers pour le temps
qu'il aura encore à fervir.

X X V.

Celui qui aura déferté en temps de guerre, n'étant
pas de fervice, fera condamné à dix ans de fers; s'il
étoit de fervice, à vingt ans de fers; s'il étoit en faction,
lors de la défertion, il fera puni de mort.

Et dans tous les temps & tous les cas, celui qui fera

convaincu d'être auteur d'un complot de désertion, sera puni de mort.

X X V I.

La loi accorde au militaire qui aura déserté, n'étant pas de service, & en temps de paix seulement, huit jours de repentir, pendant lesquels il peut revenir à ses drapeaux, ou prouver par une déclaration authentique que son intention est d'y revenir ; & en ce cas, la peine ne sera que d'une prison d'autant de jours qu'il en aura été absent : mais s'il est arrêté pendant lesdits huit jours de repentir, il sera considéré & puni comme déserteur.

X X V I I.

La peine d'être chassé emporte la dégradation civique, & l'expédition du jugement tiendra lieu de congé absolu à celui qui aura été chassé.

X X V I I I.

Le roi sera prié de donner tous règlemens nécessaires pour l'exécution du présent décret, qui aura force de loi dans nos Colonies comme en Europe.

X X I X.

Le juré d'accusation s'assemblera toujours dans le lieu où le délit aura été commis, lorsqu'il n'y aura pas d'emplacement : dans ce cas, il s'assemblera dans le chef-lieu de la cour martiale.

Le juré de jugement & la cour martiale s'assembleront toujours dans le chef-lieu de la cour martiale.

X X X.

Dans le cas des articles XXII & XXV du décret

du 22 septembre 1790 , le nombre des jurés, soit d'accusation , soit de jugement, ne sera point augmenté en raison des co-accusés qui excéderont le nombre de six.

X X X I.

Les membres de la gendarmerie nationale prévenus de délits , seront juridiciables des tribunaux ordinaires ; mais si le tribunal ordinaire décide que le délit dont le jugement lui est déféré, est purement militaire, l'accusé sera renvoyé devant la cour martiale.

X X X I I.

Dans ce cas, les jurés seront pris sur un tableau particulier, formé des seuls officiers, sous-officiers & cavaliers de la gendarmerie nationale.

Mandons & ordonnons à tous les corps administratifs & tribunaux, que les présentes ils fassent consigner dans leurs regiftres, lire , publier & afficher dans leurs départemens & refforts respectifs, & exécuter comme loi du Royaume. Mandons & ordonnons pareillement à tous les officiers généraux & autres commandant les troupes de ligne dans les différens départemens du Royaume ; comme aussi à tous les officiers & gendarmes de la gendarmerie nationale , & à tous autres qu'il appartiendra, de se conformer ponctuellement à ces présentes.

 L o i *du* 19 *Octobre* 1791.

2191.

L O I

*Relative aux receveurs des consignations, & aux commis-
faires aux faisies réelles.*

Donnée à Paris le 19 octobre 1791.

Louis, par la grace de Dieu, &c.

Décret du 30 septembre 1791.

L'Affemblée Nationale, après avoir entendu fon comité
de conftitution, en exécution de fon décret du 15 de
ce mois, prenant en confidération les obfervations faites
fur les décrets des 7 & 10, relatifs aux receveurs des
confignations & aux commiffaires aux faifies-réelles, &
rapportant en tant que befoin lefdits décrets, les a
rectifiés & définitivement rédigés, ainfi qu'il fuit :

A R T I C L E   P R E M I E R.

La vénalité & hérédité de tous offices de receveurs
de confignations & de commiffaires aux faifies-réelles,
font & demeurent fupprimées ; le comité de judicature
fera inceffamment fon rapport fur le mode de leur
liquidation & de la reddition de leurs comptes.

I I.

Jufqu'à ce qu'il en ait été autrement ordonné, il fera
pourvu par les directoires de diftrict à l'exercice provifoire des fonctions attachées aux offices de receveurs

des confignations & de commiffaires aux faifies-réelles dans les lieux pour lefquels il n'y en a pas d'établis ; les directoires pourront confier aux mêmes prépofés la recette des confignations & l'adminiftration des biens faifis. Ceux qui feront nommés conformément au préfent article, feront tenus de réfider près les tribunaux.

I 1 I.

Il fera fourni par ceux qui feront nommés à l'exercice provifoire de ces fonctions, un cautionnement égal au quart de celui fourni par les tréforiers de diftrict pour la recette des contributions directes.

A l'égard des titulaires des offices fupprimés, qui font maintenus dans l'exercice provifoire de leurs fonctions , la finance defdits offices leur tiendra lieu de cautionnement.

I V.

Du jour de la publication du préfent décret, & pendant le cours dudit exercice provifoire , les prépofés à la recette des deniers confignés feront tenus de fe conformer aux difpofitions de l'édit de 1689 & autres lois fubféquentes, fans que la déclaration de 1669 & autres lois interprétatives puiffent déformais être exécutées ; les receveurs des confignations auront dans tous les cas, & pour tous droits, trois deniers pour livre des fommes qui feront effectivement verfées dans leurs caiffes ; & les commiffaires aux faifies-réelles auront douze deniers pour livre des baux qui feront faits.

V.

Les fonctions provifoires de prépofés à la recette de deniers confignés, & à l'adminiftration des biens faifis , feront incompatibles avec les fonctions de juge, d'avoué, de comptable , de greffier, de notaire & de membre de diſtrict & de département.

Mandons & ordonnons à tous les corps adminiſtratifs & tribunaux , &c.

2192.

L O I

Relative aux officiers & gendarmes de la ci-devant gen-darmerie , à qui il a été accordé un logement aux caſernes de Lunéville.

Donnée à Paris le 19 octobre 1791.

Louis , par la grace de Dieu , &c.

Décret du 22 ſeptembre 1791.

L'Aſſemblée Nationale décrète :

A R T I C L E P R E M I E R.

Les officiers & gendarmes de la ci-devant gendarmerie, le chirurgien-major & le concierge qui ont obtenu des logemens lors de la réforme de ce corps, dans l'établiſ-ſement qu'il occupoit à Lunéville , les conſerveront leur vie durant, ainſi que l'uſtenſile ou traitement affecté à l'entretien & au renouvellement des effets d'ameublement qui en dépendent.

I I.

Le montant deſdits uſtenſiles & traitement ſera payé par le tréſor public, d'après l'état nominatif , qui ſera
remis

remis par le miniftre de la guerre, des individus qui en jouiffent, & de la copie des brevets qui leur ont été expédiés en conféquence en 1788.

Mandons & ordonnons à tous les corps adminiftratifs & tribunaux, &c.

2193.

L O I

Qui fufpend la vente des haras de Rozière.

Donnée à Paris le 19 octobre 1791.

Louis, par la grace de Dieu, &c.

Décret du 27 feptembre 1791.

L'Affemblée Nationale décrète ce qui fuit :

La vente des ci-devant haras de Rozière, département de la Meurthe, demeurera fufpendue, & cet établiffement reftera à la difpofition du miniftre de la guerre pour le dépôt des remontes.

Mandons & ordonnons à tous les corps adminiftratifs & tribunaux, &c.

2194.

L O I

*Qui accepte la réfiliation offerte par le fieur du Châtelet,
du bail emphytéotique à lui paffé le 6 juin 1772.*

Donnée à Paris le 19 octobre 1791.

Louis, par la grace de Dieu, &c.

Décret du 27 feptembre 1791.

L'Affemblée Nationale, après avoir entendu fon comité
des domaines, décrète ce qui fuit :

ARTICLE PREMIER.

L'Affemblée nationale accepte la réfiliation offerte par
le fieur Louis-Marie-Florent du Châtelet, du bail em-
phythéotique à lui paffé par arrêt du confeil du 6 juin
1772 ; décrète en conféquence, que la régie des domaines nationaux entrera en poffeffion des domaines
compris audit bail, du jour de la publication du préfent
décret, & que la fomme que ledit fieur du Châtelet
juftifiera avoir payée au tréfor public, lui fera rem-
bourfée par la caiffe de l'extraordinaire, après qu'elle
aura été liquidée dans les formes prefcrites par les décrets, fous la réferve de la déduction portée en l'article
fuivant.

I I.

Ledit fieur du Châtelet rendra compte pardevant le
directoire du département de la Meufe, des revenus

des domaines compris dans ledit bail, à compter du premier janvier 1772, jufqu'à fa dépofleffion. Décrète que l'excédant du produit net defdits domaines, après déduction des intérêts ordinaires à cinq pour cent de la fomme verfée au tréfor public, fera imputé fur le rembourfement de ladite fomme.

I I I.

Décrète néanmoins que dès - à - préfent ledit fieur du Châtelet fera rembourfé de la portion de fa finance, qui fera provifoirement liquidée conformément à l'article III du décret du 19 juillet dernier.

Mandons & ordonnons à tous les corps adminiftratifs & tribunaux, &c.

2195.

L O I

Qui ratifie & confirme l'échange fait entre le roi & les auteurs de la dame Caftanier, veuve du fieur Poulpri.

Donnée à Paris le 19 octobre 1791.

Louis, par la grace de Dieu, &c.

Décret du 27 feptembre 1791.

L'Affemblée Nationale, ouï le rapport du comité des domaines, décrète qu'elle ratifie & confirme l'échange fait le 7 août 1752 entre le roi & les auteurs de la dame Caftanier, veuve du fieur Poulpri, du terrein par eux poffédé à Paris, & fur lequel a été établi le jardin de l'hôtel du miniftre de la juftice, contre les domaines des Couloubrés & le Bourquet, les trois quarts des pâturages de la montagne de Madres, & tout ce que le roi possédoit dans le territoire de Montréal, situé dans les ci-devant sénéchaussées de Carcassonne & Limoux, aujourd'hui dans le département de l'Aude ; & cependant, que les évaluations faites, & l'entière procédure observée à cet égard, seront ultérieurement rapportées, pour être statué ce qu'il appartiendra, conformément à ce qui sera réglé en cette matière à l'avenir.

Mandons & ordonnons à tous les corps administratifs & tribunaux, &c.

2196.

L O I

Relative à l'affaire de Brie-Comte-Robert.

Donnée à Paris le 19 octobre 1791.

Louis, par la grace de Dieu, &c.

Décret du 6 août 1791.

L'Assemblée Nationale, après avoir ouï son comité des rapports sur la dénonciation qui a été faite par quelques citoyens de Brie-Comte-Robert, décrète qu'elle approuve la conduite des membres composant le directoire du département de Seine-&-Marne & du détachement de Hainaut, en quartier à Brie ; déclare au surplus, qu'il n'y a lieu à délibérer sur les pétitions des citoyens de Brie.

Mandons & ordonnons à tous les corps administratifs & tribunaux, &c.

2197.

L O I

Relative à l'indemnité réclamée par les anciens régisseurs des droits d'octrois dans la ci - devant province d'Artois.

Donnée à Paris le 19 octobre 1791.

Louis, par la grace de Dieu, &c.

Décret du 19 août 1791.

L'Assemblée Nationale, décrète: 1°. que sur l'indemnité prétendue par le sieur le Maire-Pagard & compagnie, anciens régisseurs des droits & octrois qui se percevoient sur les eaux-de-vie dans la ci-devant province d'Artois, les parties sont renvoyées pardevant les juges qui en doivent connoître ; & en ce qui concerne les vingt-neuf mois pendant lesquels la régie a eu lieu au nom & pour le compte de la ci-devant province d'Artois, & le remboursement des enchères ou fonds d'avance dans la proportion desdits vingt - neuf mois, sans cependant entendre rien préjuger sur ladite indemnité & remboursement, ni sur la question de savoir par qui les sommes qui pourront être allouées auxdits le Maire - Pagard & compagnie, devront être payées.

2°. Que lesdits le Maire-Pagard & compagnie présenteront leur compte de régie, depuis le premier janvier 1791 jusqu'au 19 février dernier, époque de la résiliation de leur traité, au commissaire du roi, directeur-général de la liquidation, pour y être arrêté dans les formes prescrites par les décrets sur les liquidations.

Mandons & ordonnons à tous les corps administratifs & tribunaux, &c.

F 3

2198.

L O I

Qui autorise le département de l'Orne à faire vendre quarante étalons du haras du Pin.

Donnée à Paris le 19 octobre 1791.

Louis, par la grace de Dieu, &c.

Décret du 23 juillet 1791.

L'Assemblée Nationale autorise le directoire du département de l'Orne à faire vendre, par estimation, quarante étalons du haras du Pin, à des cultivateurs de ce département, aux conditions que le directoire croira les plus avantageuses au bien public, & avec la clause expresse que ces étalons seront conservés dans l'étendue de ce département, pour y servir à la propagation de leur race.

Mandons & ordonnons à tous les corps administratifs & tribunaux, &c.

2199.

L O I

Relative à la composition de l'armée.

Donnée à Paris le 21 octobre 1791.

Louis, par la grace de Dieu, &c.

Décret des 18 août 1790 & 28 septembre 1791.

L'Assemblée Nationale décrète ce qui suit:

A R T I C L E   P R E M I E R.

L'armée sera composée, à dater du premier janvier

1791 , tant en officiers qu'en soldats , de cent dix mille cinq cent quatre-vingt-dix hommes d'infanterie , & de trente mille quarante de troupes à cheval , non compris l'artillerie & le génie , sur lesquels l'Assemblée nationale se réserve de statuer.

Le nombre des officiers-généraux employés ne pourra pas excéder quatre-vingt-quatorze : l'Assemblée nationale se réserve de statuer sur le nombre des adjudans, sur celui des aides-de-camp , & sur le nombre des commissaires des guerres qui doivent être mis en activité pendant l'année 1791.

I I.

Les troupes étrangères qui feront partie du nombre ci-dessus & qui feront à la solde de la nation , ne pourront pas, sans un décret du Corps législatif, sanctionné par le roi , excéder celui de vingt-six mille hommes.

I I I.

Le nombre d'individus de chaque grade & dans chaque arme , sera déterminé ainsi qu'il est expliqué par l'état ci-annexé , sauf les changemens que les circonstances pourroient exiger dans les différens corps de l'armée.

I V.

Le ministre proposera les changemens qui pourront avoir lieu dans l'armée , dans des notes particulières qu'il adressera au Corps législatif.

V.

Les appointemens & solde feront fixés pour chaque grade , à compter du premier janvier 1791 , ainsi qu'il est dit à l'état ci-annexé.

V I.

Les régimens Suisses & Grisons conserveront jusqu'au renouvellement de leurs capitulations, les appointemens & solde dont ils jouissent en vertu d'icelles.

V I I.

Les officiers, sous-officiers & soldats qui, par l'effet de la nouvelle formation, éprouveroient une réduction sur leur traitement actuel, le conserveront jusqu'à ce qu'ils en obtiennent un équivalent: en attendant ils seront payés du supplément sur des états particuliers, dans la forme prescrite par les ordonnances.

V I I I.

Les carabiniers seront rendus à leur institution primitive de grenadiers de la cavalerie : en conséquence, ils se recruteront dans les troupes à cheval, ou par des sujets ayant fait au moins un congé dans lesdites troupes, & ils jouiront d'un sou de haute-paye, comme les grenadiers en jouissent dans l'infanterie.

I X.

Les appointemens & solde réglés par l'article V seront payés par le trésor public sur des revues ; savoir, les appointemens, à raison de trente jours par mois, & la solde, à raison du nombre de jours dont chaque mois est composé.

X.

Indépendamment de la solde réglée par l'article V, il sera fourni à chaque soldat présent sous les drapeaux ou détaché pour le service, conformément au décret du 24 juin, une ration de pain de munition du poids de vingt-quatre onces , laquelle ration fera partie de la folde de l'homme préfent , fans que l'homme abfent des drapeaux , puiffe y prétendre.

X I.

Il fera fourni des rations de fourrage aux chevaux des officiers, fuivant le détail ci-après ;

S a v o i r,

I N F A N T E R I E.

A chaque colonel de régiment ou lieu-tenant-colonel-commandant les bataillons d'infanterie légère , deux rations , ci . . .	2 rations
A chaque lieutenant-colonel , une ration, ci	1.

C A V A L E R I E.

A chaque colonel , trois rations , ci . . .	3 rations.
A chaque lieutenant-colonel ou capitaine , deux rations , ci	2.
A chacun des autres officiers , une ration , ci	1.

X I I.

Les paiemens qui feront faits en vertu des articles précédens , ne devant avoir lieu qu'à l'effectif , il fera conftaté tous les trois mois par des revues de commif-faires des guerres , dans la forme qui fera prefcrite par les ordonnances.

X I I I.

Pour fubvenir aux dépenfes du recrutement , rengagement , remonte, habillement , équipement, armement, frais de bureaux, il fera payé à chaque régiment une fomme par homme au complet pour former la maffe générale, fuivant ce qui fera réglé dans un travail particulier.

X I V.

Il fera également formé des maffes pour fubvenir aux dépenfes des vivres, fourrages, hôpitaux & effets de campement, dont les fonds feront faits au département de la guerre, fur le pied du complet de l'armée. Toutes les maffes ci-deffus indiquées, non-compris celle de linge & chauffure, font deftinées au befoin collectif de tous les régimens, mais elles appartiennent à la nation ; en conféquence, nul individu n'a droit d'y prétendre. Les corps rendront compte tous les ans au miniftre de la guerre, de la partie defdites maffes dont l'adminiftration leur fera confiée, & le miniftre rendra compte de la totalité defdites maffes aux perfonnes qui en auront été chargées par le Corps légiflatif.

X V.

Les fonds deftinés, tant aux travaux de l'artillerie qu'à ceux du génie, pour l'année 1791, feront provifoirement fixés à cinq millions quatre cent mille livres, dont la répartition fera faite par le miniftre de la guerre.

X V I.

Il y aura pareillement un fonds affecté pour les frais de bureau du miniftre, frais d'impreffion des ordonnances, ceux des courfes & d'efcorte, & autres frais relatifs aux procédures & jugemens militaires ; mais les fommes qui doivent y être deftinées, ne feront définitivement réglées qu'après une connoiffance exacte & motivée des tableaux de dépenfe de ces divers objets, & provifoirement elles font réduites fur le pied de quinze cent mille livres par an.

ARMÉE.

État général du nombre d'individus de chaque grade qui doivent composer l'armée, & des appointemens & solde qui leur sont attribués par la loi du 26 août 1790.

SAVOIR,

DÉNOMINATION des GRADES.	NOMBRE.	Appointemens et solde. Par an.	Observations.
État-major de l'armée.			
9 { Officiers-généraux . . { Généraux d'armée	4	40,000ᴴ	
Lieutenans-généraux	3o	25,000	
Maréchaux-de-camp	6o	12,000	
Adjudans - généraux . . .			
Aides - de - camp . . . . . } sont ajournés.			
Commissaires des guerres. }			

DÉNOMINATION des GRADES.	NOMBRE.	Appointemens et solde.	Observations.
Infanterie de ligne, française, allemande, irlandaise et liégeoise.		Par an.	
Colonels.	91	6,000ᴴ	
182 Lieutenans - colonels . . { de première	91	4,200	
{ de seconde	91	3,600	
Quartiers-maîtres-trésoriers .	91	1,100	
Adjudans-majors.	182	1,200	
{ de première	182	2,500	
{ de seconde	182	2,400	
1638 Capitaines, dont . . . { de troisième	364	2,200	
{ de quatrième	364	2,000	
{ de cinquième	516	1,500	
1638 Lieutenans, dont . . . { de première	819	1,050	
{ de seconde	819	950	
Sous-lieutenans	1,639	800	
Aumôniers, 91			
Chirurgiens, 91			
TOTAL des Officiers.	2,410		

DÉNOMINATION des GRADES.	NOMBRE.	Appointemens et solde.			Observations.
Suite de l'Infanterie de ligne française, etc.		PAR JOUR.			
Hommes de l'état-major . . { Adjudans.	182	1ᵗᵗ	13ſ	4δ	
Tambours-majors.	91	»	18	2	
Caporaux-tambours.	91	»	12	6	
Musiciens.	728	»	13	2	
Ouvriers.	273	»	7	6	
Grenadiers . . . . { Sergens-majors.	182	»	19	2	
Sergens.	364	»	16	6	
Caporaux-fourriers	182	»	12	6	
Caporaux	728	»	11	6	
Appointés	728	»	9	»	
Grenadiers	7,280	»	8	6	
Tambours	182	»	10	6	
Fusiliers . . . . { Sergens-majors.	1,456	»	18	2	
Sergens	2,912	»	14	6	
Caporaux-fourriers.	1,456	»	11	6	
Caporaux	5,824	»	10	6	
Appointés	5,824	»	8	»	
Fusiliers	58,240	»	7	6	
Tambours	1,456	»	9	6	
TOTAL des soldats.	88,179				

DÉNOMINATION des GRADES.	NOMBRE	Observations.
Infanterie suisse.		
Colonels	11	Les onze régimens Suisses et Grisons conserveront jusqu'au renouvellement de leurs capitulations les appointemens & solde dont ils jouissoient en vertu d'icelles.
Lieutenans-colonels	11	
Majors	11	
Aides-majors	22	
Sous-aides-majors	22	
Quartiers-maîtres-trésoriers	11	
Porte-drapeaux	44	
1 8 Capitaines de { Grenadiers	22	
{ Fusiliers { première	22	
{ seconde	154	
198 Lieutenans de { Grenadiers	22	
{ Fusiliers	175	
198 Sous-Lieutenans de { Grenadiers	22	
{ Fusiliers	176	
Chirurgiens majors . . . 11		
Armuriers . . . 11		
Ministres . . . 11		
TOTAL des officiers	726	

DÉNOMINATION des GRADES.		NOMBRE.	Observations.
Suite de l'Infanterie suisse.			
Hommes de l'Etat-major	Tambours-majors	11	
	Prévôts	44	
	Garçons Chirurgiens	44	
Grenadiers	Fourriers	22	
	Sergens	44	
	Caporaux	88	
	Appointés	88	
	Grenadiers	880	
	Tambours	22	
Fusiliers	Fourriers	176	
	Sergens	528	
	Caporaux	1,056	
	Appointés	1,056	
	Fusiliers	6,336	
	Tambours	352	
TOTAL des soldats		10,747	

DÉNOMINATION des GRADES.		NOMBRE.	Appointemens et solde.	Observations.
Infanterie légère.			Par an.	
24 Lieutenans-colonels, dont	de première	12	5,000ᵗᵗ	
	de seconde	12	3,600	
Adjudans-majors		12	1,200	
Quartiers-maîtres-trésoriers		12	1,400	
96 Capitaines, dont	de première	12	2,500	
	de seconde	12	2,400	
	de troisième	24	2,200	
	de quatrième	24	2,000	
	de cinquième	24	1,500	
96 Lieutenans, dont	de première	48	1,050	
	de seconde	48	950	
Sous-lieutenans		96	800	
Chirurgiens-majors 12		»	»	
TOTAL des officiers		336		

DÉNOMINATION des GRADES.	NOMBRE.	Appointemens et solde.	Observations.
Suite de l'Infanterie légère.		Par jour.	
Adjudans-majors . . .	12	1ᴴ 13ſ 4ᵈ	
Tambours-majors . . .	12	18 8	
Ouvriers . . .	36	8 »	
Serjens-majors . . .	96	18 8	
Sergens . . .	192	15 »	
Caporaux-fourriers . . .	96	12 »	
Caporaux . . .	384	11 »	
Appointés . . .	384	8 6	
Chasseurs . . .	3,840	8 »	
Tambours . . .	96	10 »	
TOTAL des chasseurs . . .	5,148		

Récapitulation.	Officiers.	Soldats.	TOTAL.
Infanterie { française, allemande, irlandaise et liégeoise . . .	5,460	88,179	93,639
suisse . . .	726	10,747	11,473
légère . . .	336	5,148	5,484
TOTAUX . . .	6,522	104,074	110,597

DÉNOMINATION des GRADES.	NOMBRE.	Appointemens et solde.	Observations.
Carabiniers.		Par an.	
Colonels	2	6,000ᵗᵗ	
4 Lieutenans-colonels . . . . { de première	2	4,400	
de seconde	2	3,800	
Quartiers-maîtres-trésoriers	2	1,400	
16 Capitaines , dont . . . . . { de première	4	2,700	
de seconde	4	2,500	
de troisième	8	2,000	
Lieutenans	16	1,200	
Sous-lieutenans	32	1,000	
Aumôniers 2	»	»	
Chirurgiens-majors 2	»	»	
TOTAL des officiers	72		

Loi du 21 Octobre 1791.

DÉNOMINATION des GRADES.	NOMBRE	Appointemens et solde.	Observations.
Suite des Carabiniers.		Par jour.	
Adjudans	4	1ᵗ 14ʃ 4ᵈ	
Trompettes-majors	2	1 » 2	
Maîtres maréchaux	2	18 10	
Maîtres ouvriers	2	9 10	
Maîtres selliers	8	18 10	
Maréchaux-des-logis en chef .	16	1 » 2	
Idem ordinaires	32	18 2	
Fourriers-brigadiers	16	14 6	
Brigadiers	64	12 6	
Appointés	64	10 4	
Carabiniers	864	9 10	
Trompettes	16	17 2	
TOTAL des carabiniers	1,090		

DÉNOMINATION des GRADES.		NOMBRE.	Appointemens et solde.	Observations.
Cavalerie.			Par an.	
Colonels		24	6,000 fl	
48 Lieutenans-colonels, dont	de première	24	4,500	
	de seconde	24	3,800	
Quartiers-maîtres-trésoriers		24	1,400	
144 Capitaines, dont	de première	24	2,700	
	de seconde	48	2,500	
	de troisième	72	2,000	
Lieutenans		144	1,500	
Sous-lieutenans		288	1,000	
Aumôniers ... 24		»	»	
Chirurgiens ... 24		»	»	
TOTAL des officiers		672		

DÉNOMINATION des GRADES.	NOMBRE.	Appointemens et solde.			Observations.
Suite de la Cavalerie.		Par jour.			
Adjudans.	48	1ᴴ	13ʃ	4ᵈ	
Trompettes-majors	24		19	2	
Maîtres maréchaux	24		17	10	
Maîtres selliers	24		17	10	
Maîtres ouvriers	96		8	10	
Maréchaux-des-logis en chef	144		19	2	
Idem ordinaires	288		17	2	
Brigadiers-fourriers	144		13	6	
Brigadiers	576		11	6	
Appointés	576		9	4	
Cavaliers	7,776		8	10	
Trompettes	144		16	2	
TOTAL des cavaliers	9,864				

DÉNOMINATION des GRADES.	NOMBRE.	Appointemens et solde.	Observations.
Dragons.		Par an.	
Colonels	18	6,000 lt	
36 Lieutenans-colonels, dont { de première	18	4,400	
de seconde	18	3,800	
Quartiers-maîtres-trésoriers	18	1,400	
108 Capitaines, dont . . . . { de première	18	2,700	
de seconde	36	2,500	
de troisième	54	2,000	
Lieutenans	108	1,200	
Sous-lieutenans	216	1,000	
Aumôniers 18	»	»	
Chirurgiens-majors 18	»	»	
TOTAL des officiers	504		

Loi du 21 Octobre 1791.

DÉNOMINATION des GRADES.	NOMBRE.	Appointemens et solde.	Observations.
Suite des Dragons.		Par jour.	
Adjudans	36	1ᵗ 3ſ 4d	
Trompettes-majors	18	19 2	
Maîtres maréchaux	18	17 10	
Maîtres selliers	18	17 10	
Maîtres ouvriers	12	8 6	
Maréchaux-des-logis en chef	108	19 2	
Maréchaux-des-logis ordinaires	216	17 2	
Brigadiers-fourriers	108	13 6	
Brigadiers	432	11 6	
Appointés	432	9 »	
Dragons	5,832	8 6	
Trompettes	108	16 2	
TOTAL des dragons	7,398		

DÉNOMINATION des GRADES.	NOMBRE.	Appointemens et solde.	Observations.
Chasseurs et Hussards.		Par an.	
Colonels	18	6,000 ll	
36 Lieutenans-colonels, dont { de première	18	4,400	
de seconde	18	3,800	
Quartiers-maîtres trésoriers	18	1,400	
144 Capitaines, dont { de première	36	2,700	
de seconde	36	2,500	
de troisième	72	2,000	
Lieutenans	144	1,200	
Sous-lieutenans	288	1,000	
Aumôniers 18	»	»	
Chirurgiens-majors 18	»	»	
TOTAL des officiers	995		

DÉNOMINATION des GRADES.	NOMBRE.	Appointemens et solde.	Observations.
Suite des Chasseurs et Hussards.		Par jour.	
Adjudans	36	1ᵗᵗ 13ſ 4ᵈ	
Trompettes-majors	18	19 2	
Maîtres maréchaux	18	17 10	
Maîtres selliers	18	17 10	
Maîtres ouvriers	54	8 6	
Maréchaux-des-logis en chef	144	19 2	
Maréchaux-des-logis ordinaires	288	17 2	
Brigadiers-fourriers	144	13 6	
Brigadiers	576	11 6	
Appointés	576	9 »	
Chasseurs et Hussards	7,776	8 6	
Trompettes	144	16 2	
TOTAL des Chasseurs et Hussards	9,792		
Récapitulation.	Officiers.	Soldats.	TOTAL.
Troupes à cheval — Carabiniers	72	1,090	1,162
Troupes à cheval — Cavalerie	672	9,864	10,536
Troupes à cheval — Dragons	504	7,398	7,902
Troupes à cheval — Chasseurs et Hussards	648	9,792	10,440
TOTAUX	1,896	28,144	30,040

A R T I L L E R I E.

(Cet article est ajourné.)

G É N I E.

(Cet article est ajourné.)

Mandons & ordonnons à tous les corps administratifs & tribunaux, que ces présentes ils fassent consigner dans leurs regiftres, lire, publier & afficher dans leurs départemens & reſſorts reſpectifs, & exécuter comme loi du Royaume. Mandons & ordonnons pareillement à tous les officiers-généraux & autres qui commandent les troupes de ligne dans les différens départemens du Royaume, comme auſſi aux commiſſaires des guerres, & à tous autres qu'il appartiendra, de ſe conformer ponctuellement à ces préſentes.

2200.

L O I

En forme d'inſtruction, pour la procédure criminelle.

Donnée à Paris le 21 octobre 1791.

Louis, par la grace de Dieu, &c.

Décret du 29 *ſeptembre* 1791.

DE LA POLICE.

L'Aſſemblée Nationale, en s'occupant de pourvoir à la ſûreté publique par la répreſſion des délits qui troublent la ſociété, a ſenti que l'accompliſſement de ce but exigeoit le concours de deux pouvoirs, celui de la police & celui de la juſtice.

La police, conſidérée ſous ſes rapports avec la ſûreté publique, doit précéder l'action de la juſtice; ſa vigilance doit être ſon caractère principal : la ſociété, conſidérée en maſſe, eſt l'objet eſſentiel de ſa ſollicitude.

L'action de la police ſur chaque citoyen doit être aſſez prompte & aſſez ſûre pour qu'aucun d'eux ne puiſſe l'éluder : elle doit faire en ſorte que rien ne lui échappe; mais ſon action doit être aſſez modérée pour ne pas bleſſer l'individu qu'elle atteint. Il ne faut pas qu'il ait à regretter l'inſtitution d'un pouvoir conſtitué pour ſon avantage, & que les précautions priſes en ſa faveur ſoient plus inſupportables que les maux dont elles doivent l'affranchir.

L'Aſſemblée nationale n'a point créé de nouveaux mandataires pour exercer la police de ſûreté; elle l'a confiée à des agens déja honorés par la Conſtitution du dépôt d'une grande confiance : c'eſt principalement aux juges-de-paix qu'elle en a conféré la plénitude ; & en ajoutant ce nouveau pouvoir à celui dont les juges-de-paix jouiſſoient antérieurement, elle a penſé que ces diverſes attributions ſe prêteroient dans leurs mains une force mutuelle.

Les fonctions de la police ſont délicates. Si principes en ſont conſtans, leur application du moins eſt modifiée par mille circonſtances qui échappent la prévoyance des lois, & ces fonctions ont beſoin, pour s'exercer, d'une ſorte de latitude de confiance qui ne peut ſe repoſer que ſur des mandataires infi-niment purs. Les juges-de-paix, élus par le peuple pour exercer le plus doux & le plus conſolant de tous les miniſtères politiques, dans un cercle peu étendu, dont ils connoiſſent tous les individus, & où ils ſont connus de tous, ne ſembloient-ils pas déſignés pour ac-cumuler ſur leurs perſonnes tout ce qui peut rendre la police tranquillifante pour ceux qu'elle protège, reſ-pectable pour ceux qu'elle ſurveille, & raſſurante pour ceux mêmes qu'elle ſoumet à ſon action ?

Mais il eſt des cas où un juge-de-paix ne ſuffi-roit pas à tant de détails. La police de ſûreté exige ſouvent des déplacemens : ce n'eſt point aſſez que ceux qui l'exercent ſoient impaſſibles & intrépides, il faut encore qu'ils ſoient agiſſans, qu'ils voient par leurs yeux, & que leur préſence prenne ſur le fait, s'il eſt poſſible, les auteurs du délit, ou du moins en ſai-ſiſſent les traces encore ſi récentes, qu'elles décèlent inévitablement leurs auteurs. Cette conſidération a dû conduire l'Aſſemblée nationale à aſſocier dans les cir-conſtances actuelles les officiers de la gendarmerie nationale, à une grande partie des fonctions de la police, attribuées aux juges-de-paix, relativement aux délits commis hors l'enceinte des villes. Elle a lieu de penser qu'honorés des suffrages des administrateurs choisis par le peuple, & justement flattés de la haute importance du pouvoir dont ils partagent l'exercice, ils justifieront cette détermination par un respect profond pour la loi & pour la liberté de leurs concitoyens.

Ainsi, l'on comprend sous le nom général d'officiers de police, les juges-de-paix & les officiers de la gendarmerie nationale. On verra dans la suite de cette instruction quelques légères différences, introduites par la loi, entre les attributions de pouvoirs délégués aux uns & aux autres ; mais ces nuances que nous ferons remarquer soigneusement, n'empêchent pas qu'ils ne soient désignés par la commune désignation d'*officiers de police.*

Les fonctions d'officiers de police consistent :

1°. A recevoir les plaintes ou dénonciations qui leur sont portées.

2°. A constater par des procès-verbaux les traces des délits qui en laissent quelques-unes après eux, & à recueillir les indications sur les individus qui s'en sont rendus coupables.

3°. A entendre les individus inculpés de délits, & s'assurer, s'il est possible, de leur personne.

Tous dommages donnent lieu à une action. L'action résultant du dommage causé par un délit se nomme *plainte.* La plainte doit être adressée à l'officier de police, non pour qu'il y statue en définitif, car c'est à la justice que cette fonction appartient, mais pour qu'il mette la justice à portée d'y statuer par les actes préparatoires qui vont être désignés.

Le premier de ces actes est de constater les griefs de la partie qui se prétend lésée, & à cet effet il faut que la partie remette sa plainte toute rédigée, ou qu'elle la rédige sous les yeux de l'officier de police, ou enfin que l'officier de police la rédige lui-même fous les yeux de la partie & fur l'expofé qu'elle le requiert de configner dans ce procès-verbal. Une partie qui rend plainte ne peut fe faire repréfenter à cet effet que par un fondé de procuration fpéciale ; car l'action qui naît d'un délit commis envers nous, ou envers les perfonnes dont la fûreté nous eft auffi précieufe que celle de notre propre individu, ne peut pas être confondue avec ces intérêts purement pécuniaires fur lefquels un fondé de procuration générale peut être autorifé à ftipuler pour nous. Dans ces cas toujours imprévus, & dont l'importance eft graduée par mille confidérations purement perfonnelles à l'individu qui fouffre, il peut feul délibérer & agir par lui-même. Il ne fuffit pas que le procureur fpécial juftifie de cette qualité devant le juge : il faut encore que fa qualité puiffe demeurer conftante & prouvée à tous ceux qui prendront connoiffance de la plainte; & c'eft pour remplir ce but, que l'acte de procuration demeurera annexé. Il eft fenfible que dans le cas où la plainte eft portée par un procureur fondé, la procuration doit contenir le détail exact des faits dont elle charge le fondé d'affirmer la vérité.

Les faits confignés dans une plainte, doivent l'être d'une manière authentique & à laquelle on ne puiffe apporter aucun changement. C'eft pourquoi la plainte doit être fignée par la partie qui la rend; & afin qu'on n'en puiffe pas altérer la teneur, cette fignature doit être répétée à toutes les feuilles, lefquelles feront cotées & paraphées par le juge de police. Celui-ci doit également figner la plainte en toutes fes feuilles, la dater & affirmer la vérité des faits y contenus : il doit encore faire une mention expreffe de la fignature de la partie plaignante, ou du moins de fa déclaration qu'elle ne le peut, ou ne le fait ; car la partie qui, pouvant figner, ne le voudroit pas, doit être confidérée comme ne voulant pas rendre la plainte.

Un premier mouvement peut porter à rendre une plainte inconsidérée. Il est juste de laisser place aux regrets qu'amènent une réflexion plus lente & le refroidissement d'une passion trop vivement émue. Ainsi, celui qui dans les vingt-quatre heures se sera désisté de sa plainte, sera considéré comme s'il n'avoit point agi ; sa plainte demeurera biffée & anéantie. L'effet de cet anéantissement ne doit pas être confondu avec la simple faculté de se désister, qu'il est libre au plaignant d'exercer quand bon lui semble, & à quelque époque que ce soit, en vertu du principe qui permet à chacun de renoncer à une action introduite en matière criminelle, comme en matière civile, sauf à l'accusé à se pourvoir contre le plaignant pour ses dommages & intérêts, s'il s'y croit fondé.

Il en est autrement quand le désistement intervient dans les vingt-quatre heures : alors il ne peut y avoir lieu aux dommages & intérêts pour le fait de la plainte.

Quoique le plaignant renonce à suivre sa plainte, si les faits qu'il y a énoncés ont averti l'officier de police de l'existence d'un délit qui intéresse le public, sa vigilance ne manquera point de profiter de cet avis salutaire pour agir d'office.

Une partie qui rend plainte, doit, pour justifier autant qu'il lui est possible dans ce premier instant, les faits qu'elle allègue, amener avec elle les témoins qui en ont connoissance. Cette précaution est nécessaire autant pour constater le degré de croyance que mérite la plainte, que pour préparer à la justice les moyens de juger de la vérité des faits sur lesquels elle aura à prononcer, en lui indiquant d'avance une partie des personnes qui en seront instruites, & dans les déclarations desquelles peuvent se trouver d'utiles renseignemens, qui conduiront à découvrir d'autres témoins. Le juge doit donc recevoir les déclarations des témoins produits par le plaignant & en tenir procès-verbal ; mais il ne doit pas confondre ces déclarations avec les dépofitions qui fe recevoient & s'écrivoient dans les formes de l'ancienne procédure criminelle.

Ces déclarations ne font point deftinées à faire charge au procès : leur principal objet, comme on l'a dit, eft de corroborer la plainte, & de fervir à l'officier de police de guide fur la conduite qu'il doit tenir envers les perfonnes inculpées. Lorfque le temps de l'action de police fera écoulé, & que la juftice fera entrée en connoiffance de l'affaire, ces dépofitions écrites produiront encore le bon effet de foutenir la confcience des témoins trop pufillanimes, lefquels s'expliqueront avec plus de franchife quand ils fe fentiront appuyés fur les déclarations écrites, fans être neanmoins liés par elles. L'accufé qui en aura connoiffance, y pourra puifer les moyens d'atténuer des témoignages évidemment contradictoires.

Enfin, fi après la procédure confommée, de nouveaux faits inopinément connus venoient porter un jour inattendu fur une affaire, les déclarations écrites des témoins entendus devant l'officier de police fourniroient du moins quelques renfeignemens fur les caufes de la condamnation, & pourroient fervir à rectifier le jugement. Ce que nous venons de dire des déclarations écrites devant l'officier de police, s'appliquera également, quant aux effets, à toutes les autres difpofitions écrites qui pourront être reçues, foit devant le juge de diftrict, foit devant celui du tribunal criminel. Il a paru néceffaire, pour ne laiffer aucune ambiguité fur la nature de ces déclarations & fur la forme qu'il convient de leur donner, de fpécifier, avant tout, l'ufage auquel elles étoient deftinées. Le plus grand des inconvéniens feroit qu'on pût les confidérer comme le dépôt des vraies charges du procès, & y chercher la vérité, de préférence à ce qui doit réfulter des dépofitions orales, de l'examen & du débat. Les formes de ces déclarations écrites doivent cependant être affez régulières pour que l'on y puiffe

trouver

trouver tous les renseignemens qui peuvent aider à
bien connoître le témoin, & à ne pas le confondre
avec une autre personne du même nom ; ainsi l'officier
de police comprendra, dans le procès-verbal, les nom
& surnom, l'âge, la demeure & la qualité du témoin,
sans toutefois que l'omission d'une de ces circonstances
puisse opérer une nullité ; car on ne doit pas chercher
dans un renseignement, cette même précision de forme
qui n'est rigoureusement nécessaire que dans une pièce
probante.

Si la partie qui rend une plainte, n'amenoit pas avec
elle des témoins, mais se contentoit d'en indiquer,
l'officier de police devroit alors les faire comparoître
devant lui, & se conformer pour leur audition, à tout
ce qui a été dit des témoins amenés par la partie. Cette
évocation des témoins doit se faire en vertu d'une cédule délivrée par l'officier de police, laquelle est notifiée
aux témoins par un huissier ou gendarme national ;
cette cédule doit indiquer le jour, l'heure & le lieu de
la comparution des témoins.

Ce ne sont pas seulement des plaintes que les citoyens sont autorisés à porter devant l'officier de police ;
il est encore de leur droit, & même de leur devoir,
de dénoncer tous les attentats dont ils auront été témoins,
soit contre la liberté ou la vie d'un homme, soit contre
la sûreté publique ou individuelle. La liberté ne pouvant subsister que par l'observation des loix qui protégent
tous les membres de la société contre les entreprises
d'un homme puissant ou audacieux, rien ne caractérise
mieux un peuple libre que cette haine vigoureuse du
crime, qui fait de chaque citoyen un adversaire direct
de tout infracteur des loix sociales.

Ce devoir est encore bien plus sacré, lorsque le
délit a privé la société de la vie d'un citoyen : il n'y
a que des hommes lâches & indignes de la liberté qui
puissent connoître un si grand crime, & ne pas le dé-

noncer, lors même que le meurtrier seroit inconnu, lorsque la cause immédiate de la mort ne seroit pas clairement manifestée : il suffiroit qu'il existât un homme frappé de mort par une cause inconnue ou suspecte, pour que tous ceux qui ont connoissance du fait, fussent tenus d'en donner avis sur-le-champ à la police.

Rien n'est plus éloigné des formes obscures & perfides de la délation, que la dénonciation civique ; mais elle ne prend le caractère généreux qui la distingue, & ne devient une véritable dénonciation civique, que par la fermeté du denonciateur, lorsqu'il consent à déclarer sur la réquisition de l'officier de police, qu'il est prêt à signer & à affirmer sa dénonciation, & qu'il veut donner caution de la poursuivre : par cette démarche authentique, le dénonciateur impose à l'officier de police la nécessité de donner une suite à la dénonciation qui lui est portée, & d'entendre les témoins qu'il lui indiquera.

Une dénonciation qui ne seroit point appuyée de la signature & de l'affirmation du dénonciateur, & pour la suite de laquelle il refuseroit de donner caution, ne seroit plus une dénonciation civique proprement dite, mais un simple renseignement qui, quoique fort utile, n'auroit pas la même efficacité, & n'obligeroit pas aussi étroitement l'officier de police à commencer des procédures.

Les actes qu'il pourroit faire d'après une semblable notice, seroient des actes faits d'office, & sur lesquels on ne pourroit le considérer comme ayant été provoqué d'une manière légale.

Tout délit dont l'existence & dont les circonstances peuvent être constatées par un procès-verbal, doit l'être ainsi dans l'instant le plus voisin du temps auquel il a été commis.

En effet, plus cet acte suit de près l'époque où le délit a eu lieu, & plus les renseignemens sont véridiques &

propres, soit à faire connoître le délit en lui-même, soit à désigner quel en est l'auteur. Il est donc du devoir de l'officier de police, aussitôt qu'il est informé d'un délit semblable, soit par une plainte, soit par une dénonciation, soit enfin par la rumeur publique, de se transporter sur les lieux, & de se faire accompagner des personnes qui sont désignées par leur art, comme les plus capables d'en apprécier la nature & les circonstances ; & après avoir visité avec elles toutes les traces qu'il pourra découvrir, de les constater, ainsi que les observations des gens de l'art, dans un procès-verbal.

Cette précaution est particulièrement recommandée dans tous les cas où il existera une mort d'homme qui pourra donner lieu à quelques soupçons du crime. Comme il est extrêmement important que les traces d'un fait aussi grand soient saisies avec la plus diligente attention, l'Assemblée nationale a chargé spécialement l'officier de la gendarmerie nationale du lieu, ou à son défaut, celui du lieu le plus voisin, de se transporter dans ces cas, à l'endroit où gît le cadavre, & de faire toutes les premières poursuites d'office, & sans attendre aucune réquisition. Elle l'a rendu personnellement responsable de toute négligence à cet égard. Cette disposition n'exclut point la compétence du juge-de-paix du canton, qui sera tenu de faire les mêmes diligences lorsqu'il aura été averti ; mais comme il est impossible qu'une responsabilité d'une grande importance puisse résider à la fois sur plusieurs têtes, l'Assemblée nationale s'est déterminée à charger spécialement l'officier de la gendarmerie nationale de ces premiers devoirs, qu'il pourroit être plus difficile à un juge-de-paix de remplir à l'instant même où la nécessité exigeroit qu'ils fussent accomplis sans délai.

Au procès-verbal tenu sur les lieux, doivent comparoître les parens, amis, voisins ou domestiques du décédé, & en outre toutes les personnes qui peuvent donner des renfeignemens utiles ; leurs déclarations fommaires doivent être reçues au procès-verbal ; elles doivent le figner ou déclarer qu'elles ne le peuvent ou ne le favent, de ce interpellées : il en doit être fait mention dans le procès-verbal, & pour compléter, autant qu'il eft poffible, les notions précieufes qui doivent être recueillies dans le premier inftant, · l'officier défendra que qui que ce foit forte ou s'éloigne du lieu où le mort aura été trouvé, & pourra contraindre auffi les contrevenans, en les faififfant eux-mêmes fur-le-champ, à éclairer la fociété fur les faits qu'il lui importe de connoître.

Toutes ces opérations doivent fe faire en préfence de deux notables du lieu, qui figneront au procès-verbal, fans être affujettis à aucune obligation.

S'il réfulte de ces recherches une preuve quelconque, ou même des indices frappans contre quelque particulier, l'officier de police peut & doit même l'obliger à comparoître devant lui.

C'eft une partie délicate des fonctions de la police, que celle qui confifte à évoquer pardevant l'officier qui l'exerce, le citoyen inculpé, foit par une dénonciation, foit par une plainte, foit enfin par la rumeur publique, ou par une réunion de circonftances qui détermine l'officier de police à diriger contre lui d'office fes fufpicions : il eft clair cependant aux yeux de tous ceux qui fe font fait une idée jufte de la liberté, que la loi feule peut affurer la liberté de tous ; ainfi nul ne peut refufer de venir rendre compte de fa conduite à l'officier prépofé par la loi. Cet hommage rendu à la puiffance uniforme de la loi, eft tout à la fois le prix & la fauve-garde de la liberté de chaque individu ; cependant le droit d'évoquer les citoyens pour les examiner fur leur conduite, n'eft pas un droit arbitraire, & la police a fes règles dont elle ne doit pas s'écarter.

Lorfque l'oreille de l'officier de police eft frappée de la connoiffance d'un délit par une plainte, il pourra,

d'après les connoiſſances & les commencemens de preuves
qui lui ſeront fournis à l'appui de la plainte, juger s'il
y a lieu ou non de faire comparoître devant lui la perſonne inculpée ; car s'il lui paroiſſoit clair que l'inculpation fût ſans fondement, & qu'elle ſe réduisît à une
vaine allégation, il ne devroit pas ſacrifier le repos du
citoyen légèrement inculpé, au caprice d'un plaignant
ſi peu digne de confiance. D'un autre côté, ſi l'officier
de police refuſant de faire comparoître devant lui un
citoyen déſigné dans une plainte, le plaignant ſe croyoit
léſé par le refus, comme cette déciſion de la police
n'eſt que proviſoire, il ſera indiqué ci-après par quel
moyen le plaignant pourra donner ſuite à ſa plainte.

Si l'officier de police juge qu'il y ait lieu de faire
comparoître devant lui le prévenu, alors il faut conſi-
dérer trois hypothèſes : ou l'officier de police qui reçoit
la plainte, a dans l'étendue de ſon reſſort le lieu du
délit, ou il a dans ſon reſſort ſoit le domicile habituel,
ſoit la réſidence actuelle du prévenu ; ou enfin ſon
reſſort ne s'étend ni ſur le lieu du délit, ni ſur celui de
la réſidence du prévenu.

Aux deux premiers cas, l'officier de police peut délivrer un ordre pour faire comparoître le prévenu. Au
troiſième cas, il doit renvoyer l'affaire avec toutes les
pièces devant le juge-de-paix du délit ; & ce ſera celui-
ci qui jugera s'il y a lieu ou non à faire comparoître le
prévenu. L'ordre en vertu duquel un prévenu doit comparoître, s'appelle *mandat d'amener.*

Le juge-de-paix qui décerne un mandat d'amener,
doit toujours faire amener devant lui le prévenu qu'il
évoque ; cette circonſtance conſtitue une différence eſſen-
tielle entre ſon attribution en fait de police de ſûreté,
& celle qui eſt déférée à l'officier de la gendarmerie.
Celui-ci, dans le cas où il eſt ſaiſi de l'affaire par la voie
de plainte, ou même de dénonciation, après avoir entendu les déclarations ſommaires qui lui ſont préſentées

à l'appui, peut & doit, s'il le juge convenable, faire comparoître le prévenu, mais non pas le faire comparoître devant lui. Son mandat d'amener doit ordonner de conduire le prévenu devant le juge-de-paix du lieu du délit. Ce n'est que dans le cas où l'officier de la gendarmerie s'est transporté, soit sur le lieu d'un délit encore flagrant, soit pour constater les traces d'un délit qui en a laissé de permanentes , qu'il peut faire amener devant lui les prévenus. On peut encore traduire devant l'officier de la gendarmerie, quoiqu'il ne se soit pas transporté sur les lieux, les personnes saisies en flagrant délit, ou saisies munies d'effets suspects ou d'instrumens servant à les faire présumer coupables.

Lorsqu'un officier de police, après avoir reçu des déclarations de témoins sur le lieu du délit où il s'est transporté pour dresser procès-verbal, trouvera dans ces déclarations des raisons de suspecter un citoyen, il pourra le faire saisir sur-le-champ , & si on ne peut le saisir, délivrer contre lui le mandat d'amener. Il pourra également le faire saisir, & faute de pouvoir le saisir, délivrer contre lui le mandat d'amener , dans tous les cas de flagrant délit.

Dans ce cas de flagrant délit, tout dépositaire de la force publique, & même tout citoyen, doit, pour l'intérêt de la société, s'employer de lui-même à saisir le délinquant ; car tous les bons citoyens doivent former sans cesse une ligue sainte & patriotique contre les infracteurs de la constitution & des loix, concourir à empêcher qu'un délit ne se commette, & à remetre entre les mains des ministres de la loi les délinquans qu'ils ont surpris troublant l'ordre public.

On doit considérer comme équivalent au cas de flagrant délit, celui où un délinquant surpris au milieu de son crime, est poursuivi à la clameur publique, ou celui où un particulier est trouvé saisi d'effets volés ou d'instrumens propres à commettre le crime ; car si ces indices sont trompeurs, & peuvent accuser parfois, un moment, une personne innocente, ils exigent du moins que le fait de l'innocence soit éclairé : l'homme ainsi arrêté doit être conduit aussitôt devant l'officier de police le plus voisin.

Toutes les fois qu'un citoyen s'est rendu dénonciateur civique, en signant & en affirmant sa dénonciation, & en donnant caution de la poursuivre, l'officier de police ne peut refuser de décerner un mandat d'amener le prévenu.

Les mandats d'amener doivent être portés, soit par les huissiers attachés au tribunal de paix, soit par les cavaliers de la gendarmerie nationale.

Le porteur d'un ordre semblable ne doit jamais oublier que c'est à des hommes libres qu'il notifie une évocation légale, & que toute insulte, tout mauvais traitement volontaire, sont des crimes de la part de celui qui agit au nom de la loi.

Ainsi le porteur du mandat demandera d'abord au prévenu s'il entend y obéir ; & dans le cas où le prévenu consentira & se mettra en devoir d'obéir, le porteur n'aura qu'à l'accompagner & à le protéger jusqu'à ce qu'il se soit rendu devant l'officier de police.

Ceux qui refuseroient d'obéir à l'évocation contenue dans le mandat d'amener, doivent sans doute être contraints par la force à y obtempérer ; car il est impossible dans un état bien ordonné, que l'obéissance ne demeure à la loi, & que la résistance d'un seul ne soit pas convaincue par la force publique ; mais l'emploi même de cette force doit être sagement modéré, elle doit contraindre l'individu, mais non pas l'accabler.

Les formes requises dans un mandat d'amener sont, 1°. la désignation claire & précise, autant que faire se pourra, de l'individu contre lequel il est décerné ; 2°. que le mandat soit signé & scellé de l'officier qui le délivrera ; 3°. qu'il contienne l'ordre d'amener le prévenu devant l'officier de police, après l'avoir préalablement conduit devant la municipalité du lieu où le mandat lui parviendra, s'il le requiert ainsi.

Ce mandat peut être présenté à un citoyen dans sa maison ; & s'il en défendoit l'entrée, le porteur du mandat pourra requérir la force publique pour s'y introduire & notifier le mandat au prévenu même, pour l'amener devant l'officier de police s'il étoit refusant de s'y rendre volontairement.

Il y auroit cependant trop d'inconvéniens à ce qu'en vertu d'un mandat d'amener, un prévenu pût être conduit d'une extrémité du royaume à l'autre, sur des simples suspicions qui peuvent servir de base à une détermination aussi provisoire qu'un mandat d'amener. Cet inconvénient seroit plus sensible encore si l'officier de police dans le canton duquel le délit a été commis, ou celui de la résidence de l'accusé, faisoit amener devant lui long-temps après, un prévenu qui, depuis cette époque, se seroit éloigné du lieu où l'on viendroit à élever contre lui quelques suspicions.

L'Assemblée nationale a prévenu cet abus, en décrétant qu'au-delà de la distance de dix lieues & après deux jours d'intervalle, on se contenteroit de retenir le prévenu & d'en donner avis à l'officier de police qui auroit décerné le mandat. La personne du prévenu ainsi gardée, l'officier de police enverra les pièces de l'affaire au juré d'accusation, suivant les formes qui seront ci-après exposées, & le prévenu demeurera dans cet état de saisie provisoire de sa personne, jusqu'à ce que le juré d'accusation ait prononcé s'il y a lieu ou non de l'accuser.

La manière de s'assurer de la personne d'un prévenu arrêté après les deux jours, & à la distance de dix lieues du domicile de l'officier qui a délivré le mandat d'amener, a été laissée par la loi à la prudence des officiers municipaux. C'est à eux de juger, d'après la nature du délit dont il eſt prévenu, d'après toutes les autres circonſtances, quelles précautions ſont néceſſaires à prendre pour qu'il n'échappe pas à la police, s'il ſuffira de le garder à vue ou de le conſigner dans quelque lieu ſûr, ou s'il faudra le dépoſer dans la maiſon d'arrêt.

Néanmoins un homme trouvé ſaiſi d'effets volés ou d'inſtrumens propres à le faire préſumer coupable, ſera toujours conduit devant l'officier de police qui aura délivré le mandat d'amener, à quelque diſtance du lieu qu'il ait été ſaiſi; car ces indices ſont ſuffiſans pour que l'intérêt de la ſûreté publique l'emporte ſur le déſir d'épargner à un homme ſi ſuſpect les inconvéniens d'un déplacement conſidérable.

Si le prévenu ne comparoît pas quatre jours après la délivrance du mandat d'amener devant l'officier de police, ſoit celui du lieu du délit, ſoit celui du domicil, habituel ou de la réſidence paſſagère de l'accuſé, cet officier ſera tenu d'agir comme au cas précédent; c'eſt-à-dire, d'envoyer copie de la plainte & la note de la déclaration des témoins au greffe du tribunal du diſtrict, pour être procédé par le juré d'accuſation, ainſi qu'on le verra dans la ſuite de cette inſtruction. Lorſque le prévenu ſera amené, conformément au mandat, devant l'officier de police, le devoir de celui-ci eſt de l'examiner ſans délai, & au plus tard dans les vingt-quatre heures.

L'Aſſemblée nationale a été convaincue de ce principe fondé ſur la préſomption de l'innocence, & ſuivant lequel la ſociété doit ſe charger de faire la preuve contre l'individu qu'elle accuſe; en conſéquence, elle s'eſt bien gardée d'établir rien de ſemblable à la procédure contre le muet volontaire, qui avoit lieu ſuivant les anciennes formes. Quant aux muets naturels, l'aſſiſtance de leurs amis & conſeils lèvera toutes les difficultés à leur égard. Cette aſſiſtance aura lieu pour eux dans toutes les parties de la procédure : la loi n'a pas de diſpoſition ſur ce ſujet, parce qu'elle laiſſe à la prudence & à la conſcience des juges, l'emploi de tous les moyens propres à mettre la vérité dans son jour.

Si le prévenu détruit les inculpations qui ont décidé le juge à le faire amener devant lui, & s'il se justifie pleinement, l'officier de police ne doit pas hésiter à le renvoyer en liberté.

S'il ne détruit pas les inculpations, & si elles demeurent vraisemblables, alors, ou le délit par sa nature doit conduire à une condamnation à peine afflictive, ou il ne peut pas donner lieu à une semblable peine.

Au premier cas, l'officier de police délivrera un ordre pour faire conduire le prévenu à la maison d'arrêt du district du lieu du délit. La désignation de cette maison d'arrêt est essentielle à observer, encore que le prévenu ait été amené devant un juge de paix autre que celui dans le canton duquel le délit a été commis, tel que le juge-de-paix de son domicile.

Cet ordre de conduire un prévenu dans la maison d'arrêt du district, se nomme *mandat d'arrêt*.

Le mandat d'arrêt doit contenir le nom & le domicile du prévenu, si celui-ci l'a déclaré, ou faire mention de son refus de s'expliquer à ce sujet ; il doit contenir aussi le sujet d'arrestation, & être signé & scellé de l'officier de police.

Aucun gardien de maison d'arrêt ne pourra recevoir un citoyen qu'en vertu d'un mandat revêtu des formes ci-dessus énoncées ; toute détention qui ne sera pas ainsi motivée sera considérée comme détention arbitraire, & le gardien en répondra en son propre & privé nom.

Si le délit n'est pas de nature à donner lieu à une peine afflictive, mais seulement à une peine infamante, le prévenu pourra néanmoins être envoyé à la maison d'arrêt ; mais il pourra aussi en être dispensé, au cas qu'il puisse trouver des amis qui veuillent répondre pour lui qu'il se présentera à la justice s'il en est requis, & donner caution de cette promesse.

La somme de cette caution ne peut être fixée d'une manière invariable, elle doit être laissée à l'arbitrage de l'officier de police. Le principe qui doit le diriger, est qu'un tel cautionnement ne doit pas être illusoire & de simple forme, ni tendre à souftraire les accufés à la juftice ; mais au contraire qu'il doit être d'une affez grande importance pour n'être jamais donné que par des perfonnes bien convaincues que le prévenu eft incapable de rompre fon engagement ; car c'eft un contrat facré que celui qui fe forme par le cautionnement entre le prévenu qui évite ainfi le malheur de la détention, & les amis qui lui donnent, en le cautionnant, la plus haute preuve de leur confiance & de leur eftime.

Les réponfes du prévenu amené à l'examen de l'officier de police, doivent être rédigées en un procès-verbal tenu par cet officier, & figné de lui & du prévenu. Il eft précieux de fuivre les traces de la vérité dans ce premier inftant où elle fe déclare fans préparation & fans détour.

Elle doit être jointe aux déclarations des témoins & aux procès-verbaux du corps du délit ; leur réunion forme le corps de l'inftruction de police, & complète les devoirs confiés à l'officier de police qui exerce ce pouvoir préjudiciaire.

Lorfqu'il a été pourvu par la police aux premiers befoins de fûreté que la fociété réclame, la marche de la juftice doit commencer ; alors le règne des préfomptions & des fufpicions doit faire place à celui de la certitude & de la conviction ; & fi la police a dû confulter avant tout la fûreté publique, la juftice doit placer avant toute autre confidération, le refpect & la précaution qui font dus à l'innocence en péril.

D e l a J u s t i c e.

La juftice criminelle ne fera plus déformais confiée,

comme elle l'avoit été jusqu'à préfent, aux mêmes tribunaux qui jugeront les procès civils. Un tribunal particulier, créé dans chaque département, fera chargé d'appliquer la loi & de prononcer les peines prefcrites contre ceux que les jurés auront déclarés convaincus du crime dont ils étoient accufés; mais l'accufé fortant des mains de la police ne fera point traduit directement à ce tribunal.

Il fubira une épreuve intermédiaire au tribunal du diftrict : c'eft-là que commencent les premières fonctions des jurés, & que doit fe décider, fuivant les formes indiquées, la queftion préliminaire de favoir s'il y a lieu ou non à l'accufation contre le prévenu. Dans le premier cas feulement, il eft envoyé au tribunal criminel, où il trouve d'autres jurés & des juges qui prononcent fur l'accufation ; dans le fecond cas, il eft remis en liberté : ainfi la loi a diftingué deux fortes de jurés. Le juré d'accufation peut avoir lieu, foit à l'égard d'un prévenu abfent, foit à l'égard d'un prévenu préfent.

Le prévenu eft préfent quand après avoir été conduit devant l'officier de police en vertu d'un mandat d'amener, celui-ci l'a, par un autre mandat, envoyé dans la maifon d'arrêt, ou l'a reçu à caution.

Le prévenu eft abfent, quand le mandat d'amener délivré contre lui n'a pas pu être mis à exécution, ou quand le porteur du mandat a trouvé le prévenu au-delà de la diftance de dix lieues, ainfi qu'il a été dit en parlant du mandat d'amener, au chapitre de la police. L'officier de police, chargé de l'exécution d'un mandat d'arrêt, conduit le prévenu en la maifon d'arrêt du tribunal de diftrict dans le reffort duquel demeure l'officier de police : il remet le prévenu au gardien de la maifon d'arrêt, qui lui en donne une reconnoiffance : il porte enfuite au greffier du tribunal les pièces relatives au délit & à l'arreftation, & en prend également une reconnoiffance : il fait voir les deux reconnoiffances dans le jour même au directeur du juré, qui met fur l'une & fur l'autre son vu, qu'il date & signe. Lé directeur du juré doit tenir note sur un regiftre de ces *visa*, afin de ne pas oublier d'agir dans le délai prefcrit par la loi. Si le porteur du mandat d'arrêt néglige de prendre le *visa* dans le jour, il eft repréhenfible, parce qu'en contrevenant à la loi, il a prolongé la détention du prévenu.

Le prévenu ainfi remis entre les mains de la juftice, la loi a pourvu à ce que fa condition ne fût point aggravée dans le lieu même de fa détention : elle veut qu'il y ait auprès de chaque tribunal de diftrict une maifon d'arrêt pour y retenir ceux qui y feront envoyés par un mandat d'officier de police ; & auprès de chaque tribunal criminel, une maifon de juftice pour détenir ceux contre lefquels il fera intervenu une ordonnance de prife de corps.

Il faut bien fe garder de confondre ces maifons d'arrêt & de juftice avec les prifons établies pour lieu de peine. La réclufion dans les prifons eft la peine même ou la correction infligée par la loi ; celui qui s'y trouve détenu eft un homme déjà jugé : il fubit l'exécution de fon jugement ; mais le citoyen prévenu ou accufé d'un délit, n'eft point encore jugé, quand il eft détenu dans les maifons d'arrêt ou de juftice ; il n'y eft détenu qu'en attendant fon jugement, & parce que l'intérêt public a exigé qu'on s'affurât de fa perfonne ; fa détention n'eft donc point une peine ; & de même qu'un homme condamné ne pourroit être mis dans la maifon d'arrêt, de même il eft défendu de mettre dans les prifons un homme arrêté, fût-il même décrété.

Les maifons d'arrêt & de juftice & les prifons doivent être fûres ; mais il n'eft pas moins néceffaire qu'elles foient propres & bien aérées, de manière que la fanté des perfonnes détenues ne puiffe être aucunement altérée par le féjour qu'elles font forcées d'y faire.

Les procureurs-généraux-fyndics des départemens font chargés, fous l'autorité des directoires, de veiller à ce que les municipalités ne négligent aucune de ces précautions.

Un des officiers municipaux est obligé de faire, au moins deux fois la semaine, la visite de ces maisons ou prisons, dont la police appartient aux municipalités.

Il doit porter son attention principalement sur la nourriture des détenus, veiller à ce qu'elle soit suffisante & saine ; & s'il apperçoit quelque tort, ou si quelques faits contraires à la justice & à l'humanité lui sont dénoncés, il les vérifiera & pourvoira lui-même à une prompte & suffisante réparation, ou en référera à la municipalité qui pourra condamner le geolier en une amende : elle pourra même, non le destituer de son autorité privée, mais demander sa destitution au directoire du département qui prononcera sur cette demande. Si le geolier s'étoit rendu coupable d'ailleurs de quelque fait grave, il pourroit être en outre poursuivi criminellement.

L'officier municipal, chargé de la visite des prisons, doit également veiller à ce que le bon ordre & la tranquillité règnent dans ces maisons.

Mais cette surveillance ne doit pas être celle d'un inspecteur sévère toujours prêt à punir ; l'autorité tempérée par des manières douces & humaines, agira bien plus efficacement sur des hommes déjà assez malheureux par la privation de leur liberté, que des rigueurs inutiles. Une sévérité déplacée, non-seulement seroit contraire à l'intention de la loi, mais rendroit coupable l'officier qui abuseroit de la mission qui lui est confiée. Il ne doit jamais perdre de vue que ces individus, dont la société a cru devoir s'assurer par la détention de leurs personnes, n'en sont pas moins sous la protection de la loi ; qu'elle prend même un soin plus particulier de leur conservation, & pourvoit d'autant plus soigneusement à leurs besoins, qu'ils se trouvent privés des secours ordinaires qu'ils recevoient de leurs familles & de leurs amis. L'officier municipal ne doit donc paroître aux yeux des détenus, que comme un confolateur toujours difpofé à entendre leurs plaintes, à fatisfaire à leurs befoins, à arranger leurs querelles s'il s'en élevoit parmi eux ; enfin, à leur procurer tous les moyens poffibles & convenables d'adoucir le défagrément de leur détention.

Tous ces devoirs, tous ces ménagemens que recommande l'humanité, peuvent très-bien s'allier avec une conduite ferme & rigoureufe, quand la néceffité l'exige.

Par exemple, fi quelque détenu ufoit de menaces, injures, violences, foit à l'égard du gardien ou geolier, foit à l'égard des autres détenus, l'officier municipal pourroit ordonner qu'il feroit refferré plus étroitement, renfermé feul, & même mis aux fers en cas de fureur ou de violence grave, fans préjudice de la pourfuite criminelle s'il y a lieu.

Si quelque accufé s'évade des maifons d'arrêt & de juftice, il fera regardé comme contumace, & on procédera contre lui ainfi qu'il fera dit à ce fujet pour les contumaces.

La municipalité, comme on vient de le dire, ne peut deftituer de fon propre mouvement le gardien ou geolier, parce qu'il n'eft point à fa nomination ; elle préfente feulement les fujets au directoire du département qui le nomme, & ces fujets doivent être de mœurs irréprochables, ils doivent en outre favoir lire & écrire. La loi les oblige, avant de pouvoir exercer leurs fonctions, de prêter ferment de veiller à la garde de ceux qui leur feront remis, & de les traiter avec douceur & humanité : ce ferment fera prêté pardevant le tribunal du diftrict de la fituation defdites maifons.

Ces gardiens ou geoliers feront tenus d'avoir un regiftre figné & paraphé à toutes les pages par le préfident du tribunal du diftrict.

Tout porteur de mandats d'arrêt, d'ordonnances de prife de corps, ou de jugemens de condamnation, fera tenu de les faire infcrire fur ce regiftre en fa préfence, avant de remettre la perſonne qu'il conduira auxdites maiſons ou priſons : on écrira à la ſuite de cette inſcription l'acte qui conſtate la remiſe du particulier détenu, & le tout doit être ſigné, tant par l'exécuteur des mandats, ordonnances & jugemens, que par le geolier ou gardien qui lui en donnera copie ſignée de lui pour la décharge dudit porteur. On doit remettre également copie du mandat d'arrêt, tant à la municipalité du lieu de la ſituation de la maiſon d'arrêt, qu'à celle du domicile du prévenu, s'il eſt connu.

Le directeur du juré eſt chargé de cet envoi, & la municipalité du lieu du domicile du prévenu, doit donner avis à ſes parens, voiſins ou amis, de ſa détention.

Enfin, le regiſtre du geolier eſt encore deſtiné à conſtater la ſortie du détenu ; le gardien ou geolier eſt tenu d'en faire mention.

En marge de l'acte de remiſe dont il vient d'être parlé, tant de la date de la ſortie que de l'ordonnance ou jugement en vertu deſquels le détenu a été mis en liberté, & dont il énonce par extrait la diſpoſition relative à la relaxation, lorſque ces ordonnances lui ſont notifiées par un huiſſier, celui-ci, outre la copie laiſſée au geolier, doit encore lui exhiber l'original dont il eſt porteur. Le geolier fait mention deſdits actes, ſigne cette mention & requiert l'huiſſier, & même la perſonne relâchée, de ſigner avec lui, ſinon relate qu'ils n'ont voulu ſigner.

Ces regiſtres, à meſure qu'ils ſont clos, doivent être remis par le geolier au greffe du tribunal, en préſence du préſident ; le greffier lui en donne une reconnoiſſance viſée par le préſident. Ainſi il reſte des témoignages perpétuels de toutes les détentions qui ont eu lieu dans les maiſons indiquées par la loi : ces regiſtres ſont des dépôts où chacun peut puiſer les renſeignemens dont il a

besoin ;

befoin ; on ne peut en refufer la communication à qui
que ce foit.

Le but de toutes ces précautions eft de prévenir les
détentions arbitraires : & ce n'eft pas feulement en menaçant les dépofitaires du pouvoir, que la loi a voulu
rendre difficile & prefqu'impoffible toute atteinte illégale
contre la liberté individuelle ; elle a cherché à arrêter
le mal dès fa fource, en défendant expreffément à tout
gardien ou tout geolier de recevoir ou retenir qui que
ce foit fi ce n'eft en vertu de mandats d'arrêt, ordonnances de prife-de-corps, ou jugemens de condamnation,
fous peine d'être pourfuivi comme coupable de crime de
détention arbitraire.

L'officier municipal faifant fa vifite, qui découvre qu'un
homme eft détenu fans que fa détention foit juftifiée par
un mandat d'arrêt, ordonnance de prife-de-corps ou
jugement de condamnation, doit fur le champ en dreffer
procès-verbal & faire conduire le détenu à la municipalité, qui, après avoir de nouveau conftaté le fait, le
mettra définitivement en liberté, & , dans ce cas, fera
pourfuivre la punition du gardien ou geolier, en le faifant
dénoncer par le procureur de la commune à l'officier de
police.

Cet officier municipal ne doit donc pas manquer,
lors de fes vifites, d'examiner ceux qui font détenus
& les caufes de leur détention. Il peut donc dans tous
les cas requérir le gardien ou geolier de lui repréfenter
la perfonne d'un accufé, & le gardien ou geolier ne
peut refufer d'obéir à cette réquifition, fans qu'aucun
ordre ni prétexte quelconque puiffe l'en difpenfer, fous
pareille peine d'être pourfuivi comme coupable de crime
de détention arbitraire. Les parens, voifins ou amis de
la perfonne arrêtée, peuvent même, en prenant un ordre
de l'officier municipal, qui ne pourra le refufer, obliger
le gardien ou geolier de leur repréfenter ladite perfonne ;
& celui-ci ne peut s'en difpenfer, fous peine d'être pour-

fuivi comme ci-deſſus, à moins qu'il n'ait un ordre ex-
près du juge, inſcrit ſur ſon regiſtre, de tenir le détenu
au ſecret; & dans ce cas, il doit & ne peut refuſer de
juſtifier de cet ordre, ſous les mêmes peines.

Ce reſpect ſcrupuleux pour la liberté individuelle eſt
un des premiers devoirs de la légiſlation chez un peuple libre. Ce n'eſt point aſſez que les grandes maſſes de la conſtitution aſſurent la liberté politique, il faut encore que tous
les détails des inſtitutions ſecondaires protègent la liberté
individuelle. Tout citoyen qui ne trouble pas l'ordre
public, peut vivre tranquillement à l'abri de la loi, qui
veille à ce qu'il ne ſoit porté aucune atteinte à la ſûreté
de ſa perſonne; elle regarde comme coupable du crime
de détention arbitraire & punit rigoureuſement tout
homme, quelle que ſoit ſa place ou ſon emploi, qui
n'ayant pas été inveſti du droit d'arreſtation, donneroit,
ſigneroit ou exécuteroit l'ordre d'arrêter un citoyen, ou
qui l'arrêteroit effectivement, ſi ce n'eſt pour le remettre
ſur-le-champ à la police dans les cas déterminés par les
décrets.

La même peine eſt également prononcée contre ceux
qui dans le cas même où la détention d'un homme eſt
autoriſée par la loi, le conduiroient ailleurs que dans
les lieux légalement & publiquement déſignés par l'ad-
miniſtration du département, pour ſervir de maiſon d'arrêt, de juſtice ou de priſon; & celui qui prêteroit ſa
maiſon pour cette détention illégale, ſeroit coupable du
même crime, & puni des peines qui ſeront indiquées
dans le *Code pénal* décrété par l'Aſſemblée.

La loi permet à toute perſonne qui auroit connoiſſance
d'une détention de cette eſpèce, d'en donner avis à l'un
des officiers municipaux ou juge-de-paix du canton, &
même d'en faire au greffe une déclaration ſignée.

Ces officiers avertis par cette dénonciation, & dans
le cas même où ils auroient été inſtruits par toute autre
voie, doivent, ſous peine d'être reſponſables de leur

négligence, se transporter aussitôt au lieu de la détention illégale ; nul n'a droit de leur refuser l'ouverture de sa maison pour cette recherche ; ils peuvent même, en cas de résistance, se faire assister de la force nécessaire, & tout citoyen est tenu de leur prêter main - forte S'ils trouvent la personne illégalement détenue, ils doivent la remettre en liberté.

Il ne peut donc exister d'autre lieu de détention que les maisons d'arrêt & de justice, & les prisons ; & de tous ceux qui y sont détenus, aucun ne doit s'y trouver sans une cause dont la loi puisse à tout instant demander compte. Il ne sera plus question dans cette instruction que des personnes détenues dans les maisons d'arrêt & de justice. Celles-là y attendent ou la déclaration des premiers jurés sur la question de savoir s'il y a lieu ou non à accusation, ou le jugement qui doit prononcer sur l'accusation admise.

Dans ces deux cas, le sort du prévenu ou de l'accusé dépend de la décision des jurés. Ceux-ci sont des citoyens appelés à l'occasion d'un délit pour examiner le fait allégué contre le prévenu ou l'accusé, & décider d'après leurs connoissances personnelles & les preuves qui leur sont fournies, si le délit existe & quel est le coupable.

Les jurés ne sont donc point des fonctionnaires publics, qui exercent la profession particulière de juger dans les matières criminelles. Ils ne sont point connus d'avance de ceux qui seront soumis à leur jugement. Aucun caractère public, aucunes marques extérieures ne les désignent au peuple comme ceux qui doivent être les juges dans telle & telle circonstance : ils ne s'élèvent point au-dessus de la classe des simples citoyens. Si l'exercice instantané des fonctions de juré leur donne un pouvoir que la loi autorise & que tous doivent respecter, leur mission finie, ils se confondent dans le sein de la société, & ne conservent aucun signe de cette jurisdiction du moment.

La loi n'a pas voulu cependant confier à tous indistinctement l'importante fonction de décider de l'honneur ou de la vie de leur semblable ; elle a circonscrit le choix des jurés dans la classe des citoyens qui sont capables des fonctions d'électeur. Outre les motifs qui précédemment avoient dicté les conditions de l'éligibilité, l'Assemblée nationale a considéré les inconvéniens de la perte de temps que pourroit occasionner aux citoyens le service public de juré ; elle seroit trop onéreuse à ceux qui ne vivent que du produit de leur travail.

La loi n'a pas laissé entièrement libre l'acceptation ou le refus des fonctions de juré.

Elle compte sans doute sur la bonne volonté des citoyens & les progrès de l'esprit public ; mais autant il pourroit résulter d'inconvéniens de l'admission indéfinie & sans aucun choix, de tous ceux qui se présenteroient pour être jurés, autant il seroit dangereux d'être exposé à manquer de jurés dans le moment où leur ministère est nécessaire : tous les citoyens éligibles qui n'auroient pas d'excuse valable, ne peuvent donc se dispenser de payer à la société ce tribut civique, sans encourir les peines déterminées par la loi.

On a vu qu'il y avoit des jurés de deux sortes : mais cette manière de s'exprimer ne signifie pas qu'il y ait des distinctions personnelles entre un juré & un autre juré ; tous sont égaux, car tous sont citoyens, & la même aptitude est requise pour les deux espèces de jurés : la différence n'existe donc que dans l'objet de leur mission ; les uns doivent décider s'il y a lieu à accusation, les autres si l'accusation est fondée ; de-là la distinction de juré d'accusation & de juré du jugement.

Leur formation est soumise à des règles différentes indiquées par la loi. Voici la manière de former le juré d'accusation.

Tous les trois mois, le procureur-syndic de chaque district dresse une liste de trente citoyens, pris parmi tous les citoyens éligibles du district qui ont les qualités requises pour être électeurs.

Le directoire du district examine cette liste & l'arrête : s'il l'approuve, un exemplaire en est renvoyé à chacun des citoyens qui la composent.

Ces trente citoyens ne peuvent faire aucunes fonctions que quand ils sont appelés.

Le tribunal du district doit indiquer un jour dans la semaine auquel s'assemblera le juré d'accusation.

Huitaine avant le jour de l'assemblée, le directeur du juré, dont il sera ci-après parlé, fait mettre dans un vase les noms des trente citoyens inscrits sur la liste ; & au milieu de l'auditoire, en présence du public & du commissaire du roi, il fait tirer les noms de huit citoyens, ce sont ces huit citoyens qui forment le tableau du juré d'accusation.

Lorsqu'il y a lieu d'assembler ce juré, le directeur du juré avertit quatre jours d'avance les huit membres choisis par le sort de se rendre au jour fixé ; & si quelqu'un d'eux ne s'y trouve pas, le tribunal, sur la réquisition du commissaire du roi, rend un jugement qui déclare le juré absent privé du droit d'éligibilité & de suffrage pendant deux ans, & le condamne en outre en trente livres d'amende.

Si l'un ou l'autre des trentes citoyens inscrits sur la liste prévoyoit quelque obstacle qui dût l'empêcher de se rendre au jour fixé pour l'assemblée du juré d'accusation, dans le cas où le sort le placeroit au nombre des huit citoyens du tableau, il doit prévenir le directeur du juré, deux jours au moins avant celui de la formation dudit tableau, afin de donner le temps d'examiner la validité de l'excuse ; dans ce cas, le directeur du juré donne connoissance de l'excuse au tribunal, qui statue dans les vingt-quatre heures, ou l'admettre ou la rejeter.

Si elle est jugée suffisante, le directeur du juré, sans qu'il soit besoin d'en instruire le citoyen qui l'a présentée, fait retirer pour cette fois son nom du nombre des trente qui doivent être tirés au sort.

Si au contraire l'excuse n'est pas jugée valable, le nom de celui qui l'a présentée reste au nombre de ceux qui sont tirés au sort ; & si le sort le place parmi les huit, le directeur du juré lui fait déclarer par une signification d'huissier, que son excuse a été jugée non valable, que le sort l'a placé sur le tableau des jurés, qu'en conséquence il ait à se rendre au jour fixé pour l'assemblée du juré d'accusation. On laissera également copie de cette signification à l'un des officiers municipaux du lieu de son domicile.

Le juré qui ne satisferoit pas à cette sommation, seroit condamné aux mêmes peines & amendes que ci-dessus : si cependant il étoit retenu pour cause de maladie, il seroit dispensé de se rendre à l'assemblée ; mais, dans ce cas, il faudroit qu'il justifiât de l'empêchement qui l'a retenu.

L'Assemblée nationale n'a pas cru devoir détailler les divers genres d'empêchemens qui pourroient servir d'excuse aux citoyens pour se dispenser des fonctions de jurés ; elle a laissé la détermination de ces cas à la prudence des juges : mais son intention est que les juges n'admettent ces sortes d'excuses que très-difficilement, & dans le cas seulement où il y auroit de la part du citoyen impossibilité absolue de se rendre à son devoir de juré.

Mais, soit qu'un ou plusieurs jurés ne se trouvent pas au jour de l'assemblée, par quelque motif que ce soit, l'assemblée doit toujours avoir lieu ; le directeur pourvoit alors au remplacement, en prenant au sort dans la liste des trente un des citoyens de la ville ; & si la liste ne suffisoit pas, on pourroit choisir également au sort parmi les autres citoyens capables d'être électeurs.

C'eſt le directeur du juré qui met en mouvement le juré d'accuſation.

Chaque tribunal de diſtrict doit déſigner un de ſes membres, le préſident excepté, pour remplir cette fonction dans les matières criminelles : il l'exercera pendant ſix mois, au bout deſquels il en ſera choiſi un autre à tour de rôle. En cas d'abſence ou d'empêchement, le directeur du juré ſera remplacé par celui qui le ſuit dans l'ordre du tableau.

Le premier devoir du directeur du juré, quand il a délivré ſon *viſa* au porteur du mandat d'arrêt qui a conduit le prévenu en la maiſon d'arrêt, eſt d'entendre auſſitôt, ou au plus tard dans les *vingt-quatre heures*, le prévenu, & d'examiner les pièces qui lui ont été remiſes pour vérifier ſi l'inculpation eſt de nature à être préſentée au juré, c'eſt-à-dire ſi le délit dont on ſe plaint emporte peine afflictive ou infamante ; car ce n'eſt que dans ces cas que le miniſtère des jurés ſera néceſſaire.

Cette audition du prévenu & cette vérification doivent ſe faire dans l'auditoire. Le directeur du juré, averti par les deux reconnoiſſances qu'il a viſées de la remiſe du prévenu, ordonne au gardien de la maiſon d'arrêt de faire paroître le prévenu devant lui.

Comme la formalité de l'audition du prévenu dans les vingt-quatre heures eſt de rigueur, & comme il eſt intéreſſant de connoître ſi elle a été remplie, le directeur du juré doit en dreſſer procès-verbal qui contiendra les déclarations & réponſes du prévenu, ſans qu'il ſoit beſoin d'obſerver les anciennes formules des interrogatoires, ni de prendre le ſerment du prévenu qu'il va dire vérité : le ſimple bon ſens ſuffit pour convaincre de l'inutilité & de l'immoralité d'un tel ſerment, qui place le prévenu entre le parjure & l'aveu d'un délit qui l'expoſe à des peines.

Il répugne également à la raiſon de faire au prévenu cette queſtion inſignifiante, s'il entend prendre droit par les charges: en un mot, le directeur du juré ne doit jamais oublier que cette audition n'est qu'une facilité accordée à un individu arrêté, d'expliquer les preuves de son innocence & les raisons qu'il voudra alléguer pour sa justification. Le directeur du juré ne doit se permettre aucune question captieuse; il doit entendre la déclaration libre du prévenu.

Le directeur du juré n'est pas le maître de décider seul que l'accusation ne doit pas être présentée au juré; un pareil droit seroit trop dangereux dans la main d'un seul homme, que l'on corrompt plus facilement qu'un tribunal entier: il doit donc en référer au tribunal. Mais il est une distinction de circonstances à observer: ou il n'y a point de partie plaignante ni dénonciatrice, ou il y en a une; s'il n'y a point de partie plaignante, que l'accusé soit présent ou non, lorsque le directeur du juré trouve par la nature du délit, que l'accusation ne doit pas être présentée au juré, il doit, dans les vingt-quatre heures à compter du moment où il a vérifié les pièces, assembler le tribunal, qui prononcera sur cette question d'après l'examen desdites pièces, & après avoir entendu le commissaire du roi.

Dans ce cas, la décision du tribunal se donne à huis clos, sur le rapport du directeur du juré, & on l'inscrit sur un registre différent du registre des audiences, lequel servira à inscrire tout ce qui est relatif à la procédure qui se fera devant le tribunal du district & le juré d'accusation.

La convocation des membres du tribunal doit se faire par le ministère de l'un des huissiers-audienciers du tribunal, soit que le directeur du juré ne donne qu'un avertissement verbal, ou qu'il prévienne les juges par écrit.

Dans le même cas où il n'y a point de partie plaignante, si le directeur du juré trouve que l'accusation doit être présentée au juré, ou si le tribunal l'a décidé ainsi contre l'avis du directeur du juré, il dressera l'acte d'accusation. S'il y a une partie plaignante ou dénonciatrice, le directeur doit attendre deux jours révolus depuis la remise du prévenu en la maison d'arrêt ou des pièces au greffe du tribunal ; dans cet intervalle, il ne peut faire autre chose qu'entendre l'accusé.

Ce délai expiré, ou la partie se présente, ou elle ne se présente pas : si elle ne se présente pas, le directeur du juré, sans qu'il soit besoin de constater la non comparution de la partie, agit comme il eût dû le faire dans le cas où il n'y auroit pas de partie plaignante.

Si la partie ou son fondé de procuration spéciale se présente au directeur du juré dans ledit délai, cet officier, de concert avec elle, dresse l'acte d'accusation.

L'acte d'accusation n'est autre chose qu'un exposé exact, mais précis, dans lequel on énonce que tel jour, à telle heure & en tel endroit, il a été commis un délit de telle & telle nature, que telle personne est l'auteur de ce délit, ou soupçonnée de l'avoir commis. Cet acte doit contenir tous les détails, toutes les circonstances qui ont précédé, accompagné & suivi le délit ; en un mot, présenter dans toute leur étendue les faits qui ont rapport au délit, de sorte que le lieu, le jour, l'heure, les personnes & le délit soient désignés le plus clairement possible. L'acte d'accusation n'est sujet d'ailleurs à aucune autre forme.

Il ne faut pas oublier d'y joindre le procès-verbal qui constate le corps du délit, s'il en a été dressé un, pour être conjointement présenté au juré : la loi recommande cette formalité, à peine de nullité.

Il peut arriver que le directeur du juré & la partie ne soient pas d'accord sur les faits & sur la nature de l'accusation, chacun d'eux peut alors faire une rédaction séparée.

L'opinion du directeur du juré qui penseroit que le délit n'est pas de nature à être présenté au juré, n'empêcheroit pas même la partie de dresser son acte d'accusation.

Cet acte ainsi rédigé, doit être avant communiqué, ainsi que toutes les pièces & actes ultérieurs de procédure, au commissaire du roi, qui l'examine. S'il trouve que le délit est de nature à mériter peine afflictive ou infamante, il écrit au bas de l'acte d'accusation ces mots, *La loi autorise*, & il signe. Dans le cas contraire, il exprime son opposition par ceux-ci, *La loi défend*, & il signe. Cette opposition du commissaire du roi arrêteroit la présentation de l'acte d'accusation aux jurés, si d'ailleurs le directeur du juré avoit été du même avis que le commissaire du roi ; car, dans ce cas, la partie seroit seule juge de la nature du délit : mais la loi permet alors de faire juger la question par le tribunal auquel la partie, le commissaire du roi, ou le directeur du juré, en référera, & le tribunal est obligé de la juger dans les *vingt-quatre heures*. Où il prononce que le délit est ou n'est pas de nature à mériter peine afflictive ou infamante : s'il décide l'affirmative, l'acte d'accusation est présenté aux jurés en la forme qui suit ; si au contraire le délit n'est pas de nature à mériter peine afflictive ou infamante, l'acte d'accusation est comme non avenu, & le même jugement prononce la relaxation du prévenu, sauf les punitions correctionnelles, sauf aux parties intéressées à se pourvoir à fin civile, ainsi qu'elles aviseront. Dans tous les cas, s'il résulte un acte d'accusation, il doit être présenté au juré, & c'est à cette époque seulement que leur ministère devient nécessaire.

Le directeur du juré fait avertir les huit citoyens qui forment le tableau du juré d'accusation ; & quand ils sont rassemblés dans le lieu & au jour indiqué, il leur fait d'abord prêter, en présence du commissaire du roi, le serment en ces termes : « Citoyens, vous jurez & pro-
» mettez d'examiner avec attention les témoins & les
» pièces qui vous seront présentés, & d'en garder le se-

» cret.» (Deux motifs principaux rendent ici le secret
nécessaire, & ces motifs ne contrastent point avec la
publicité de la procédure, publicité qui doit être la
sauve-garde des accusés ; car nous ne sommes point encore arrivés à la partie de la procédure qui doit faire
juger si l'accusé est coupable ou non : tout sera public
alors. Quant à présent, il ne s'agit encore que de découvrir s'il y a lieu ou non à l'accusation, & le secret
est nécessaire pour ne point avertir les complices de prendre
la fuite, & pour ne point avertir les parens & amis de
l'accusé, du nom des témoins qu'ils auroient intérêt à
écarter ou à séduire, avant qu'ils ne déposent pardevant le
juré de jugement.) « Vous vous expliquerez avec loyauté
» sur l'acte d'accusation qui va vous être remis ; vous
» ne suivrez ni les mouvemens de la haine & de la
» méchanceté, ni ceux de la crainte ou de l'affection.»
Les jurés doivent répondre chacun individuellement :
Je le jure.

S'il y avoit de nouveaux témoins qui n'eussent pas
encore été entendus, le directeur du juré recevra leurs
dépositions secrétement, & elles seront écrites par le
greffier du tribunal, non dans la forme qui s'observoit dans
l'ancien régime judiciaire pour les informations, mais
comme simples déclarations destinées seulement à servir
de renseignemens.

Ces déclarations faites, les témoins paroissent en présence des jurés, & y déposent de nouveau ; mais alors
leurs dépositions sont verbales.

On remet ensuite aux jurés toutes les pièces, à l'exception des déclarations des témoins ; puis ils se retirent
seuls dans la chambre qui leur est destinée : le plus ancien
d'âge d'entr'eux les préside & est chargé de recueillir leurs
voix.

Ils examinent l'acte ou les actes d'accusation ; car il
peut y avoir deux actes de cette espèce, l'un présenté
par le directeur du juré, l'autre par la partie plaignante.

ou dénonciatrice, dans le cas où ils ne se seroient point accordés sur les faits & la nature du délit.

Les jurés qui ont à porter une décision dans cette circonstance, doivent bien se pénétrer de l'objet de leur mission ; ils n'ont pas à juger si le prévenu est coupable ou non, mais seulement si le délit qu'on lui impute est de nature à mériter l'instruction d'une procédure criminelle ; & s'il y a déjà des preuves suffisantes à l'appui de l'accusation, ils appercevront aisément le but de leurs fonctions en se rappelant les motifs qui ont déterminé à établir un juré d'accusation.

Ces motifs ont leur base dans le respect pour la liberté individuelle ; la loi, en donnant au ministère actif de la police, le droit d'arrêter un homme prévenu d'un délit, a borné son pouvoir au seul fait de l'arrestation.

Mais une simple prévention qui souvent a pu suffire pour qu'on s'assurât d'un homme, ne suffit pas pour le priver de sa liberté pendant l'instruction du procès, & l'exposer à subir l'appareil d'une poursuite criminelle.

La loi a prévenu ce dangereux inconvénient ; & à l'instant même où un homme est arrêté par la police, il trouve des moyens faciles & prompts de recouvrer sa liberté ; s'il ne l'a perdue que par l'effet d'une erreur ou de soupçons mal fondés, ou si son arrestation n'est que le fruit de l'intrigue, de la violence ou d'un abus d'autorité, il faut alors qu'on articule contre lui un délit grave. Ce ne sont plus de simples soupçons, une simple prévention, mais de fortes présomptions, mais un commencement de preuves déterminantes, qui doivent provoquer la décision des jurés pour l'admission de l'acte d'accusation.

Ce n'est qu'après avoir subi cette première épreuve, ce n'est que sur l'accusation reçue par un juré de huit citoyens, que le détenu peut être poursuivi criminellement & jugé.

Les jurés d'accusation ne peuvent décider qu'au nombre

de huit à la majorité des voix, s'il y a lieu à accusation. S'ils sont d'avis que l'accusation doive être admise, ils exprimeront leur opinion, en écrivant au bas de l'acte d'accusation, par cette formule affirmative : « La déclaration du juré est : *Oui, il y a lieu* ». Si au contraire ils trouvent que l'accusation ne doive pas être admise, ils mettront également au bas de l'acte cette formule négative : « La déclaration du juré est : *Non, il n'y a pas lieu* ».

Dans le cas où il y auroit deux actes d'accusation, comme on l'a dit plus haut, ils doivent les examiner l'un & l'autre, en admettre un, ou les rejeter tous deux, selon leur opinion. S'ils n'admettent aucune des deux accusations, ils écrivent la formule négative sur les deux actes, & le chef ou président des jurés signe ces déclarations.

Il peut arriver aussi, d'après l'examen de l'acte ou des actes d'accusation, que les jurés trouvent qu'il y ait lieu à une accusation différente de celle portée auxdits actes. Ce n'est point aux jurés à indiquer l'espèce d'accusation qu'ils pensent devoir être substituée à celle qu'on leur a présentée ; ils doivent se contenter d'écrire au bas de l'acte, cette formule : « La déclaration du juré est : *Il n'y a pas lieu à la présente accusation.* »

Dans ce cas le directeur du juré doit dresser un nouvel acte d'accusation, en observant les mêmes formes ci-dessus prescrites, & il fera auparavant entendre devant lui les témoins.

Lorsque les jurés ont décidé, leur chef remet en leur présence leurs déclarations au directeur du juré, qui en dresse un acte.

Si le juré prononce qu'il n'y a pas lieu à l'accusation, le directeur du juré, d'après cette décision, ordonne que le prévenu sera mis en liberté, & le prévenu ne pourra plus être poursuivi pour raison du même fait, à moins que, sur de nouvelles charges, il ne soit présenté un nouvel acte d'accusation.

Ce qui vient d'être dit fuppofe la préfence du prévenu.

Si le prévenu n'étoit point détenu en la maifon d'arrêt
du lieu où fe tient le juré d'accufation, mais gardé à
vue, ou arrêté dans un lieu où il auroit été trouvé deux
jours après le mandat d'amener, à une diftance de dix
lieues du domicile de l'officier de police qui auroit délivré
le mandat, le directeur du juré doit donner avis de la
décifion des jurés à cet officier de police, afin qu'il faffe
ceffer toute pourfuite, ou relâcher le prévenu s'il eft
arrêté.

Si les jurés décident qu'il y a lieu à l'accufation,
le directeur du juré rendra fur-le-champ une ordonnance
dont les difpofitions ne font pas les mêmes dans tous
les cas.

Si le délit n'eft pas de nature à mériter peine afflictive,
mais feulement infamante, & fi le prévenu a déja été
reçu à caution, l'ordonnance du directeur contiendra
feulement injonction à l'accufé de comparoître à tous
les actes de la procédure, & d'élire domicile dans le
lieu du tribunal criminel, le tout à peine d'y être contraint par corps. Cette ordonnance eft fignifiée à l'accufé, ainfi que l'acte d'accufation; celui-ci eft tenu en
conféquence, dans le plus court délai, d'élire domicile
dans la ville où eft établi le tribunal criminel, & il doit
faire notifier fon élection de domicile au commiffaire
du roi près le tribunal criminel. S'il ne fait pas élection de
domicile, & ne fe préfente pas aux actes de procédure
où fa préfence fera néceffaire, ou fi, ayant fait élection
de domicile, il ne comparoît pas lorfqu'il fera averti,
le tribunal criminel, après avoir entendu le commiffaire
du roi, ordonne que faute par lui d'avoir fatisfait à l'ordonnance du . . . . . . il fera pris au corps & conduit
en la maifon de juftice.

Si, dans le cas où il n'échoit que peine infamante,
le prévenu n'a pas déja été reçu à caution, le directeur

du juré rend une ordonnance portant que l'accufé fera pris au corps & conduit directement en la maifon de juftice du tribunal criminel, fauf à lui à demander à ce tribunal fon élargiffement, qui lui fera accordé en donnant caution.

Dans tout autre cas, le directeur du juré rend une ordonnance de prife-de-corps, dont il eft obligé, fous peine de fufpenfion de fes fonctions, de donner avis, tant à la municipalité du lieu de la fituation de la maifon d'arrêt du diftrict, qu'à celle du domicile du prévenu, en la perfonne du greffier de la municipalité. Cette ordonnance doit contenir d'une manière précife le nom de l'accufé, fa défignation & fon fignalement, fon domicile s'il eft connu, la copie de l'acte d'accufation, & l'ordre de conduire l'accufé directement à la maifon de juftice ; & le tout doit être fignifié à celui-ci.

Si cet accufé eft détenu dans la maifon d'arrêt, on le transfère, en vertu de l'ordonnance, dans la maifon de juftice du tribunal criminel. Cette tranflation de l'accufé & l'envoi du procès doivent être faits par les ordres du commiffaire du roi du tribunal de diftrict, dans les vingt-quatre heures de la fignification de l'ordonnance de prife-de-corps.

Si l'accufé n'eft pas arrêté, il peut être faifi en quelque lieu qu'il fe trouve, & amené devant le tribunal criminel.

Si on ne peut le faifir, on procède contre lui comme contumace, ainfi qu'il fera dit ci-après.

Maintenant que la perfonne arrêtée n'eft plus détenue fur une fimple prévention, mais en vertu d'une ordonnance de prife-de-corps, maintenant qu'il exifte contre elle une accufation pofitive, elle va fubir fon jugement, & refter privée de fa liberté pendant l'inftruction du procès, à moins qu'elle ne fe trouve dans un des cas où la loi lui permet d'obtenir fon élargiffement en fourniffant une caution.

Mais ce ne feront pas les mêmes jurés qui prononceront fur fon accufation : ici la fcène change entièrement pour l'accufé. Le lieu de fa détention n'eft plus le même ; il ne retrouve plus ni le tribunal, ni les jurés, ni aucun individu qui ont influé fur l'admiffion de l'acte d'accufation : un feul tribunal par département eft établi pour juger toutes les accufations criminelles.

Les préventions perfonnelles, les impreffions locales qui auroient pu déterminer une première décifion contre l'accufé, s'effacent à une certaine diftance du lieu du délit ; de nouveaux jurés, d'autres juges vont ftatuer fur le fort de l'accufé : ainfi la loi n'a négligé aucun des moyens capables de le raffurer contre toute efpèce d'influence défavorable.

Elle lui donne même le droit, s'il eft domicilié dans le diftrict où fiège le tribunal criminel du département, ou fi le juré d'accufation eft celui du lieu où eft établi ce tribunal, de demander à être jugé par l'un des tribunaux criminels des deux départemens les plus voifins.

Mais cette faculté, la loi ne la lui accorde pourtant pas dans les grandes villes dont la population eft au-deffus de quarante mille ames. Les préventions locales font bien moins fenfibles dans une cité nombreufe où les habitans fe connoiffent à peine, ont des communications moins rapprochées, font diftraits par une foule d'événemens qui fe fuccèdent, ou occupés d'intérêts majeurs & variés qui abforbent leur attention & atténuent l'effet des paffions, toujours d'autant plus actives qu'elles font plus concentrées.

Si l'accufé fe trouve donc dans l'un des cas où il aura le droit de demander à être jugé par un tribunal voifin, le directeur du juré aura foin dans fon ordonnance de prife-de-corps, après avoir énoncé l'ordre de le conduire dans la maifon de juftice du tribunal criminel du département, de dénommer en outre les villes des deux

tribunaux

tribunaux criminels les plus voisins entre lesquels l'accusé pourra opter; & dans les vingt-quatre heures de la
signification qui lui aura été faite de l'acte d'accusation,
cet accusé, s'il est détenu en la maison d'arrêt, doit
notifier au greffe du tribunal son option, après lequel
temps, il sera envoyé ou au tribunal direct ou à celui
qu'il aura choisi. S'il y avoit plusieurs accusés qui ne s'ac-
cordassent pas sur le choix du tribunal, le directeur du
juré les feroit tirer au sort.

La faculté d'opter est laissée dans le même cas à l'accusé qui n'auroit pas été saisi en vertu du mandat d'a-
mener de l'officier de police, mais qui n'a pu être arrêté
qu'en vertu de l'ordonnance de prise-de-corps; alors le porteur de l'ordonnance conduit l'accusé devant le juge-de-paix
du lieu où il aura été trouvé & saisi, à l'effet de faire
devant ce juge, la déclaration de l'option d'un tribunal
ou de son refus d'opter. Le juge-de-paix reçoit cette
déclaration, en garde minute, & en délivre une expédition
au porteur de l'ordonnance, qui en conséquence, conduit l'accusé dans la maison de justice du tribunal direct,
ou de celui qui aura été choisi par l'accusé.

Ce même porteur remet au greffe, & l'ordonnance
de prise-de-corps & la déclaration faite par l'accusé contenant option ou refus de la faire.

Le greffier lui donne reconnoissance du tout, & com-
munique les deux actes à l'accusateur public, l'accusateur public du tribunal d'option fait notifier ce choix par un huissier au greffe du tribunal direct; & sur cette notification & la
réquisition que l'accusateur public en fait par l'acte même
de notification, le tribunal direct doit lui renvoyer les pièces
du procès. Dans le cas où il y auroit plusieurs accusés
compris dans le même acte d'accusation, celui d'entr'eux
qui seroit arrêté en vertu de l'ordonnance de prise-de-
corps postérieurement à l'option faite d'un tribunal criminel par ses co-accusés, ou après leur envoi au tribunal
direct, sera exclus de pouvoir exercer la faculté d'opter,

quand bien même il feroit domicilié dans le diftrict où fiège le tribunal criminel direct.

L'accufé remis en la maifon de juftice, & toutes ces formalités préliminaires remplies, il s'agit de commencer l'inftruction de la procédure criminelle.

On a déja annoncé que le tribunal criminel établi dans chaque département étoit feul chargé de juger les affaires criminelles, d'après la décifion des jurés qui forment le juré du jugement.

Ce tribunal fera établi & fixé dans la ville qui eft le fiège de l'adminiftration de département. (alternats fup-primés.)

Nota. Dans le département du Cantal où l'affemblée a laiffé fubfifter l'alternat par une exception particulière, elle n'a point entendu que le tribunal criminel pût al-terner comme le chef-lieu du département, elle en a fixé la réfidence à . . . .

Quatre juges feulement y compris le préfident, un accufateur public, un commiffaire du roi & un greffier compofent le tribunal criminel.

Le préfident eft nommé par les électeurs du départe-ment, pour fix années, & peut être réélu.

A l'égard des juges, ils ne font point élus directement pour être membres du tribunal criminel. Le directoire du département défigne tous les trois mois & par tour, trois juges des tribunaux de diftrict de fon reffort, qui viennent fiéger pendant ce temps au tribunal criminel. L'accufateur public eft également nommé par les électeurs du département; fes fonctions dureront quatre ans feu-lement pour la première nomination, qui en fera faite lorfque l'inftitution des jurés fera mife en vigueur; mais à l'avenir les fonctions de l'accufateur public feront de fix années.

Les mêmes électeurs nommeront à vie un greffier du tribunal criminel.

Les conditions d'éligibilité pour être nommé préfident

& accufateur public, & pour le commiffaire du roi qui exercera fes fonctions près le tribunal criminel, font les mêmes que pour les juges & commiffaires du roi des tribunaux civils de diftrict.

Les fonctions du préfident, de l'accufateur & du commiffaire du roi font déterminées par la loi.

Le préfident exerce les fonctions de juge comme les autres membres du tribunal, mais il eft de plus perfonnellement chargé d'entendre l'accufé au moment de fon arrivée, de faire tirer au fort les jurés, de les convoquer, de les diriger dans l'exercice des fonctions qui leur font affignées par la loi, de leur expofer l'affaire, & de leur remettre fous les yeux les devoirs qu'ils ont à remplir.

On ne peut trop recommander aux électeurs qui auront à choifir un préfident du tribunal criminel, de fe bien pénétrer de toute l'importance de cette place. Quelle probité, quelle fagacité, quelle expérience du cœur humain ne font pas requifes en celui que la loi inveftit d'une fi grande confiance! Il devra lui-même fe pénétrer profondément du fentiment de fes devoirs & de la nature de l'inftitution fublime dont il eft le principal moteur. Toutes les queftions foumifes au juré font des queftions de fait très-importantes, & pour l'individu accufé du fait, & pour la fociété qui en recherche l'auteur.

La vérité de ces faits doit être pourfuivie avec bonne foi, avec franchife, avec loyauté, avec un vrai & fincère défir de parvenir à la connoître. Rien de ce qui peut fervir à la rendre palpable ne doit être négligé. Tous les moyens d'éclairciffement propofés par les parties ou demandés par les jurés eux-mêmes, s'ils peuvent effectivement jeter un jour utile fur le fait en queftion, doivent être mis en ufage ; aucun ne doit être rejeté que ceux qui tendroient inutilement à prolonger le débat, fans donner lieu d'efpérer plus de certitude dans les réfultats ; & comme toutes les demandes des parties ou des jurés,

doivent s'adreſſer au préſident du tribunal criminel, il
eſt ſenſible que le cœur le plus pur & l'eſprit le plus
droit ſont les baſes de la confiance de la loi, quand elle
ſe repoſe ſur ce préſident du ſoin de rendre, d'après les
circonſtances, une multitude de déciſions ſur leſquelles
on ne peut lui tracer d'avance aucune règle. Ce pouvoir
diſcrétionnaire eſt tempéré & dirigé par la préſence du
public, dont les regards doivent toujours être particulièrement appelés ſur l'exercice de toutes les fonctions
qui par leur nature touchent à l'arbitraire ; ils portent
avec eux le meilleur préſervatif contre l'abus qu'on pourroit être tenté d'en faire.

Le devoir de l'accuſateur public eſt principalement de
pourſuivre les délits ſur les actes d'accuſation admis par
les premiers jurés.

Il a la ſurveillance ſur tous les officiers de police du
département. Il peut, en cas de négligence, les avertir ou
les réprimander ; il doit même, en cas de faute plus
grave, les déférer au tribunal criminel & les y traduire
à ſa requête par voie d'action, pour y être, ſuivant la
nature du délit, condamnés aux peines correctionnelles
déterminées par la loi.

Si un officier de police avoit prévariqué dans ſes fonctions, s'il étoit dans le cas d'être pourſuivi criminellement,
l'accuſateur public qui en ſera inſtruit, délivrera un
mandat d'amener, en vertu duquel l'officier accuſé de
prévarication ſera appelé devant lui ; l'accuſateur public
recevra les éclairciſſemens, entendra même les témoins,
& ſi le cas étoit aſſez grave, il remettra au directeur du
juré la notice des faits, les pièces & la déclaration des
témoins, pour que celui-ci dreſſe l'acte d'accuſation &
le préſente au juré d'accuſation, dans la forme ci-deſſus
indiquée.

Les fonctions de l'accuſateur public & l'autorité que
la loi lui défère, annoncent aſſez que le ſeul homme
qui convienne à cette place, eſt un homme juſte & im-

partial. Rien ne fera plus coupable dans un accufateur public, qu'une conduite paffionnée. Cet officier ftipule au nom de la fociété, & l'intérêt public feul doit conftamment préfider à toutes fes démarches.

Les fonctions du commiffaire font marquées dans le détail de la procédure.

Enfin, les jurés dont le miniftère eft néceffaire près du tribunal criminel, font chargés de décider fi l'accufé eft coupable ou non.

Le juré de jugement ne fe forme pas comme le juré d'accufation, quoique compofé de citoyens qui doivent réunir les mêmes conditions d'éligibilité.

Tout citoyen qui peut être électeur, doit fe faire infcrire au plus tard avant le 15 décembre de chaque année, comme juré de jugement, fur un regiftre qui eft tenu à cet effet, par le fecrétaire-greffier de chaque diftrict.

Les eccléfiaftiques & les feptuagénaires pourront fe difpenfer des fonctions de jurés ; elle font déclarées incompatibles avec celles des officiers de police, des juges, des commiffaires du roi, de l'accufateur public, des procureurs-généraux-fyndics, des procureurs-fyndics des adminiftrations.

Tous les citoyens qui ne pourront pas être électeurs, ne pourront également être jurés.

Ceux qui auroient négligé de fe faire infcrire pendant le mois de décembre au plus tard, feront privés du droit des électeurs & éligibles à toutes les élections qui auront lieu pendant le cours de l'année fuivante.

Le défaut d'infcription n'empêcheroit pas pourtant qu'ils ne fuffent pris pour jurés dans le cas où les éligibles infcrits ne feroient pas en nombre fuffifant.

Chaque année le procureur-fyndic de diftrict enverra dans les derniers jours de décembre, au directoire du département, une copie du regiftre de l'infcription des jurés de jugement, & en fera remettre un exemplaire à chaque municipalité de fon arrondiffement.

Le procureur-général-fyndic du département fera tous les trois mois une lifte compofée de deux cents. des citoyens éligibles infcrits fur le regiftre envoyé par les procureurs-fyndics du directoire, laquelle lifte fera arrêtée par le directoire. Ces deux cents citoyens formeront la lifte du juré de jugement, qui fera imprimée & envoyée à tous ceux qui la compoferont.

Le procureur-général doit obferver, en formant cette lifte, de ne pas y placer deux fois de fuite, dans le cours de l'année, le même citoyen, à moins qu'il n'habite la ville même du tribunal criminel, ou que ce ne foit de fon confentement.

Celui qui, pendant les trois mois que fon nom fera fur la lifte, aura affifté à une affemblée de juré, pourra s'excufer d'en remplir une feconde fois les fonctions : d'un autre côté, s'il avoit été juré d'accufation, il ne pourroit être juré de jugement dans la même affaire ; mais outre les quatre liftes qui feront formées de trois mois en trois mois, on formera, le premier de chaque mois, le tableau des jurés de jugement.

Cette miffion appartient au préfident du tribunal criminel.

Le jour de la formation du tableau, le commiffaire du roi & deux officiers municipaux fe trouvant au lieu deftiné à cette opération, là le préfident du tribunal criminel leur fait prêter le ferment de garder le fecret ; & en leur préfence il préfente à l'accufateur public la lifte des deux cents jurés, qui lui a été remife par le procureur-général-fyndic.

L'accufateur public a la faculté d'en exclure vingt des deux cents, fans donner de motifs ; s'il le fait, on met les cent quatre-vingts noms reftans dans le vafe, & on en tire au fort douze qui forment le tableau du juré. On joint à ces douze trois autres jurés qui font également tirés au fort, & qui font deftinés à fervir d'adjoints, dans le cas où le tribunal feroit convaincu que les jurés fe font évidemment trompés, comme il fera ci-après expliqué.

L'accufé a également la faculté de récufer : on lui préfente le tableau, & il peut récufer fans donner de motifs, ceux qui le compofent ; on les remplace par le fort.

Lorfque l'accufé en aura récufé vingt fans motifs, il fera obligé de déduire les caufes de récufation qu'il voudroit préfenter ; enfuite le tribunal criminel en jugera la validité. Cette récufation de vingt jurés peut être faite par plufieurs co-accufés, s'ils fe concertent enfemble pour l'exercer ; & s'ils ne peuvent s'accorder, chacun d'eux en récufera fucceffivement un jufqu'au nombre de dix.

Les douze citoyens compofant le tableau, doivent être toujours prêts à fe rendre au jour indiqué à l'affemblée du juré, lorfqu'ils feront convoqués par le préfident du tribunal.

Cette affemblée fe tient le 15 décembre de chaque année, dimanche ou fête, & la convocation doit être faite le 5 du même mois.

Si l'un des jurés prévoyoit pour le 15 du mois, quelque obftacle qui pût l'empêcher de fe rendre à l'affemblée des jurés, dans le cas où le fort le placeroit fur le tableau, il doit en prévenir le préfident au moins deux jours avant le 1er. du mois pendant lequel il defire être excufé.

Le préfident en réfère au tribunal criminel, qui doit juger la valeur de l'excufe dans les vingt-quatre heures.

Si elle eft jugée fuffifante, on retire du nombre de ceux dont les noms doivent être mis dans le vafe, le nom de celui qui s'eft fait excufer. Dans le cas contraire, ce nom eft foumis au fort comme les autres ; & s'il

eſt du nombre des douze qui doivent compoſer le juré,
le préſident du tribunal lui fera ſignifier que ſon excuſe
a été jugée non-valable, qu'il eſt ſur le tableau du juré,
& qu'il ait à ſe rendre au jour fixé pour l'aſſemblée du
juré : il ſera laiſſé en outre aux officiers municipaux du
lieu de ſon domicile, une copie de cette ſignification.

Tout citoyen qui ne ſe rendroit pas ſur la ſomma-
tion qui lui en ſera faite, ſera condamné par le tribunal
criminel, en cinquante livres d'amende, & privé en outre
du droit d'éligibilité & de ſuffrage pendant deux ans,
à moins qu'il ne ſoit retenu pour cauſe de maladie grave.

Mais dans tous les cas, s'il manquoit un des jurés au
jour indiqué, le préſident du tribunal le fera remplacer
par un des citoyens de la ville pris au ſort dans la liſte
des deux cents, & ſubſidiairement parmi les éligibles.

L'accuſé conduit à la maiſon de juſtice ne paroît pas
auſſitôt devant le juré de jugement. Il doit d'abord être
entendu dans l'auditoire par le préſident, dans les vingt-
quatre heures au plus tard après ſon arrivée, & la remiſe
des pièces au greffe, en préſence de l'accuſateur public
& du commiſſaire du roi. Le greffier tient note de ſes
réponſes, & les remet au préſident pour ſervir de renſeignemens ſeulement.

L'accuſé a le droit de choiſir un ou deux amis ou
conſeils, pour l'aider dans ſa défenſe, & s'il ne fait pas
ce choix, le préſident lui déſigne un conſeil ; mais il ne
pourra jamais communiquer avec l'accuſé que deux jours
après qu'il aura été amené dans la maiſon de juſtice.

Les conſeils doivent prêter ſerment devant le tribunal,
de n'employer que la vérité dans la défenſe de l'accuſé,
& de ſe comporter avec décence & modération. Auſſitôt
que l'accuſé a été entendu, l'accuſateur public doit faire
ſes diligences pour que l'accuſé puiſſe être jugé à la
première aſſemblée de juré qui ſuivra ſon arrivée.

Si cependant l'accuſé ou l'accuſateur public avoient

des motifs pour que l'affaire ne fût pas portée à la première assemblée, ils doivent alors préfenter leur requête au tribunal à fin de prorogation du délai, avant le cinq de chaque mois, époque de la convocation du juré; & si le tribunal criminel juge la demande fondée, il accorde un délai qui ne peut être néanmoins prorogé au-delà de l'affemblée des jurés, qui aura lieu le quinze du mois fuivant.

Si l'accufateur public & l'accufé avoient des témoins à produire, qui n'euffent point encore été entendus, ils doivent d'abord, & avant le jour de l'affemblée du juré, les faire entendre devant un des juges du tribunal criminel : leurs dépofitions feront écrites comme l'ont été celles des témoins produites devant l'officier de police, ou devant le directeur du juré d'accufation, & il en fera donné communication à l'accufé.

Au jour de l'affemblée, les douze jurés formant le tableau, fe rendent dans l'intérieur de l'auditoire ; là fe trouvent chacun à leur place les juges, l'accufateur public & le commiffaire du roi : l'accufé eft auffi préfent.

Le public doit garder le filence le plus abfolu dans l'auditoire ; les témoins & les défenfeurs de l'accufé font tenus de s'exprimer avec décence & modération. Si quelque particulier, quel qu'il foit, s'écarte du refpect dû à la juftice, le préfident peut le reprendre, le condamner à une amende, & même à garder prifon jufqu'au terme de huit jours, fuivant la gravité du cas.

Lorfque les douze jurés font introduits, le préfident du tribunal criminel, en préfence du public, & de tous ceux qu'on vient de défigner, fait prêter à chaque juré, féparément, le ferment fuivant : « Citoyen, vous jurez » & promettez d'examiner avec l'attention la plus fcru-» puleufe les charges portées contre un tel...de n'écouter » ni la haine, ni la méchanceté, ni la crainte ou l'affec-» tion ; de n'en communiquer avec qui que ce foit juf-» qu'après votre déclaration ; de vous décider d'après les

» témoignages, & suivant votre conscience & votre in-
» time & profonde conviction, avec l'impartialité & la
» fermeté qui conviennent à un homme libre.

Chacun des jurés répond : « Je le jure ; » ensuite ils
prennent place tous ensemble sur des sièges séparés du
public & des parties, de manière qu'ils se trouvent placés
en face de l'accusé & des témoins.

Les trois jurés adjoints dont on a parlé plus haut, se
placent aussi dans l'auditoire, mais séparément des autres,
& ils n'ont de fonctions & ne prêtent même serment
que lorsqu'ils sont requis de se joindre aux autres
jurés.

A compter de ce moment, les jurés ne peuvent plus
communiquer avec personne par écrit, parole ou geste,
tant qu'ils seront dans l'auditoire, à moins qu'ils n'aient
des éclaircissemens à demander, ce qu'ils peuvent faire
en la forme qui va être expliquée.

L'accusé comparoît à la barre, libre & sans fer. La
loi a voulu écarter de l'accusé tout ce qui pourroit influen-
cer sa liberté morale en gênant sa liberté physique ; il
pourra cependant y avoir des gardes autour de l'accusé
pour l'empêcher de s'évader.

Le président lui dit qu'il peut s'asseoir, lui demande
ses noms, âge, profession & demeure, & le greffier tient
note des réponses.

Le président avertit ensuite l'accusé d'être attentif à
tout ce qu'il va entendre ; il ordonne au greffier de lire
l'acte d'accusation : le greffier fait cette lecture à haute &
intelligible voix : après quoi le président rappelle à l'accusé, le plus clairement possible, ce qui est contenu en
l'acte d'accusation, & lui dit : « Voilà de quoi vous êtes
» accusé : vous allez entendre les charges qui seront pro-
» duites contre vous. » La même chose se pratique s'il y
a plusieurs co-accusés.

Les noms des témoins doivent être déja connus de
l'accusé. La loi veut que la liste lui en soit notifiée au

moins vingt-quatre heures avant l'examen : ainsi il a eu
le temps de connoître ses témoins, de savoir quel degré
de foi ils méritent, & de prévoir les objections qui pouvoient s'attacher à leurs personnes.

Un mari ne peut déposer contre sa femme, ni une
femme contre son mari. Les ascendans ne peuvent aussi
être entendus en témoignage contre les descendans, &
réciproquement ; il en est de même d'un frère & d'une
sœur contre leur frère & sœur, & des alliés au même
degré.

Les témoins, soit qu'ils soient produits par la partie
plaignante ou par l'accusateur public, se présentent l'un
après l'autre pour faire leur déposition en public & séparément, à moins que l'accusé, comme il en a le droit,
ainsi que l'accusateur public, n'ait demandé par lui-même
ou par son conseil, que les témoins produits contre lui
soient introduits & entendus ensemble.

Le président avant la déposition, fait prêter le serment
aux témoins individuellement, de parler sans haine & sans
crainte, de dire la vérité, toute la vérité, rien que la
vérité.

Il demande ensuite à chacun des témoins, avant que
sa déposition soit commencée, si c'est de l'accusé présent qu'il entend parler, s'il le connoissoit avant le fait ;
enfin s'il est parent, allié, ami, serviteur ou domestique
d'aucune des parties.

Cela fait, le témoin dépose ; après chaque déposition
le président demande à l'accusé s'il veut répondre à ce
qui vient d'être dit contre lui. L'accusé & ses amis ou
conseils présens, peuvent dire, tant contre le témoin
personnellement, que contre leur témoignage, tout ce
qu'ils jugeront utile à la défense de l'accusé : ils peuvent
même questionner les témoins. Il est également libre à
l'accusateur public, aux jurés & au président, de demander aux témoins & à l'accusé tous les éclaircissemens dont
ils croiront avoir besoin.

Si la déposition d'un témoin paroît évidemment fausse, le président en dresse procès-verbal, & peut d'office & sur la réquisition de l'accusateur public, ou de l'accusé & de ses conseils, le faire arrêter sur le champ & le renvoyer par-devant le juré du district du lieu, pour prononcer sur l'accusation dont l'acte dans ce cas sera dressé par le président lui-même.

Lorsque les témoins de l'accusateur public & de la partie plaignante auront été entendus, l'accusé peut alors faire entendre les siens, non seulement pour établir son innocence & se justifier du fait qu'on lui impute, mais pour attester qu'il est homme d'honneur & de probité, & qu'il est d'une conduite irréprochable. La loi en recommandant aux jurés d'avoir tel égard que de raison aux témoignages de cette dernière espèce, n'a pas voulu cependant priver l'accusé d'une ressource que les circonstances & la confiance que peuvent mériter les témoins, pourroient rendre très-précieuse à sa justification.

Il est également libre à l'accusateur public & à la partie plaignante de questionner tous ces témoins, de les reprocher; en un mot, de dire contre eux & leurs témoignages, tout ce qu'ils jugeront nécessaire.

Les témoins après leur déposition restent dans l'auditoire, mais ils ne peuvent jamais s'interpeller entr'eux. L'accusé peut, s'il le juge à propos, requérir par lui ou par ses conseils, que ceux des témoins qu'il désignera soient entendus de nouveau séparément, ou en présence les uns des autres. L'accusateur public a la même faculté à l'égard des témoins produits par l'accusé.

S'il y a des effets trouvés lors du délit ou depuis qui puissent servir à conviction, ils seront représentés à l'accusé, & il lui sera demandé de répondre personnellement s'il les reconnoît.

Il en est de même quand il y a plusieurs co-accusés: s'ils sont compris dans le même acte d'accusation, ils seront jugés par le même juré. Il sera fait un débat pour

chacun d'eux fur les circonftances qui lui feront particulières, & le tribunal déterminera l'ordre dans lequel ils
pourront être préfentés au débat, en commençant toujours
par le principal accufé s'il y en a un. Les autres co-accufés y feront préfens, & pourront y faire leurs obfervations.

Dans le cas où l'accufé, les témoins ou l'un d'eux,
les jurés ou l'un d'eux ne parleroient pas le même langage,
& auroient befoin d'un interprète pour s'entendre
& fe communiquer leurs penfées dans le débat, le préfident du tribunal criminel en fera appeler un qui foit
âgé de vingt-cinq ans au moins, & lui fera prêter ferment de traduire fidèlement & fuivant fa confcience, le
difcours qu'il fera chargé de tranfmettre entre ceux qui
parlent des langages différens. L'accufé & l'accufateur
public pourront récufer l'interprète en motivant leur récufation : les motifs feront jugés par le tribunal. Les
officiers de police, directeurs de jurés & préfidens des
tribunaux criminels, pourront également appeler des
interprètes toutes les fois qu'ils en auront befoin pour
recevoir des déclarations & dépofitions.

Tout cet examen, les débats & la difcuffion qui en
feront la fuite, ne feront point rédigés par écrit. Les jurés
& les juges pourront bien prendre note de ce qui leur
paroîtra important, mais fans que la difcuffion puiffe en
être arrêtée ni interrompue. Le commiffaire du roi préfent
& obligé d'affifter à toute cette inftruction, peut toujours
faire aux juges, au nom de la loi, toutes les réquifitions
qu'il jugera convenables, & il lui en fera donné acte.

Le tribunal criminel ni le directeur du juré, chacun
dans les affaires de leur compétence, ne font pas obligés
de déférer aux réquifitions du commiffaire du roi, &
l'inftruction ni le jugement n'en peuvent être arrêtés ni
fufpendus, fauf au commiffaire du roi du tribunal
criminel à fe pourvoir en caffation après le jugement,

s'il le juge à propos, suivant la forme indiquée par la loi.

Lorsque tous les témoins de part & d'autre ont fini leur déposition, l'accusateur public & la partie plaignante s'il y en a, doivent être entendus, & expliquer les moyens par lesquels ils prétendront justifier l'accusation. L'accusé ou ses amis ou conseils peuvent répondre; ensuite le président du tribunal criminel fait un résumé de l'affaire, & la réduit à ses points les plus simples; il fait remarquer aux jurés les principales preuves produites pour ou contre l'accusé.

Ce résumé est destiné à éclairer le juré, à fixer son attention, à guider son jugement requis; il ne doit pas gêner sa liberté. Les jurés doivent au juge respect & déférence; ils doivent même lui obéir en tout ce qui ne concerne que la police de l'auditoire; mais ils ne lui doivent point le sacrifice de leur opinion, dont ils ne sont comptables qu'à leur propre conscience.

Le juge ayant fini son résumé, dira aux jurés de se retirer dans la chambre qui leur est destinée. Il ordonne en même temps que l'accusé ou les accusés soient conduits en la maison de justice.

Les jurés retirés dans leur chambre, doivent y rester sans pouvoir communiquer avec personne : le premier d'entr'eux inscrit sur le tableau, est leur chef.

Ils doivent examiner les pièces du procès parmi lesquelles il ne faut pas comprendre les déclarations écrites des témoins, qui ne doivent pas être remises au juré, mais seulement l'acte d'accusation, les procès-verbaux & autres pièces semblables. C'est sur ces bases & particulièrement sur les dépositions & le débat qui ont eu lieu en leur présence, qu'ils doivent asseoir leur conviction personnelle; car c'est de leur conviction personnelle qu'il s'agit ici; c'est elle que la loi leur demande d'énoncer; c'est à elle que la société, que l'accusé s'en rapportent. La loi ne leur demande pas compte des moyens par lesquels ils fe font formé une conviction. Elle ne leur prefcrit point des règles auxquelles ils doivent attacher particulièrement la plénitude & la fuffifance d'une preuve ; elle leur demande de s'interroger eux-mêmes dans le filence & le recueillement, & de chercher dans la fincérité de leur confcience, quelle impreffion ont faite fur leur raifon les preuves rapportées contre l'accufé, & les moyens de la défenfe. La loi ne leur dit point : « Vous tiendrez » pour vrai tout fait attefté par tel ou tel nombre de » témoins, ou vous ne regarderez pas comme fuffifam- » ment établie, toute preuve qui ne fera pas formée de » tant de témoins, ou de tant d'indices ». Elle ne leur fait que cette feule queftion qui renferme toute la mefure de leur devoir : « Avez-vous une intime con- » viction ? »

Ce qu'il eft bien effentiel de ne pas perdre de vue, c'eft que toute la délibération du juré du jugement a pour bafe l'acte d'accufation. C'eft à cet acte qu'ils doivent s'attacher : leur miffion n'a pas pour objet la pourfuite des délits ; ils ne font appelés que pour décider fi l'accufé eft coupable ou non du crime dont on l'accufe.

Et d'abord, avant de chercher fi l'accufé eft coupable, ils doivent examiner fi le délit eft conftant ; car en vain chercheroit-on un coupable, s'il n'exiftoit pas un délit.

Lorfqu'ils fe font affurés qu'il en exifte un, ils examinent fi l'accufé dénommé en l'acte d'accufation, eft ou non convaincu de ce même délit. Mais la loi a porté plus loin encore la prévoyance ; & comme c'eft l'intention qui fait le crime, elle a voulu que les jurés, quoique certains du fait matériel & connoiffant fon auteur, puffent fcruter les motifs, les circonftances & la moralité du fait. Un délit involontaire ou commis fans intention de nuire, ne peut pas être l'objet d'une punition ; d'un autre côté, il peut arriver que la nature de l'accufation ait changé par la défenfe de l'accufé

& les preuves fournies par lui. Nous rendrons ces observations encore plus sensibles par des exemples, &
on reconnoîtra qu'il seroit impossible, sans une injus-
tice révoltante, d'astreindre les jurés à s'en tenir stric-
tement au contenu en l'acte d'accusation : la loi leur
ordonne donc, lorsqu'ils ont trouvé que le délit existoit
& que l'accusé étoit convaincu de l'avoir commis,
de faire une troisième déclaration d'équité sur les circonstances particulières du fait, soit pour déterminer f
le délit a été commis volontairement ou involontairement, avec ou sans dessein de nuire, soit pour prononcer en atténuation du même genre de délit.

Cette marche, qui est nécessairement conforme à la
raison, puisqu'elle est absolument prescrite par la justice, sera donc facile à suivre dans sa pratique ; ca
les institutions raisonnables s'apprennent aisément, & s
gravent comme le souvenir d'un bienfait dans la mémoire des hommes ; ainsi les jurés & les juges s'en pé
nétreront en peu de temps. Mais il est bon de ne né
gliger aucun des dévoloppemens qui peuvent lever le
premiers embarras causés par le défaut d'habitude é
d'expérience. C'est dans cet esprit que nous allons an.
lyser l'opération des jurés.

Ils délibéreront d'abord sur l'existence matérielle d
fait qui avoit constitué le corps du délit.

Après avoir reconnu l'existence du fait, ils délibère
ront ensuite sur l'application de ce fait à l'individu ac
cusé, pour reconnoître s'il en est l'auteur.

Enfin, ils examineront la moralité du fait, c'est-à
dire, les circonstances de volonté, de provocation, d'ir
tention, de préméditation, qu'il est nécessaire de connoîn
pour savoir à quel point le fait est coupable, & poi
le définir par le vrai caractère qui lui appartient.

La première question à laquelle doivent répondre l
jurés, porte donc sur l'existence du fait qui est l'obj
de l'accusation. S'il s'agit d'un assassinat, d'un incendie
d'u

d'un faux, l'exiftence d'un tel fait eft toujours facile à féparer des autres idées acceffoires, telles que celles de l'auteur du crime, & des intentions dans lefquelles il a été commis; l'infpection du cadavre, de la maifon-brû-lée, ou de la pièce falfifiée, rend la certitude de ces faits abfolument complette, indépendamment des notions ultérieures fur le nom du coupable & fur les motifs qui l'on fait agir.

Dans le crime de vol au contraire, il peut quelque-fois paroître plus difficile de féparer le fait matériel de l'intention. La définition même du vol, telle qu'elle à été conçue par les jurifconfultes, prête à cette confufion de penfées, en ce qu'elle renferme une partie intention-nelle, & n'attache l'idée précife de vol qu'à l'intention de voler.

Mais il n'eft pas moins vrai que tout vol fuppofe la fouftraction d'un effet quelconque à la poffeffion de celui qui en étoit le détenteur ; & fi toute fouftraction d'un effet n'eft pas néceffairement un vol, tout vol au moins fuppofe cette fouftraction, qui eft le fait matériel fur lequel, avant tout, les jurés doivent donner leur dé-claration.

Chacun d'eux fe formera donc une conviction intime fur ce premier point : le fait eft-il conftant ?

Ce fera auffi fur ce premier point qu'ils donneront leur déclaration, lorfqu'ils pafferont de la chambre des jurés où ils délibèrent entr'eux, dans celle du confeil où ils doivent donner leur opinion en préfence d'un juge & du commiffaire du roi : la formule de cette dé-claration eft indiquée par la loi. Le juré met la main fur fon cœur, & dit : « Sur mon honneur & ma conf-» cience, il y a délit conftant » ; ou bien : « Sur mon » honneur & ma confcience, le délit ne me paroît pas » conftant. » Et pour qu'il ne puiffe jamais y avoir lieu à aucune méprife dans la manière de compter les voix, des boules noires & blanches ferviront à recueillir, dans

des boîtes de même couleur que les boules, les fuffrages des jurés. L'opinion favorable à l'accufé fera exprimée en jetant une boule blanche dans la boîte blanche,
l'opinion contraire, en jetant une boule noire. Le juge,
préfentera les boules des deux efpèces au juré, celui-ci
choifira la boule propre à exprimer fon opinion, & la
jettera dans la boîte de couleur correfpondante.

Ainfi, pour décider le premier point, le fait eft-il
conftant? les jurés qui croiront que le fait n'eft pas conftant, exprimeront leur avis en mettant une boule blanche
dans la boîte. Ceux qui croiront le fait conftant, mettront une boule noire dans la boîte noire (1); enfin,
pour que les boîtes qui auront fervi à exprimer fur la
première queftion, ne puiffent pas fe confondre avec
les boîtes qui ferviront aux queftions fuivantes, ces boîtes
porteront chacune une infcription. Sur la boîte noire
fera écrit : *fait conftant.* Sur la boîte blanche :
« *Fait non conftant.* »

Sur la feconde queftion, l'accufé eft-il l'auteur du fait?
il ne fe préfentera aucune difficulté. Il eft fenfible que
les jurés doivent en donner la folution qui fe préfente
fous des termes également fimples dans tous les genres
de délits. La formule de leur décifion fera : « fur mon
» honneur & ma confcience, l'accufé eft convaincu,
» ou l'accufé ne me paroît pas convaincu. »

Ils jetteront enfuite des boules noires ou blanches dans
les boîtes de même couleur que les boules, & dont la
noire portera pour infcription : *l'accufé convaincu* ; la blanche cette autre infcription : *l'accufé non convaincu.*

Vient enfuite la troifième queftion qui fe divife en
plufieurs branches, & qui demande à être confidérée
avec quelques détails.

Il s'agit ici d'examiner la moralité de l'action, & il

______

(1) Il fera utile de faire conftruire les boîtes de manière
que la boule noire ne puiffe pas entrer dans l'ouverture de
la boîte blanche.

est des actions qui par leur nature sont plus ou moins susceptibles que d'autres de changer de caractère, suivant qu'elles sont produites par des intentions différentes.

Par exemple, une fausse signature n'admet pas des circonstances atténuantes, & ne peut pas trouver son excuse dans ses motifs. On ne commet point un faux involontairement, ni pour une défense légitime, ni emporté par un premier mouvement : ce crime porte avec lui le caractère de la volonté décidée & la préméditation.

Au contraire, la mort donné à un homme, ce qui s'exprime par le mot générique & indéfini *d'homicide*, est un fait susceptible des modifications les plus étendues, en sorte que le même fait matériel peut recevoir des circonstances qui l'accompagnent, toutes les nuances que l'on peut concevoir entre un crime atroce & un acte légitime. C'est pourquoi nous choisirons l'homicide pour servir d'exemple à la subdivision de la troisième question, qui porte sur la moralité intentionnelle du fait.

Nous supposons que l'homicide soit déclaré constant par les jurés, & que l'accusé soit reconnu pour en être véritablement l'auteur ; alors plusieurs circonstances peuvent être essentielles à distinguer.

L'accusé peut avoir commis l'homicide en défendant sa vie, ou ce qui revient au même, en défendant la vie d'une personne qu'on vouloit assassiner devant ses yeux : dans ce cas l'homicide seroit légitime.

L'accusé peut avoir donné la mort par pur accident, & non-seulement sans aucune volonté, mais encore sans aucune imprudence ; & alors l'homicide est innocent.

L'accusé peut avoir donné la mort sans aucune volonté, mais par une simple imprudence ; & alors il a encouru, non la peine de l'homicide, mais celle de l'imprudence, qui est du ressort de la police correctionnelle.

L'accusé peut avoir donné la mort dans un mouvement impétueux, dans lequel il a été précipité par une provocation plus ou moins capable de troubler sa raison, d'exciter en lui une passion violente, & de lui ravir l'usage libre de sa volonté (1).

L'accusé peut avoir donné la mort volontairement ; mais ce crime peut avoir été par-lui aussitôt exécuté que conçu, commis sans réflexion par l'effet d'un premier mouvement ; & c'est le cas du meurtre proprement dit.

Enfin, l'accusé peut avoir donné la mort après avoir conçu & préparé cet horrible dessein, concerté les moyens, épié le moment de le mettre à exécution ; & c'est le cas du dessein prémédité ou de l'assassinat.

Il est clair que ces différentes suppositions, qui toutes peuvent s'appliquer à l'existence prouvée du même fait matériel & à la certitude que tel en est l'auteur, apportent une différence immense entre les caractères moraux de la même action, & que les jurés ne peuvent se dispenser d'étudier ces nuances & de les spécifier, pour prononcer sur le fait dont un homme traduit devant eux est accusé.

Car ils n'auroient rien fait pour la vérité & pour

---

(1) C'est particulièrement aux faits de cette nature que se rapporte la prononciation excusable, mesure juste & salutaire qui fait concourir l'équité avec la justice : précaution nécessaire dans toute législation qui ne veut être inhumaine. Les lettres de grace étoient destinées à remplir cet objet dans l'ancien régime : mais cette manière de distribuer le remède d'équité étoit si partiale, si inégale, si indulgente pour le crime protégé, si officieuse pour le malheur sans appui, que l'inflexible justice eût paru moins dure au grand nombre, qu'une clémence si *injurieusement* répartie. Mais nous traiterons séparément de la prononciation d'excusable, qui doit être l'objet d'une délibération réservée pour une autre époque de jugement. Les jurés n'auront à examiner en ce moment que la question de savoir s'il y a eu ou non provocation.

l'application de la loi , s'il n'avoient fait que déclarer, un tel a commis un homicide , puifqu'il refteroit encore à leur demander fi c'eft un homicide innocent ou légitime, volontaire ou involontaire, de premier mouvement ou de deffein prémédité.

Il faut donc que la déclaration des jurés contienne cette explication, & c'eft pour cela que la loi veut qu'ils en délibèrent. Mais faut-il que dans tous ces cas ils fe propofent à eux-mêmes autant de queftions qu'il y a de nuances admiffibles entre l'affaffinat & l'homicide légitime ? il en réfulteroit une complication inutile dans leur travail, & une abfurdité dans la pofition de ces queftions différentes, puifqu'il y en a qui s'excluent néceffairement. Par exemple, quand il y a lieu d'examiner fi, ou non, un meurtre a été occafionné par une provocation grave, certes, il n'y a pas lieu d'examiner fi c'eft un pur homicide, innocent, arrivé par hafard & caufé par un fimple accident.

L'incohérence évidente de ces deux queftions rebuteroit tout homme de bons fens, & dégoûteroit les jurés, qui doivent toujours prendre leur raifon pour guide d'une inftitution où les idées raifonnables feroient fi manifeftement bleffées.

Mais d'un côté, il y auroit de l'inconvénient à ne pas guider les jurés fur la pofition des queftions différentes qu'ils doivent fe propofer fur la moralité du fait; il feroit à craindre qu'ils n'en omiffent d'effentielles, ou qu'il ne s'élevât entr'eux des débats fur la manière de les pofer, & ces difficultés pourroient prolonger beaucoup leur opération, quelquefois même les jeter dans des embarras dont ils auroient peine à fortir.

Ce fera donc au juge qui conduit la procédure & qui préfide & dirige le débat, de recueillir attentivement les différentes queftions relatives à l'intention, auxquelles la nature du fait & des charges peut donner ouverture, pour les indiquer au juré, & fixer sur cet objet sa délibération.

Après avoir pris l'avis du tribunal sur la manière de poser les questions, il les posera en présence du public, de l'accusé, de ses conseils & des jurés auxquels il les remettra par écrit, & arrangées dans l'ordre dans lequel ils devront en délibérer. L'accusé, ses conseils & l'accusateur public pourront lui faire quelques observations à cet égard, s'ils le jugent nécessaire, & les jurés délibéreront sur ces questions dans l'ordre où elles leur auront été présentées par le juge.

Ils en délibéreront comme sur les deux premières, avec des boules noires & des boules blanches, & des boules de l'une & l'autre couleur, sur lesquelles on inscrira l'affirmative & la négative de chacune des questions posées par le juge. Il y aura autant de paires de boîtes qu'il y aura de questions différentes recommandées par le juge à la décision des jurés : la boule & la boîte blanches serviront constamment à exprimer l'opinion favorable à l'accusé ; la boule & la boîte noires serviront à exprimer l'opinion contraire.

Cette méthode est d'une facile exécution, & la pratique habituelle la rendra chaque jour plus sensible & plus aisée.

On se rappelle que les jurés se sont retirés dans leur chambre pour y délibérer, & former leur opinion individuelle sur chacun des points que le juge leur a donné à décider.

Lorsque tous sont prêts à prononcer, ils font avertir les juges, & l'un d'eux, autre que le président, passe, ainsi que le commissaire du roi, dans la chambre du conseil pour y recevoir la déclaration des jurés.

Le chef des jurés, c'est-à-dire, le premier inscrit sur la liste, se présente le premier ; il fait sa déclaration dans les termes ci-dessus rapportés. D'abord sur cette question : « le fait est-il constant ? » & il la constate de suite en poſant une boule noire ou blanche dans la boîte qui correſpond à ſa déclaration.

S'il n'a pas trouvé le fait conſtant, il n'a pas d'autre déclaration à faire.

S'il l'a trouvé conſtant, il paſſe à la ſeconde déclaration ſur cette queſtion : « l'accuſé eſt-il l'auteur du fait ? » il appuie enſuite cette déclaration comme la première, en plaçant une boule noire ou une boule blanche, ſuivant ſon opinion dans l'une des boîtes diſpoſées à cette effet. S'il ne penſe pas que l'accuſé ſoit l'auteur du délit en queſtion, il n'a plus de ſuffrage ultérieur à donner ; ſi au contraire il penſe que le fait ait été commis par l'accuſé, alors il doit opiner ſur les queſtions intentionnelles poſées par le juge.

Lorſque le juge poſe pluſieurs queſtions relatives aux différens degrés d'intention, il doit les diſpoſer de telle ſorte que la plus favorable à l'accuſé ſe décide toujours la première, & ainſi de ſuite, juſqu'à celle qui lui ſeroit la moins favorable. Ainſi la queſtion de ſavoir ſi un ac-cuſé a commis un homicide à ſon corps défendant, doit précéder la queſtion de ſavoir s'il l'a commis d'après une provocation qui puiſſe l'excuſer.

Le chef des jurés énonce donc ſon opinion dans ce même ordre ſur chacune des queſtions intentionnelles qui ont été poſées par le juge, & la confirme par l'émiſ-ſion d'une boule noire ou blanche ; d'où il ſuit naturel-lement que s'il y a pluſieurs queſtions intentionnelles poſées par le juge, le juré qui a donné une boule blanche ſur la première queſtion, n'a plus à donner de ſuffrage ſur la ſeconde : la raiſon en ſera rendue ſenſible en con-tinuant à nous ſervir du même exemple. Si le juré a exprimé par une boule blanche, qu'un homicide a été commis par l'accuſé à ſon corps défendant, il n'a plus à s'expliquer ſur le fait de ſavoir ſi l'accuſé avoit été ſuffi-ſament provoqué pour que cette provocation lui ſervît d'ex-cuſe ; car la première propoſition que le juré a affirmée, va au-

L 4

delà de la feconde ; elle eft plus favorable à l'accufé & le juftifie plus complettement.

On voit par cette obfervation, qu'auffitôt que le juré s'eft determiné en faveur de l'accufé, fur une des queftions foumifes fucceffivement & par ordre à fa décifion, & qu'il a en conféquence émis une boule blanche, il n'a plus à donner de fuffrage fur les queftions ultérieures : au contraire, tant qu'il donne des boules noires, c'eft-à-dire, tant qu'il juge contre l'accufé les queftions qui lui font préfentées dans leur ordre graduel, il lui refte à prononcer fur les queftions ultérieures, jufqu'à ce qu'il ait donné fon opinion fur toutes celles que le juge a pofées.

Quand le chef des jurés a fini d'opiner, il refte dans la chambre du confeil pour être témoin des opinions que donneront après lui tous les autres jurés, qui doivent fuivre exactement la même marche dans la manière de donner leur fuffrage ; mais lui feul d'entre les jurés doit refter préfent avec un des juges & le commiffaire du roi, à toute cette opération, & les autres jurés doivent fe retirer à mefure qu'ils ont fini leurs déclarations.

Les douze jurés ayant achevé de donner leur déclaration individuelle, ils doivent tous rentrer dans la chambre du confeil ; & là, en leur préfence & en celle du commiffaire du roi, le juge fait l'ouverture des boîtes dans le même ordre que celui dans lequel ont été pofées les queftions auxquelles elles correfpondent. D'abord on ouvre les boîtes qui ont fervi à décider fi le fait eft conftant ou non conftant. Sur cette première queftion, s'il fe trouve trois boules blanches, il eft décidé que ce fait n'eft pas conftant, & la délibération eft terminée.

S'il ne fe trouve pas trois boules blanches données fur la queftion du fait, on paffe à l'ouverture des boîtes fur la queftion de favoir quel eft l'auteur du fait ; mais avant de paffer au recenfement des boules blanches fur cette feconde queftion, il ne faut pas manquer de réferver les boules blanches qui peuvent avoir été données fur la première queftion, & qui n'étant pas au nombre de trois, n'ont pas emporté la balance. Ces boules doivent s'additionner avec les boules blanches qui feront trouvées dans la boîte blanche fervant à la feconde queftion, & cela eft de toute juftice; car les jurés qui fur la première queftion ont eftimé qu'il n'y avoit pas de fait conftant, doivent fur la feconde fe joindre à ceux qui ne penfent pas que tel accufé en foit l'auteur.

Si cette addition des boules blanches émifes fur la première & fur la feconde queftion, donne trois boules blanches, la délibération fe termine là, & il eft décidé que l'accufé n'a pas paru aux jurés convaincu du fait porté en l'accufation.

Si au contraire cette addition ne donne pas le nombre de trois boules blanches, le juge paffera à l'ouverture des boîtes relatives à la queftion intentionnelle, ou à la première de ces queftions s'il y en a eu plufieurs de pofées.

Dans ce troifième recenfement, les boules blanches fournies fur les deux premières queftions, doivent encore fe réunir à celles qui vont fe trouver dans la boîte blanche. En effet, les jurés qui ont été d'avis qu'il n'y avoit pas de fait conftant, ou que l'accufé n'étoit pas convaincu, n'ayant pas été en affez grand nombre de cet avis pour le faire prevaloir, ne peuvent s'empêcher de fe réunir à ceux des jurés qui fe décideront en faveur de l'accufé fur les queftions intentionnelles.

S'il y a eu plufieurs queftions intentionnelles pofées, & fi les trois premiers recenfemens réunis n'ont pas encore fourni une fomme additionnelle de trois boules blanches, on paffe à l'ouverture des boîtes fur la feconde queftion intentionnelle, ainfi de fuite, jufqu'à ce que le recenfement des fuffrages foit terminé, foit par l'ouverture de toutes les boîtes, foit par une fomme de trois boules blanches, qui arrète & fixe la décision des jurés fur la queftion fur la quelle l'accufé a obtenu la troifième boule blanche.

Cette décifion recueillie par le juge en préfence du commiffaire du roi, & conftatée par le chef des jurés, tous rentrent dans la chambre d'audience, chacun y reprend fa place, & le chef des jurés fe levant, prononce en leur nom la déclaration en ces termes : « Sur mon » honneur & ma confcience, la déclaration du juré eft » que l'accufé eft, ou que l'accufé n'eft pas convaincu, » & que (ou) mais que . . . . . » (Ici fe place la déclaration fur le fait intentionnel pofé par le juge.)

Nous penfons que ces détails fuffiront pour éclairer la marche des jurés & du juge qui doit les diriger, pour faire difparoître à leurs yeux les difficultés nées d'une complication apparente de moyens, qui n'eft au fond qu'une méthode analytique pour obtenir d'eux des réponfes cathégoriques fur des queftions nettement pofées.

Mais avant de quitter cette matière, nous devons encore quelques développemens fur la méthode que le préfident doit employer pour faire opiner les jurés fur les circonftances indépendantes, qu'il faut bien fe garder de confondre avec les modifications aggravantes ou atténuantes d'un même fait. Ces circonftances font nommées indépendantes, parce qu'elles font tellement ifolées les unes des autres, que chacune d'elles peut être jugée vraie ou fauffe, fans que cela puiffe influer fur le jugement à prononcer relativement aux autres.

Un exemple rendra cette définition plus palpable, & nous l'emprunterons du crime de vol.

N . . eft convaincu d'avoir volé une fomme de mille écus : fon délit eft de nature différente, s'il l'a volée de nuit ou de jour, avec fraction extérieure, ou fans fraction extérieure.

Ces circonstances sont indépendantes les unes des autres; l'effraction peut être prouvée sans que le vol de nuit soit prouvé, & réciproquement, tel juré qui est d'avis que ce vol ne s'est pas commis la nuit, ne préjuge par-là rien de relatif à l'effraction. Il peut donner une boule blanche sur la première question, & une boule noire sur la seconde, & *vice versâ*.

D'où il suit, 1°. que pour faire prononcer les jurés sur les circonstances indépendantes, le juge ne trouvera pas l'ordre des questions indiquées par la série des idées, & qu'ainsi il pourra les présenter dans l'ordre qu'il voudra, sans s'astreindre à commencer par celles qui sont les moins aggravantes, puisque ce sont autant de faits séparés & sans affinité.

2°. Que les boules blanches fournies sur chacune des différentes circonstances indépendantes, ne doivent pas s'additionner entre elles, mais qu'elles doivent seulement s'additionner avec les boules blanches fournies sur les deux premières questions relatives à l'existence du corps du délit, & à la conviction de l'auteur de ce délit.

3°. Que le juré qui a fourni une boule blanche sur une circonstance indépendante, ne continue pas moins à donner son opinion sur les autres circonstances indépendantes, parce que son opinion sur l'une de ces circonstances n'influe en rien sur ce qui reste à juger relativement aux autres; les décisions subséquentes n'étant pas implicitement renfermées dans celle qu'il a rendue.

Tous ces détails vont s'expliquer par un exemple.

Je suppose les circonstances suivantes. Sur la première question : le fait est-il constant? il s'est trouvé une boule blanche.

Sur la seconde question : quel est l'auteur du fait? il n'y a pas eu de boule blanche.

Sur la troisième question relative à une circonstance indépendante : le vol a-t-il été commis la nuit? il se trouve une boule blanche; elle s'additionne avec la boule

blanche donnée fur la première queftion ; mais comme
cette addition ne donne en fomme que deux boules
blanches, les dix boules noires l'emportent, & la déclaration eft que le vol a été commis de nuit. Le juré qui a donné
ici la boule blanche, n'opinera pas moins fur la queftion
fuivante.

Sur cette quatrième queftion relative à une autre
circonftance indépendante, favoir ; le vol a-t-il été
commis avec effraction extérieure ? il ne fe trouve qu'une
boule blanche : fi cette boule s'additionnoit avec celle
qui fignifioit que le vol n'a pas été commis la nuit, &
enfuite avec celle qui a fignifié que le fait n'eft pas
conftant, cette quatrième queftion feroit réfolue en faveur
de l'accufé ; mais cette fupputation feroit injufte & dérai-
fonnable : car le juré qui a été d'avis que le vol n'étoit
pas fait de nuit, n'a rien préjugé fur l'effraction extérieure.
On n'additionnera donc pas les deux boules blanches
fournies fur les deux circonftances indépendantes, mais
on réunira feulement celle fournie fur chacune de ces
circonftances féparément, à celles qui ont été recenfées
fur les deux premières queftions relatives à l'exiftence
du fait & à la conviction de l'accufé ; & dans l'exemple
pofé, il en réfulte que, par la majorité des dix boules
noires contre deux blanches, chaque circonftance indépendante eft prouvée à la charge de l'accufé. Ces dif-
tinctions bien établies, nous revenons au moment où
le chef des jurés a prononcé la déclaration en préfence
de l'auditoire.

Le greffier reçoit & écrit cette déclaration, qui eft
fignée de lui & du préfident.

Si l'accufé eft déclaré non convaincu du fait porté dans
l'acte d'accufation, & qu'il ait été inculpé fur un autre
par les dépofitions des témoins, l'accufateur public pourra
demander au préfident de faire arrêter le prévenu ; & à
l'occafion de ce nouveau fait, le préfident, après avoir
pris du prévenu les éclairciffemens qu'il voudra donner,

pourra, s'il y a lieu, le faire arrêter, & le renvoyer devant un juré d'accusation avec les témoins, pour être procédé à une nouvelle accusation. Dans ce cas, le juré d'accusation sera celui du district dans le chef-lieu duquel siége le tribunal criminel.

Mais si l'accusé est convaincu du fait porté dans l'acte d'accusation, il ne pourra jamais être poursuivi pour raison du nouveau fait, qu'autant que celui-ci mériteroit une peine plus forte que le premier ; auquel cas il sera sursis à l'exécution de la première peine, jusqu'après le second jugement.

Lorsque l'accusé aura été déclaré non convaincu du fait, ou que les jurés auront déclaré que le fait a été commis involontairement & sans intention de nuire, cette décision suffira pour absoudre l'accusé : & le président, sans avoir besoin ni de consulter les juges, ni d'entendre le commissaire du roi, prononcera que l'accusé est acquitté de la condamnation, & ordonnera qu'il soit mis sur le champ en liberté.

Le code criminel & celui de police correctionnelle ont réglé la peine encourue par les délits que les jurés prononceront avoir été commis involontairement ou par simple imprudence, sans préjudice aux dommages & intérêts de la partie.

Le code pénal règle aussi les condamnations auxquelles la peine doit être réduite lorsque le juge prononcera, d'après la déclaration des jurés, que le délit est excusable. Cette prononciation sera employée lorsque le juge aura estimé que les faits de provocation allégués par l'accusé ou résultant du débat, renferment une excuse suffisante, & aura posé la question de savoir si, ou non, cette provocation a existé. Si les jurés trouvent que les faits de cette provocation soient bien justifiés, & en font la déclaration sur la question intentionnelle, alors le juge prononce que délit est excusable.

Tout particulier acquitté de l'accusation, ne pourra

plus être repris ni accusé pour le même fait ; mais il n'aura à prétendre aucune indemnité contre la société : ce sera à lui à pourfuivre fes dénonciateurs.

La décifion des jurés dans aucun cas, ne peut être foumife à l'appel. Cependant, comme tous les hommes peuvent fe tromper, la loi ne permet pas que le fort de l'accufé foit tellement dépendant des jurés, que celui-ci ne puiffe jamais, même en cas d'erreur fenfible ou d'opinion évidemment fauffe, éviter une condamnation injufte. C'eft pourquoi elle a établi un remède dont l'ufage ne doit être employé qu'avec la plus grande circonfpection, & dans les cas infiniment rares où la décifion des jurés paroîtra au juge évidemment erronée ; alors le tribunal, dans le cas feulement où l'accufé auroit été déclaré coupable, & jamais lorfqu'il auroit été acquitté, pourra ordonner que les trois jurés adjoints, qui ont également affifté à l'inftruction, fe joindront aux douze qui ont prononcé : alors il fe fait un nouvel examen, & les quinze jurés ne peuvent prendre de décifion qu'aux quatre cinquièmes des voix.

Lorfque l'accufé aura été déclaré convaincu, le préfident, en préfence du public, le fera comparoître & lui donnera connoiffance de la déclaration du juré ; fur cela le commiffaire du roi fera fa réquifition pour l'exécution de la loi.

Le préfident demandera à l'accufé s'il n'a rien à dire pour fa défenfe ; mais il n'eft plus queftion de combattre la vérité du fait attefté par la décifion des jurés. Ce fait eft alors tenu pour conftant, & l'accufé convaincu de l'avoir commis ; mais il peut par lui ou fes confeils, foutenir que ce fait n'eft pas défendu par la loi, qu'elle ne le regarde pas comme un délit, ou qu'il ne mérite pas la peine à laquelle a conclu le commiffaire du roi.

Enfuite les juges opinent fans défemparer ; le plus jeune commence, & tous fucceffivement jufqu'au préfident, donnent leur avis à haute voix & en préfence du

public, foit pour condamner l'accufé à la peine établie
par la loi, foit pour acquitter l'accufé dans le cas où le fait
dont il eft convaincu n'eft pas défendu par elle.

Le préfident recueille enfuite les voix ; mais avant de
prononcer le jugement, il lit le texte de la loi fur laquelle il eft fondé.

Si les juges font partagés entre deux avis pour l'application de la loi, c'eft l'avis le plus doux qui l'emporte.
S'il y a plus de deux avis ouverts, c'eft-à-dire, fi trois
juges penfent différemment, ou fi deux juges font réunis
à l'avis le plus févère, ils appelleront dans ce cas des
juges du tribunal du diftrict pour les départager.

Lorfque le préfident a prononcé, le greffier écrit le
jugement, & y infère le texte de la loi lu par le
préfident.

Le tribunal criminel eft auffi compétent pour connoître
des intérêts civils qui peuvent être demandés par les parties dans les procès criminels, & il y ftatuera en dernier
reffort.

Le préfident de ce tribunal eft tenu par la loi, fous
peine d'être fufpendu de fes fonctions, d'envoyer copie
du jugement d'abfolution ou de condamnation qui fera
intervenu, tant à la municipalité du lieu de la fituation
de la maifon du diftrict où le prévenu avoit été détenu,
qu'à la municipalité du lieu de fon domicile ; il doit y
avoir à cet effet, dans chaque municipalité, un regiftre
particulier pour y tenir note des avis qui leur auront été
donnés, foit dans ce dernier cas, foit dans les cas qui ont
été détaillés ci-deffus.

Lorfque le jugement a été prononcé à l'accufé, il doit
être furfis pendant trois jours à fon exécution. Pendant
ce délai, l'accufé aura le droit de fe pourvoir en caffation,
& s'il ne l'a pas fait, la condamnation fera exécutée fur
les ordres du commiffaire du roi, qui aura le droit, à
cet effet, de requérir l'affiftance de la force publique.

Si l'accufé veut fe pourvoir en caffation, il fera tenu
dans ledit délai de trois jours, de faire fa déclaration

qu'il entend fe pourvoir par cette voie, après quoi il aura quinze jours pour raffembler fes pièces & former fa demande. A ce délai fera ajouté celui d'un jour par dix lieues, tant pour l'aller que pour le retour, pour les accufés qui ne feront pas détenus dans le lieu où le tribunal de caffation tiendra fes féances. Durant ces délais, il fera furfis à l'exécution ; fa requète adreffée au tribunal de caffation & fignée de lui, fera remife au greffier du tribunal criminel (1) qui lui en délivrera reconnoiffance. Celui-ci remettra la requéte au commiffaire du roi qui lui en délivrera également reconnoiffance, & fera tenu de l'envoyer auffitôt au miniftre de la juftice.

Le commiffaire du roi pourra auffitôt demander, au nom de la loi, la caffation du jugement; il fera tenu dans le même délai de trois jours, d'en paffer fa déclaration au greffe, & d'envoyer auffitôt fa requéte au miniftre de la juftice.

Les demandes en caffation ne pourront être formées que pour caufe de nullités prononcées par la loi, foit dans l'inftruction, foit dans le jugement, ou pour fauffe application de la loi.

Le tribunal de caffation n'eft point en effet un degré d'appel ni de juridiction ordinaire, & il n'eft inftitué que pour ramener perpétuellement à l'exécution de la loi toutes les parties de l'ordre judiciaire qui tendroient à s'en écarter : le but de cette inftitution fuffit pour expliquer fa compétence.

Les requêtes en caffation feront adreffées par le commiffaire du roi au miniftre de la juftice, lequel fera tenu dans les trois jours d'en donner avis au préfident du

---

(1) Si la partie ne favoit pas figner, le greffier du tribunal criminel, en la recevant, fera mention au bas que la partie a déclaré ne favoir figner.

tribunal

tribunal criminel, & d'en accufer la réception au commiſ-
faire du roi. Celui-ci en donnera connoiſſance à l'accuſé
& à ſon conſeil.

Le miniſtre de la juſtice remettra ces demandes au tribunal de caſſation.

Si la demande en caſſation eſt préſentée par le condamné, elle ne pourra être jugée qu'après un mois ré-
volu, à compter du jour de la réception de la requête,
& pendant ce délai le condamné pourra faire parvenir
au tribunal de caſſation, par le miniſtre de la juſtice,
le moyen qu'il voudra employer.

Le tribunal de caſſation examinera dans la forme indiquée par le décret d'établiſſement de ce tribunal, les
requêtes en caſſation qui lui ſeront préſentées, & il
confirmera ou annulera les jugemens. S'il les confirme,
le miniſtre de la juſtice auquel le commiſſaire du roi près
le tribunal de caſſation, rendra compte des jugemens de
ce tribunal, en fera parvenir le diſpoſitif au préſident
du tribunal criminel & au commiſſaire du roi, qui en
donnera connoiſſance au condamné & à ſon conſeil;
& dans les vingt-quatre heures après la réception de cette
déciſion, le commiſſaire du roi fera exécuter le jugement de condamnation.

Si le tribunal caſſe les jugemens, il exprimera dans
ſa déciſion le motif de la caſſation, & renverra le procès
à un autre tribunal criminel qu'il indiquera.

Le miniſtre de la juſtice enverra pareillement cette
déciſion au préſident du tribunal criminel, & au commiſſaire du roi qui en donnera connoiſſance à l'accuſé
& à ſon conſeil.

Il enverra auſſi la déciſion au tribunal indiqué par le
tribunal de caſſation.

L'accuſé ſera, en conſéquence, renvoyé en perſonne
devant le nouveau tribunal indiqué avec toutes les pièces
du procès, à la diligence du commiſſaire du roi de ſervice
près le tribunal dont le jugement a été annulé.

Ce nouveau tribunal, si le jugement a été annulé à
raison de fauffe application de la loi, rendra fon jugement fur la déclaration déjà faite par le juré du premier
tribunal, après avoir entendu l'accufé ou fes confeils,
ainfi que le commiffaire du roi.

Si le jugement avoit été annulé à raifon de violation
ou d'omiffion de formes prefcrites, à peine de nullité
dans l'examen & la déclaration du juré, l'accufé, ainfi
que les témoins qui ont dépofé, feront de nouveau
entendus par-devant un juré de jugement, que le nouveau tribunal fera affembler à cet effet en la forme indiquée par la loi.

Si le tribunal indiqué rend un jugement contre lequel
on fe foit de nouveau pourvu en caffation, & s'il préfente les mêmes motifs de caffation que le premier,
cette circonftance annonce qu'il peut y avoir dans la loi
des difpofitions qui ne foient pas affez clairement en-
tendues : le tribunal de caffation en référera dans ce cas à
la légiflature qui déclarera quelle eft la véritable fignification de la loi. Le tribunal de caffation fera tenu de
fe conformer au décret qui interviendra, & en cas qu'il
y ait lieu d'annuler, il renverra à un troifième tribunal
criminel.

Ainfi fe termine la procédure criminelle qui déformais
aura lieu pour les accufés préfens.

Mais le prévenu ou l'accufé peut être en fuite, & il
peut fe faire que fur l'ordonnance de prife-de-corps,
rendue par le directeur du juré, il ait été impoffible de
le faifir, ou qu'il n'ait point comparu fur l'ordonnance
de fe préfenter en juftice, dans le cas où il auroit été
reçu à caution.

Dans ces deux cas le préfident du tribunal criminel,
auquel fera envoyée l'ordonnance du directeur du juré
& les pièces qui conftatent que le prévenu n'a pu être
faifi, & qu'il n'a point comparu, rendra une ordonnance
portant qu'il fera fait perquifition de fa perfonne, &

que chaque citoyen eſt tenu d'indiquer le lieu où il ſe trouve.

Cette ordonnance avec copie de celle de priſe-de-corps, ou de ſe préſenter en juſtice, ſera, à la diligence du commiſſaire du roi, affichée à la porte de l'accuſé & à ſon domicile élu, ainſi qu'à la porte de l'égliſe du lieu de ſon domicile, ou à la porte de l'auditoire pour ceux qui ne ſont pas domiciliés : elle ſera également notifiée à ſes cautions, s'il en a fourni, & proclamée dans les lieux ci-deſſus énoncés pendant deux dimanches conſécutifs, à peine de nullité de toute la procédure qui ſeroit faite ſans ces formalités. Il ſera dreſſé procès-verbal de toutes ces opérations.

Paſſé ce temps, les biens de l'accuſé ſeront ſaiſis à la diligence & requête du commiſſaire du roi de ſervice près le tribunal criminel, & ſes revenus ſeront verſés dans la caiſſe du diſtrict, ainſi qu'il ſera déterminé par la ſuite.

Huitaine après la dernière proclamation, le préſident du tribunal criminel, ſur le vu des procès-verbaux d'af- fiches & proclamations, rendra une ſeconde ordonnance portant que l'accuſé eſt déchu du titre de citoyen fran- çais, que toute action en juſtice lui eſt interdite pendant tout le temps de ſa contumace, & qu'il va être procédé contre lui malgré ſon abſence.

Cette ordonnance ſera ſignifiée, proclamée & affichée aux lieux & dans la même forme que deſſus.

Après un nouveau délai de quinzaine, à compter du jour de la proclamation de la ſeconde ordonnance, le procès ſera continué dans la forme qui eſt preſcrite pour les accuſés préſens.

Ainſi, le jour de l'aſſemblée des jurés, les jurés paroîtront comme ſi l'accuſé étoit préſent, les témoins ſeront en- tendus ; mais dans ce cas leurs dépoſitions ſeront reçues par écrit, enſuite les jurés ſe retireront, décideront &

feront leurs déclarations dans la même forme que celle indiquée ci-deffus.

Aucun confeil ne pourra fe préfenter pour défendre l'accufé contumace fur le fond de fon affaire ; mais s'il eft dans l'impoffibilité abfolue de fe rendre, fes amis pourront expofer & plaider les motifs de fon abfence devant le tribunal qui jugera la légitimité de l'ex-cufe.

S'il la trouve fondée, il ordonnera qu'il fera furfis à l'examen & au jugement pendant un temps qu'il fixera, eu égard à la nature de l'excufe & à la diftance des lieux, & pendant ce temps les biens de l'accufé feront libres.

Lorfque les jurés auront fait leurs déclarations, fi elles font contraires à l'accufé, le tribunal appliquera la loi, & le jugement fera exécuté à la diligence du commiffaire du roi, dans les vingt-quatre heures de fa pronon-ciation.

Cette exécution fe fera en infcrivant les condamna-tions intervenues contre l'accufé contumace, dans un tableau qui fera fufpendu au milieu de la place publique par l'exécuteur de la haute juftice.

Pendant toute la vie de l'accufé contumace, fes biens reftent faifis au profit de la nation, fauf le cas ci-après. Si cependant il avoit une femme ou des enfans, un père ou une mère dans le befoin, ils pourront préfenter leur requête au tribunal civil à fin de diftraction à leur profit, d'une fomme annuelle ou une fois payée.

Le tribunal, après avoir vérifié les motifs de la demande & entendu le commiffaire du roi, pourra adjuger une fomme quelconque qu'il fixera par le jugement, pour être touchée fur les revenus des biens de l'accufé con-tumace. Toute peine portée dans un jugement de con-damnation fera prefcrite par vingt années, à compter de la date du jugement ; ainfi, après ce temps, l'accufé ne pourra plus être recherché pour la peine contre lui prononcée.

Ses héritiers pourront aussi, après le même délai de vingt années, demander au tribunal civil d'être envoyés provisoirement en possession de ses biens, & le tribunal pourra leur accorder cette possession provisoire, en donnant par eux caution de restituer dans le cas où l'accusé se présenteroit.

Mais après la mort de l'accusé légalement prouvée, ou après cinquante ans, à compter de la date du jugement, ses biens seront restitués à ses héritiers légitimes, qui, bien entendu, ne pourront demander aucune restitution des fruits.

L'accusé contumace pourra en tout temps se représenter en se constituant prisonnier, & donnant connoissance au président de sa comparution, & du jour où il aura rempli ces formalités ; tous jugemens & procédures faits contre lui seront anéantis de droit, sans qu'il soit besoin d'un jugement nouveau ; il en sera de même s'il est repris & arrêté.

L'accusé qui se sera présenté, rentrera aussi dans tous ses droits civils à compter de ce jour ; ses biens lui seront rendus, ainsi que les fruits de ceux qui auront été saisis, à la déduction néanmoins des frais de régie & de ceux du procès, qui seront réglés par le tribunal criminel.

Alors il sera procédé de nouveau & suivant les formes de la loi, à l'examen & au jugement du procès, à compter de l'ordonnance de prise-de-corps ; les témoins seront entendus de nouveau, sans que leurs dépositions soient écrites ; néanmoins les dépositions écrites des témoins décédés pendant son absence, seront produites, mais pour y avoir tel égard que de raison par les jurés, qui ne doivent jamais perdre de vue que les preuves écrites ne sont pas la règle unique de leurs décisions, & qu'elles ne leur servent que de renseignemens.

Si l'accufé qui s'eft repréfenté, eft déclaré abfous, il n'aura aucun recours, pas même contre fon dénonciateur, & le juge lui fera en public une réprimande pour avoir douté de la juftice & de la loyauté de fes concitoyens; enfuite il fera mis en liberté.

Telle eft la procédure prefcrite par la loi, pour les contumaces.

Nous finirons cette inftruction par quelques obfervations fur un titre particulier de la procédure par jurés, que la loi a confacré aux délits de faux, de banqueroute & autres femblables délits, dont le fait eft tellement compliqué par fa nature, que les lumières fimples des jurés ordinaires ne pourroient fuffire pour faifir la vérité fur ces matières délicates, & qui exigent une mefure de connoiffance au-deffus du commun. Nous ne détaillerons pas ici la partie de ces procédures, qui ne préfente rien de difficile ni de nouveau; nous nous contenterons d'annoter les principales différences qu'il a été néceffaire d'introduire dans la procédure criminelle, à raifon de ces délits particuliers.

La première de ces différences confifte dans le choix de l'officier devant qui doit être portée la plainte. On comprendra facilement le motif qui a déterminé la loi à exiger que dans les villes au-deffous de quarante mille ames, cette plainte ne fût portée que devant le directeur du juré; car l'officier qui reçoit la plainte, eft auffi celui qui doit recevoir les déclarations des témoins, entendre le prévenu, & délivrer en conféquence le mandat d'amener & le mandat d'arrêt. Ces fonctions exigent qu'on foit verfé dans la connoiffance des matières délicates qui appartiennent à la nature des délits pour lefquels cette procédure eft inftituée, & ce feroit trop exiger du plus grand nombre des officiers de police, que d'attendre d'eux toutes les lumières qui font requifes en de telles circonftances.

Une autre de ces différences confifte dans la manière

dont les jurés, foit d'accufation, foit de jugement, doivent être compofés.

Pour les affaires de cette nature, il fera formé des jurés fpéciaux, tant pour prononcer fur la queftion de favoir s'il y a lieu à accufation, que pour prononcer fur le délit même.

Le tableau du juré d'accufation fera fait par le procureur-fyndic du diftrict, & compofé de feize noms. Entre ces noms, huit feront défignés par le fort. On conçoit facilement la raifon qui défère la formation de cette lifte à un officier élu par le peuple, & à portée de connoître ceux d'entre fes concitoyens qui font capables de prononcer fur le fait en queftion.

Ce fera pareillement le procureur-général-fyndic du département qui formera la lifte du juré de jugement : elle fera compofée de vingt-fix noms. L'accufé aura, comme dans les autres cas, la liberté de récufer vingt jurés fans donner les motifs de fa récufation. On voit que dans le cas où vingt jurés auroient été récufés, il en refteroit encore fur la lifte fix de ceux qui auroient été nommés par le procureur-fyndic ; alors fix autres jurés, pris fur la lifte, fe rejoindroient aux fix jurés non récufés.

Ces premières récufations n'excluent pas, comme de raifon, les récufations motivées, & dont le jugement appartient au tribunal criminel.

Mais la manière dont la lifte a été formée par un feul fonctionnaire, exige auffi l'introduction d'une nouvelle forte de récufation, qui porte fur la lifte toute entière. Cette récufation peut s'exercer en alléguant quelque caufe ou preuve de partialité de la part de l'officier qui a fait la lifte, & en prouvant qu'il l'auroit compofée, avec malignité, des ennemis de l'accufé & d'hommes intéreffés à lui nuire.

C'eft au tribunal criminel à juger du mérite de cette récufation ; & la feule règle que l'on puiffe indiquer à

M 4

ce fujet, c'eft le principe éternel de juftice qui doit préfider à toute l'inftruction criminelle. D'après ce principe,
tout ce qui conduit à chercher de bonne foi la vérité,
doit être admis ; tout ce qui expofe à commettre une
erreur ou à confacrer une injuftice, doit être foigneu-
fement réprouvé ; & une lifte de jurés infidieufement
compofée, feroit le piége le plus dangeureux qu'on
pourroit tendre à un accufé.

A ces différences près, la procédure fur le faux, la
banqueroute, &c. eft la même que celle qui concerne
les autres délits ; elle doit fur-tout être conduite dans
le même efprit de bonne foi, qui écarte autant qu'il
eft poffible les embarras & les fubtilités de pure
forme, pour rechercher conftamment & uniquement
la vérité.

F O R M U L E S

Des divers actes relatifs à la procédure par jurés.

Nota. Ces formules font exactement faites d'après la lettre de
la loi ; on ne doit donc pas fe permettre d'en [changer
ou omettre les moindres difpofitions, car chacune d'elles
correfpond à quelqu'article de la loi. Il a été impoffible
de fpécifier tous les cas, toutes les circonftances qui
peuvent caractérifer un délit ; c'eft aux officiers de police, aux directeurs du juré & autres fonctionnaires publics chargés de la fuite de la procédure du juré, à fe
bien pénétrer de l'efprit de la loi, de manière qu'ils puiffent
y conformer toutes les opérations dans les cas les plus
difficiles, les plus minutieux & les moins prévus.

P L A I N T E

A M. LE JUGE-DE-PAIX, OFFICIER DE POLICE
DU CANTON DE

(Cette forme eft pour les cas où la plainte eft rédigée
par le plaignant ou fon fondé de pouvoir.

Pierre 　　　　*, laboureur, demeurant à*

tant en son nom personnel que comme fondé de la procuration spéciale de Jacques   , passée devant
notaires & témoins, le   , laquelle sera
annexée à la présente plainte, vous représente que cejour-
d'hui, quatre heures du matin, plusieurs particuliers in-
connus, à l'exception d'un seul, qui se nomme Claude
                        , journalier à   se sont
introduits dans sa maison, située à   , qu'ils
ont crocheté la serrure de la porte qui conduit à   . &
ont brisé une armoire fermant à clef, dans une chambre
donnant sur la cour, au rez-de-chaussée ; que sur le bruit
occasionné par les effractions de ces particuliers, les nommés Jacques   & Antoine   ,
tous deux domestiques du plaignant, couchés dans une
chambre voisine, sont descendus & ont rencontré lesdits
particuliers exportant des paquets & autres objets qu'ils
n'ont pu distinguer ; que ledit Jacques leur ayant demandé
pourquoi ils se trouvoient à cette heure dans ladite maison,
l'un d'eux, qu'il n'a pu connoître, jettant à terre le paquet
qu'il tenoit, présenta auxdits Jacques & Antoine deux
pistolets, en les menaçant de les tuer s'ils osoient faire
le moindre mouvement ; que ledit Jacques a jeté un cri
qui a porté l'alarme dans la maison, & auquel sont ac-
courus ledit plaignant, son fils & ses autres domestiques ;
qu'ils entendirent à ce moment tirer deux coups de pistolets,
& qu'étant arrivés, ils trouverent Antoine
mort, & Jacques renversé à terre, & ayant reçu une balle
dans la cuisse, & plusieurs coups de bâton sur la tête,
sans que néanmoins il eût perdu connoissance ; que ledit
blessé ayant indiqué de quel côté lesdits particuliers s'étoient
enfuis, le fils du plaignant a suivi leurs traces, & est
revenu quelques minutes après, tenant au collet ledit
Claude   , dont les compagnons
n'avoient pu être saisis, mais que l'on soupçonne n'être
pas sortis de la maison, attendu que ledit plaignant en
a fait garder toutes les issues ; que ledit Pierre

a pris le parti de venir aussitôt vous rendre plainte desdits faits & de conduire par-devant vous ledit Claude
　　　　　　　　　, trouvé saisi d'une montre, &
de deux gobelets d'argent appartenant audit Pierre
　　　　　　　　; que ledit Jacques　　　　　, blessé,
ne pouvant se transporter lui-même, a fait venir un
notaire qui, en présence de témoins, a rédigé la plainte
spéciale annexée à la présente plainte ; pour quoi ledit
Pierre　　　　　　　　　　, tant en son nom que comme
fondé de ladite procuration, déclare qu'il vous rend plainte
des faits ci-dessus énoncés, dont il offre d'affirmer la vérité,
& qui seront attestés par les témoins amenés avec lui ;
demande acte de la remise qu'il fait entre vos mains de
la personne dudit Claude　　　　　　　, ainsi que de
la montre & des gobelets d'argent dont il a été trouvé
saisi, & vous requiert d'agir conformément à la loi.

　　Signé (à toutes les pages) Pierre　　　　　　, tant
pour moi que comme fondé de la procuration spéciale de
Jacques.

　　L'officier de police signe aussi à toutes les pages, &
met au bas :

　　La présente plainte signée de　　　　　　, nous a été
présentée le　　　　　　　.　　　à dix heures du
matin, par ledit Pierre　　　　　　　　tant en son
nom personnel que comme fondé de la procuration spéciale
de Jacques　　　　　, annexée à la dite plainte,
& paraphée de nous & dudit Pierre　　　　, lequel
a affirmé sur notre réquisition que les faits étoient tels
qu'ils les avoient exposés dans ladite plainte ; en conséquence,
avons donné acte audit Pierre　　　　　　　de la
remise qu'il fait en nos mains de la personne dudit Claude
　　　　　　　, présent, & attendu la présence
des témoins amenés par ledit　　　　, nous avons
reçu les déclarations desdits témoins sur les faits contenus
en sa plainte, desquelles déclarations il a été tenu note

par notre greffier, pour servir & valoir ce qu'il appartiendra. Au surplus disons que, sur le champ, nous nous transporterons sur le lieu du délit, pour, en présence de deux notables, être fait visite par un chirurgien, tant du mort que du blessé, & perquisition dans la maison dudit Pierre   , & prendre tous les éclaircissemens relatifs aux délits dont est question en la présente plainte ; à l'effet de quoi ledit Claude sera reconduit sous bonne & sûre garde à ladite maison, pour être présent aux opérations qui pourront être faites, & recevoir ses déclarations.   A   ce   . Signé.

juge-de-paix.

Si la partie ne rédige pas la plainte & requiert l'officier de police de la rédiger, celui-ci dresse le procès-verbal en cette forme :

L'an   le   , dix heures du matin, s'est présenté par-devant nous   , juge-de-paix, officier de police du canton de Pierre   , lequel nous a requis de rédiger la plainte qu'il vient nous rendre des faits ci-après détaillés, à quoi nous avons procédé d'après les déclarations dudit Pierre   , qui nous a dit que ce matin, &c.   tous lesquels faits il a affirmé être tels qu'il les a déclarés, & a signé avec nous au bas de chaque page du présent acte, tant en son nom que comme, &c.   sur quoi nous, &c.

Procès-verbal de transport de l'Officier de Police.

(Ce transport a également lieu, soit dans le cas où la cause de la mort est inconnue & suspecte, soit sur l'avis donné à l'officier de police, ou la connoissance qu'il aura de quelque manière que ce soit, d'un délit, sans qu'il soit besoin d'une plainte.)

L'an   le   , heure

du matin, nous, en conféquence de notre ordonnance ap-
pofée au bas de la plainte à nous rendue cejour d'hui par
Pierre　　　　　　　　　(ou fur l'avis qui nous
a été donné, ou étant inftruit par la rumeur publique qu'il
s'étoit commis à　　　　　　　　　) étant accom-
pagné d　　　　　　　　& de　　　　　　, tous
deux notables du bourg de　　　　　　　　, dont
nous avons requis l'affiftance, à l'effet d'être en leur
préfence, procédé aux opérations ci-après, dont nous leur
avons fait connoître l'objet, & de　　　　　chirurgien,
demeurant à　　　　　　aufſi requis de fe trouver
audit lieu, pour y vifiter, tant le particulier mort que
le bleſſé, dont il eſt fait mention en la plainte dudit
　　　　　　, lequel chirurgien a prêté en nos mains
le ferment de procéder en fon ame & confcience à ladite
vifite, & de déclarer vérité, nous nous fommes tranfportes
en la maifon ou demeure de　　　　　　, fife
à　　　　　　rue　　　　　, où étant entrés,
nous avons requis ledit Pierre　　　　　　, de tenir
fermées les portes de fa maifon, afin que qui que ce foit
ne s'en éloigne fans notre permiſſion, jufqu'à ce que nous
ayons procédé aux opérations qui font le fujet de notre
tranfport. Nous avons auſſi requis les fieurs　　　　　,
gendarmes nationaux, préfens, de faire perquifition dans
toute la maifon dudit Pierre　　　　, où on foupçonnoit
que pouvoient s'être réfugiés les complices dudit　　　　,
ce qu'ils ont fait fans avoir pu rien découvrir. De fuite
ledit Pierre　　　　　　, nous a conduits vers une
chambre donnant fur la cour, au rez-de-chauffée; nous
avons remarqué des traces de fang depuis l'allée qui conduit
à ladite chambre, jufqu'à l'endroit où étoit dépofé le corps
mort que nous avons trouvé expofé　　　　en ladite
chambre, fur　　　　　. Nous avons requis ledit
chirurgien, d'en faire la vifite à l'inftant, à quoi procédant,
ledit　　　　a remarqué que
(il déclare ſi l'individu paroît être mort tout récemment,

& quelles font les bleſſures, &c.) *deſquelles déclarations il réſulte que ledit   eſt mort de mort viôlente & qu'il a été tué par une arme à feu ; en conféquence, & attendu que la cauſe de ſa mort eſt connue, & que toutes autres recherches à cet égard feroient inutiles, nous avons déclaré que rien ne s'oppoſoit à ce que ledit corps ne fût inhumé ſuivant lès formes ordinaires. Nous avons enſuite ſommé ledit Jacques   de nous dire s'il reconnoiſſoit ledit particulier : A répondu non ; s'il n'étoit pas vrai qu'il eût tiré un coup de piſtolet : A répondu, non, & que ſes compagnons ſeuls avoient tiré. Pourquoi il ſe trouvoit à l'heure de   dans la maiſon : A dit qu'il avoit été excité par ſes compagnons. Pourquoi il emportoit les effets dont il avoit été ſaiſi : A répondu que, &c.* (L'on prend ainſi tous les renſeignemens poſſibles, tant de l'accuſé que de toutes les perſonnes qui ſe font trouvées préſentes au délit, ou qui en ont quelque connoiſſance directe ou indirecte, & on fait ſigner à tous, leurs déclarations. L'officier de police conſtate auſſi l'état des portes & ſerrures briſées.) *Nous nous ſommes de ſuite & accompagnés des mêmes perſonnes, tranſportés en la chambre où étoit ledit Jacques, que nous avons trouvé couché dans un lit* (on reçoit les déclarations de Jacques   , le chirurgien conſtate ſon état, interroge de nouveau le prévenu s'il reconnoît le malade, &c.) *deſquels examen, viſites & déclarations, il réſulte qu'il exiſte meurtre & vol avec effraction, que ces délits ſont de nature à mériter peine afflictive ; que ledit Claude   a été trouvé ſaiſi d'effets appartenant audit Pierre, & pris à l'inſtant même du délit & dans le lieu où il s'eſt commis, & que dans leſdites déclarations, les nommés Victor   & Guillaume   , abſens, ſe trouvent fortement ſoupçonnés de complicité ; pourquoi nous nous ſommes déterminés à faire conduire ſur le champ ledit Claude   à la maiſon d'arrêt du diſtrict de   , & à citer par-devant nous ledit*

(& autres) *suivant la forme indiquée par la loi. Nous avons en conséquence délivré un mandat d'arrêt, à l'effet de faire conduire sur le champ ledit Claude   à la maison d'arrêt du district de   , & un mandat d'amener contre lesdits Victor & Guillaume (& autres), & avons de ce que dessus dressé le procès-verbal. (L'officier de police & les notables signent.)*

Cédule pour appeler les Témoins.

Étienne   ,juge-de-paix ou officier de la gendarmerie nationale, officier de police ou   , directeur du juré du tribunal du district de   ou président du tribunal criminel du département de   , mandons & ordonnons à tous huissiers ou gendarmes nationaux d'assigner Claude   Jacques &   , témoins indiqués par   , & tous autres qui pourroient être indiqués par la suite, à comparoître en personne par-devant nous, le   heure pour faire leurs déclarations sur les faits & circonstances contenues en la plainte rendue par Pierre   , &c. Fait à   , le   . Signé.

Assignation en vertu de la cédule ci-dessus.

L'an   , en vertu de la cédule délivrée par   le   , j'ai   huissier ou gendarme national de   , assigné Claude   demeurant à   , à comparoître le   , heures   par-devant M.   , demeurant à   , à l'effet de faire sa déclaration sur les faits dont est question en la plainte mentionnée en ladite cédule, lui déclarant que, faute de comparoître sur la présente assignation, il y sera contraint par les voies indiquées par la loi ; & j'ai audit   laissé copie, tant de ladite cédule que du présent acte. Signé.

PROCÈS-VERBAL DES DÉCLARATIONS DES TÉMOINS.

L'an   ,le   par-devant nous officier de police   ou   directeur du juré du tribunal du district de   ,ou président du tribunal criminel du département de   ,font comparus (tels, tels) témoins amenés par   ou appelés en vertu de la cédule délivrée par nous le à l'effet de déclarer les faits & circonstances qui font à leur connoissance, au sujet du délit dont est question en la plainte rendue par Pierre   ,&c. lesquels témoins susnommés ont fait leur déclaration ainsi qu'il suit : Claude   demeurant à   ,âgé de   , a dit n'être parent, allié, serviteur ni domestique du plaignant ni du prévenu, & déclare que le   ,heure de   ,il a vu, &c. &c. a signé ladite déclaration ou déclaré ne savoir signer.

(Toutes les déclarations se rédigent ainsi sans autre forme.)

MANDAT D'AMENER.

DE PAR LA LOI.

Étienne   ,juge-de-paix & officier de police du canton de   ,district de   ,département de   ,demeurant à   ,mandons & ordonnons à tous exécuteurs de mandemens de justice d'amener par-devant nous, en se conformant à la Loi, le sieur Victor   ,maçon, demeurant à   , rue   ,âgé d'environ   ,taille de   , cheveux bruns, pour être entendu sur les inculpations dont ledit Victor   est prévenu.

Requérons tous dépositaires de la force publique, de prêter main-forte en cas de nécessité, pour l'exécution du présent mandat.

A   (date, signature de l'officier de police, sceau de l'officier de police).

PROCÈS-VERBAL DRESSÉ PAR LE PORTEUR D'UN MANDAT D'AMENER.

L'an   , je   soussigné, en vertu du mandat d'amener délivré par   , officier de police, le   signé de lui & scellé, me suis transporté au domicile de Victor   demeurant à   , auquel parlant à sa personne, j'ai notifié le mandat d'amener dont j'étois porteur, le requérant de me déclarer s'il entend obéir audit mandat & se rendre par-devant ledit   , officier de police. Ledit sieur   m'a répondu qu'il étoit prêt à obéir à l'instant ; en conséquence, j'ai conduit ledit sieur par-devant le   , officier de police de   , pour y être entendu & être statué à son égard ce qu'il appartiendra ; & j'ai de tout ce que dessus dressé le présent procès verbal.

(Si l'inculpé refuse d'obéir, l'huissier doit se conduire ainsi qu'il va être dit) ; lequel m'a répondu qu'il ne vouloit point obeir audit mandat d'amener. Je lui ai vainement représenté que sa résistance injuste ne pouvoit le dispenser d'obéir au mandement de la justice, & m'obligeroit à user des moyens de force que j'étois autorisé à employer par la Loi ; ledit sieur   s'est obstiné à refuser d'obéir au mandat ; en conséquence, je l'ai saisi & appréhendé au corps, étant assisté de   gendarmes nationaux du département de   , résidant à   , desquels j'ai requis l'assistance pour que force demeure à la justice ; j'ai conduit ledit par-devant, &c.

MANDAT D'ARRÊT.

DE PAR LA LOI.

Étienne   , juge-de-paix, officier de police du canton de   , district de   , département de de   , mandons & ordonnons à tous exécuteurs de mandemens de justice, de conduire à la maison d'arrêt du district de   , Claude   , journalier, demeurant à   , prévenu de complicité d'un vol avec effraction, & des meurtres commis le   , en la maison de Pierre   ; mandons au gardien de ladite maison d'arrêt de le recevoir : le tout en se conformant à la Loi. Requérons tous dépositaires de la force publique, auxquels le présent mandat sera notifié, de prêter main-forte pour son exécution en cas de nécessité. (Date, signature, sceau.)

D é s i s t e m e n t d e l a P l a i n t e.

dans les vingt-quatre heures par le plaignant.

L'an   , le   , heure de   , Pierre   s'est présenté devant nous, & nous a déclaré qu'il se désistoit purement & simplement de la plainte par lui portée devant nous le   , au sujet (on spécifie le délit), & dont les circonstances sont détaillées en ladite plainte, n'entendant donner aucune suite à la dénonciation du délit, pourquoi il nous requiert de biffer & anéantir ladite plainte. Nous, attendu que le délai de vingt-quatre heures, fixé par la loi, n'est pas encore expiré, avons donné acte audit   de son désistement, en conséquence avons biffé, en sa présence, ladite plainte, sur le registre ou feuille où elle étoit inscrite, (ou bien) avons donné acte audit   de son désistement ; & attendu que le délit énoncé dans la plainte intéresse l'ordre public, nous avons pris ladite plainte pour dénonciation : en conséquence disons qu'elle subsiste à l'effet d'être procédé, conformément à la loi, à la poursuite du délit dont il s'agit ; & avons de ce que dessus dressé le présent acte. (Signé, le plaignant & l'officier de police.)

DÉNONCIATION CIVIQUE.

L'an　　　　, le　　　, Jacques　　　　demeurant
à　　　　, s'est présenté devant nous , & nous a déclaré
que paſſant dans la rue de　　　　, cejourd'hui six
heures du matin , il avoit apperçu deux hommes vêtus de
　　　　, taille de　　　　, leſquels armés chacun d'un
fuſil , s'étoient ſaiſis d'un particulier ſortant d'une maiſon
donnant ſur ladite rue , numérotée　　　　, lequel ,
malgré ſa réſiſtance & après l'avoir maltraité , ils avoient
emmené & fait entrer par force dans une voiture qui ſe
trouvoit au coin de ladite rue　　　　, vis-à-vis une
maiſon où on entre par une allée étroite , fermée d'une
petite porte ; que là , les deux particuliers & la perſonne
par eux enlevée étoient deſcendus & entrés dans ladite
allée dont la porte a été ſur-le-champ fermée ; que ledit
　　　　& deux voiſins qu'il a conduits pardevant nous
pour dépoſer leſdits faits , s'étant approchés & ayant prêté
l'oreille , ils entendirent une voix qu'ils croient être celle
du particulier maltraité , & qui s'exhaloit en reproches
contre les violences exercées envers un citoyen innocent ;
que ledit　　　　& les deux autres témoins ayant demandé au cocher qui conduiſoit ladite voiture , s'il con-
noiſſoit les perſonnes entrées dans ladite maiſon , il leur
répondit qu'il ſoupçonnoit , &c. (on détaille toutes les
circonſtances) ; que ledit　　　　certain que la maiſon
où avoit été conduit le particulier enlevé en ſa préſence ,
n'étoit pas un lieu de détention , & convaincu de cet attentat à
la liberté d'un citoyen , ne pouvoit être que l'effet d'un
abus d'autorité ou d'un complot criminel , venoit nous
dénoncer ce délit dont les témoins qu'il avoit amenés atteſ-
teroient les circonſtances qui ſont à leur connoiſſance.
Sur quoi , nous , ouï l'expoſé dudit　　　　, nous lui
avons demandé s'il étoit prêt à ſigner & affirmer la dénonciation , & s'il vouloit donner caution de la pourſuivre. Le-

dit   *a répondu qu'il étoit prêt à signer sa déclaration*
& en affirmer la vérité ; qu'à l'égard de la caution, son
intention n'étoit pas de la fournir ni de poursuivre en son
nom le délit par lui dénoncé : vu lequel refus & attendu
néanmoins que le fait déclaré par ledit   s'il étoit
avéré, seroit un délit punissable, & qu'il importe à l'ordre
public de vérifier l'existence & les circonstances d'un pa-
reil attentat :

Après avoir entendu la déclaration de   & de
demeurant à   , témoins amenés par ledit   ,
lesquels nous ont dit, savoir   & l'autre
laquelle déclaration est conforme à l'exposé dudit   ;
nous disons qu'à l'instant même nous nous transporterons
rue -   dans la maison   , à l'effet d'y
faire perquisition & de prendre tous les renseignemens &
éclaircissemens nécessaires, pour être ensuite procédé par
nous, ainsi qu'il sera convenable & conformément à la
Loi. (Signé   le dénonciateur, les témoins,
l'officier de police.)

ACTE D'ACCUSATION.

Le directeur du juré du tribunal du district de
expose que le   du mois   , le sieur
gendarme national du département de   , demeurant
à   , porteur du mandat d'arrêt délivré le
par   juge-de-paix & officier de police du
canton de   , contre Jacques   prévenu d'avoir
a conduit à la maison d'arrêt de dudit tribunal la per-
sonne dudit, & remis les pièces concernant ledit au greffe
du tribunal ; qu'aussitôt ladite remise, ledit Jacques a été
entendu par le directeur du juré sur les causes de sa dé-
tention ; que le sieur Pierre   partie plaignante,
dénommé dans lesdites pièces, ne s'étant pas présenté dans
les deux jours (1) de la remise du prévenu en la maison

____

(1) Si la partie plaignante se présente dans les deux jours,

d'arrêt, le directeur du juré a procédé à l'examen des pièces relatives aux causes de la détention & de l'arrestation dudit   ; qu'ayant vérifié la nature du délit dont est prévenu ledit Jacques, il n'avoit pas trouvé que ce délit fût de nature à mériter peine afflictive ni infamante ; mais que sur le rapport fait par le directeur du juré au tribunal du district, ledit tribunal, après avoir entendu le commissaire du roi, a décidé que le délit dont il s'agit étoit de nature à mériter peine afflictive. En vertu de cette décision, le directeur du juré a dressé le présent acte d'accusation, pour, après les formalités requises par la Loi, être présenté au juré d'accusation. Le directeur du juré déclare en conséquence, qu'il résulte de l'examen des pièces & notamment du procès-verbal dressé le par   officier de police dudit canton de lequel procès-verbal est annexé au présent acte, que le jour, heure de   il a été commis un vol dans la maison de   située à   rue   ; que les voleurs se sont introduits dans une chambre donnant   , dont ils ont brisé la porte   ; qu'ils ont forcé la serrure d'une armoire   , &c. ; que Jacques   demeurant à   , & détenu en la maison d'arrêt du district de   est prévenu d'avoir commis ledit vol ; que ledit Jacques   a déclaré au directeur du juré soussigné, qu'à la vérité il s'étoit introduit avec deux autres particuliers, qu'il a refusé de nommer, dans la maison & la chambre sus désignées ; mais qu'il n'a participé en aucune manière au vol dont il s'agit, &c..... qu'il résulte de tous ces détails, attestés par le susdit procès-verbal, que le vol dont il s'agit a été commis avec effraction extérieure & intérieure, sur quoi les jurés auront à prononcer s'il y a lieu à accusation contre ledit Jacques, à raison

---

l'acte d'accusation est dressé en son nom & la formule en est la même, sauf qu'il en faut retrancher toute la partie où le directeur du juré expose qu'il intervient à défaut du plaignant.

du délit mentionné au préfent acte. Fait à   le
. (Le directeur du juré figne.)

ORDONNANCE DE PRISE DE CORPS.

Nous,   juge du tribunal du diftrict de
& directeur du juré, vu la déclaration des jurés étant au
bas de l'acte d'accufation, dont la teneur fuit   ,
laquelle déclaration à nous remife cejourd'hui par le chef
defdits jurés en leur préfence, porte qu'il y a lieu à l'ac-
cufation mentionnée audit acte : ordonnons que ledit Jac-
ques   fera pris au corps & conduit directement en
la maifon de juftice du tribunal criminel de
(foit de celui de   entre lefquels il pourra
opter dans le délai & en la forme indiquée par la
loi.) Mandons & ordonnons de mettre à exécution la
préfente ordonnance, dont fera laiffé copie audit   ,
& qui fera par nous notifiée, conformément à la loi, tant
à la municipalité de la ville de   qu'à celle du-
dit   où ledit Jacques   étoit domicilié. A
le   . (Signé.)

Si le prévenu eft détenu en la maifon d'arrêt, l'ordonnance portera :

Ordonnons que ledit Jacques   détenu en la
maifon d'arrêt du diftrict de   , fera transféré
& conduit de ladite maifon   en la maifon de juftice
du tribunal criminel, &c.

Si le prévenu a déja été reçu à caution, l'ordonnance
portera :

Vu la déclaration du juré, & attendu que ledit
a déja été reçu à caution pardevant le juge-de-paix du
canton de   , lui enjoignons de comparoître à
tous les actes de la procédure criminelle qui fera inftruite
contre lui au tribunal criminel du département de
établi à   en conféquence d'élire domicile dans
ladite ville, & de le notifier au commiffaire du roi du-

dit tribunal : le tout à peine d'y être contraint par corps.
A   le

SIGNIFICATION AU JURÉ

que son excuse n'a point été admise.

L'an   le   , à la réquisition de
directeur du juré du tribunal du district de
j'ai   signé à   demeurant à
l'un des citoyens inscrits sur la liste pour former le juré
d'accusation, que l'excuse par lui proposée pour être dispensé de se rendre à l'assemblée du juré d'accusation,
le   prochain, ayant été présentée au tribunal du district
de   , elle a été jugée non valable par ledit tribunal;
que d'après cette decision, le nom dudit   a été
soumis au sort pour la formation du juré d'accusation,
& qu'il est du nombre des huit citoyens composant ledit
tableau ; qu'en conséquence ledit   est sommé
de se rendre le   ,jour fixé pour l'assemblée du
juré d'accusation, lui déclarant que faute par lui de se
trouver auxdits jour, lieu & heure, il sera condamné aux
peines prononcées par la Loi ; & j'ai laissé copie du présent
acte, tant audit   qu'aux officiers municipaux
dudit lieu de   (domicile du juré) en
parlant au greffier de ladite municipalité.

(Cette signification est la même pour le juré de
jugement ; il n'y a que les termes à changer.)

JUGEMENT DU TRIBUNAL CRIMINEL.

Louis, &c.

Vu par le tribunal criminel du département de
l'acte d'accusation dressé contre Jacques, par Pierre,

partie plaignante (ou par le directeur du district de)
& dont la teneur suit :

la déclaration du juré d'accusation du district de
écrite au bas dudit acte, & portant qu'il y a lieu à
l'accusation mentionnée audit acte, l'ordonnance de prise
de corps rendue par le directeur du juré dudit district,
contre ledit Jacques; le procès-verbal de la remise de sa
personne en la maison de justice du département, & la
declaration du juré de jugement, portant que Jacques est
convaincu d'avoir le tribunal, après avoir
entendu le commissaire du roi, condamne Jacques
à (exprimer la peine) conformément à l'article
du tit. du code pénal, dont il a été fait lecture,
lequel est ainsi conçu : (insérer le texte). Ordonne
que le présent jugement sera mis à exécution à la diligence du commissaire du roi. Fait à
le en l'audience du tribunal, où étoient
présens N. & N. juges du tribunal, qui ont signé la
minute du présent jugement.

Mandons & ordonnons à tous les corps administratifs
& tribunaux, &c.

2201.

L O I

Portant que le troisième commissaire du roi pour les assi-
gnats continuera de remplir ses fonctions tant que la
fabrication occupera deux manufactures.

Donnée à Paris le 23 octobre 1791.

Louis, par la grace de Dieu, &c.

Décret du 29 septembre 1791.

L'Assemblée Nationale décrète que le troisième commissaire du roi qui, d'après le décret du 24 juillet dernier, a été nommé adjoint aux deux commissaires du
roi déja en activité, & duquel les fonctions ont été
limitées à trois mois seulement par ledit décret, continuera de les remplir tant que la fabrication des assignats
occupera deux manufactures.

Mandons & ordonnons à tous les corps administratifs
& tribunaux, &c.

2202.

L O I

Qui accorde une penfion de deux mille livres à M. de la Salle, & de mille livres à M. Defaudray.

Donnée à Paris le 23 octobre 1791.

Louis, par la grace de Dieu, &c.

Décret du 30 feptembre 1791.

L'Affemblée Nationale décrète qu'il fera accordé une penfion de deux mille livres à M. de la Salle, & de mille livres à M. Defaudray, en fus de fon traitement.

Mandons & ordonnons à tous les corps adminiftratifs & tribunaux , &c.

2203.

L O I

Qui met cent mille livres à la disposition du minist. de l'intérieur pour acquisition de livres & manuscrits, our la bibliothèque nationale.

Donnée à Paris le 23 octobre 1791.

Louis, par la grace de Dieu, &c.

Décret du 27 septembre 1791.

L'Assemblée Nationale décrète qu'il sera mis jusqu'à la concurrence de cent mille livres à la disposition du ministre de l'intérieur, pour être employées à l'acquisition de manuscrits & d'imprimés provenans de la vente des bibliothèques particulières, pour être placés dans la bibliothèque nationale, rue de Richelieu. L'état de ces acquisitions sera imprimé.

En outre, décrète que les tablettes de la bibliothèque des Célestins seront données à la bibliothèque nationale, rue de Richelieu, & ce, sans qu'il soit nécessaire de les payer.

Mandons & ordonnons à tous les corps administratifs & tribunaux, &c.

2204.

L O I

Concernant la penſion de la veuve du maréchal de Richelieu.

Donnée à Paris le 26 octobre 1791.

Louis, par la grace de Dieu, &c.

Décret du 21 *ſeptembre* 1791.

L'Aſſemblée Nationale décrète qu'il ſera accordé à la veuve du maréchal de Richelieu, comme aux autres veuves des maréchaux-de-France, une penſion de dix mille livres, quoiqu'elle n'ait pas les 70 ans requis par la loi.

Mandons & ordonnons à tous les corps adminiſtratifs & tribunaux, &c.

2205.

L O I

Relative au paiement de la pension & du traitement de M. Perronet, premier ingénieur des ponts & chauffées.

Donnée à Paris le 28 octobre 1791.

Louis, par la grace de Dieu , &c.

Décret du 30 août 1791.

L'Affemblée Nationale décrète que M. Perronet, premier ingénieur des ponts & chauffées, auquel l'Affemblée a décrété pour traitement tout ce dont il jouiffoit à différens titres, touchera, pour 1790 , la totalité d'une penfion de cinq mille livres , & que fon traitement actuel fera compté à partir du premier janvier 1791.

Mandons & ordonnons à tous les corps adminiftratifs & tribunaux , &c.

2206.

L O I

Portant réunion à la France du pays d'Enrichemont.

Donnée à Paris le 4 novembre 1791.

Louis, par la grace de Dieu, &c.

Décret du 27 septembre 1791.

L'Affemblée Nationale a déclaré que le pays d'Enrichemont avec fes dépendances, eft uni à l'empire français, & en conféquence décrète ce qui fuit :

Les évaluations commencées en exécution du contrat du 24 feptembre 1760, feront reprifes, continuées & parachevées fur le pied du denier foixante, à l'égard dudit pays d'Enrichemont, & au denier trente à l'égard des domaines cédés par la nation, ainfi qu'il eft énoncé audit contrat, & ce, d'après les règles & les formes qui feront déterminées par un décret particulier.

Le même décret déterminera le tribunal ou les tribunaux chargés de juger lefdites évaluations, & de régler les déductions, diftractions & réformes dont elles pourront être fufceptibles.

Mandons & ordonnons à tous les corps adminiftratifs & tribunaux, &c.

2207.

LOI

Relative à la trésorerie nationale.

Donnée à Paris le 13 novembre 1791.

Louis, par la grace de Dieu, &c.

Décrets des 30 juin, 11 juillet. & 16 août 1791.

L'Assemblée Nationale décrète ce qui suit :

TITRE PREMIER.

Des suppressions.

ARTICLE PREMIER.

A compter du premier juillet, les administrateurs créés par l'édit de mars 1788, chargés des recettes & des dépenses du trésor public, du paiement des dépenses de la guerre, de celles de la marine & des colonies, & de toutes les parties comprises sous le nom de dépenses diverses, seront & demeureront supprimées.

II.

Le remboursement de leur finance ou cautionnement sera effectué conformément au décret du 17 février 1791 ; & en attendant, ils jouiront de l'intérêt de ladite finance ou cautionnement sur le pied de cinq pour cent, mais seulement & ainsi qu'il a été décrété pour tous les comptables, jufqu'au délai qui fera fixé pour la reddition de leurs comptes.

I I I.

Les tréforiers de la guerre & de la marine, nommés adminiftrateurs par l'édit de mars 1788, rendront à leurs frais les comptes antérieurs au premier juillet 1788, dont ils font comptables comme tréforiers de la guerre & de la marine. À cet effet, ils feront autorifés à retirer des bureaux, cartons & dépôts qu'ils avoient au tréfor public, tous les regiftres, journaux, acquits, récépiffés, reconnoiffances, & généralement toutes les pièces de comptabilité acceffoires à la reddition defdits comptes.

I V.

Les cinq adminiftrateurs créés par l'édit de mars 1788, n'étant point chargés des frais de reddition de leurs comptes, aux termes dudit édit, ces comptes depuis le premier juillet 1788, époque de leur adminiftration, feront faits dans l'intérieur du tréfor national, par un bureau à ce deftiné, dont les adminiftrateurs dirigeront, prefferont & furveilleront les opérations, comme de leurs chofes propres, attendu qu'ils demeurent fpécialement & privativement chargés des retards, erreurs & omiffions réfultant de ladite comptabilité.

V.

Tous les comptes des gardes du tréfor royal, antérieurs audit jour premier juillet 1788, & qui font à juger, feront également faits dans le bureau énoncé en l'article précédent; les comptes des gardes du tréfor royal n'ayant jamais été rendus aux frais de ces tréforiers.

V I.

Lefdits adminiftrateurs remettront aux commiffaires de la tréforerie un état certifié de tout ce qu'ils auront reçu & payé fur l'année 1791 , fans néanmoins que ledit état puiffe fervir autrement que pour ordre, & faire dans aucun cas titre comptable.

TITRE II.

Des commiffaires de la tréforerie & de leurs fonctions.

Article premier.

Les fix commiffaires nommés par proclamation du roi, du 8 mai, en exécution des décrets des 10 & 18 mars 1791, entreront en exercice à compter du premier juillet 1791. Tous les décrets concernant leur adminiftration, ne feront rendus que provifoirement, jufqu'à l'organifation entière & complète de la tréforerie nationale.

I I.

Chacun d'eux fera chargé de diriger particulièrement le travail d'une des parties fuivantes :

1º. La recette journalière ;

2º. La dépenfe du culte , de la lifte civile, des affaires étrangères, des ponts & chauffées, & des dépenfes diverfes ;

3º. Le paiement des intérêts de la dette publique & des penfions ;

4º. Les dépenfes de la guerre ;

5º. Les dépenfes de la marine & des colonies ;

6º. La comptabilité.

III.

III.

Ils prêteront le ferment de fidélité entre les mains du pouvoir exécutif, & feront fous la furveillance habituelle des légiflatures.

IV.

Le comité fera préfidé fucceffivement par un de fes membres pendant un mois, dans l'ordre de leur nomination.

V.

Les délibérations feront prifes à la majorité des voix; & dans le cas de partage, la voix du rapporteur ne fera pas comptée.

VI.

Les commiffaires qui n'auront pas été de l'avis qui aura paffé, pourront exiger qu'il en foit fait mention fur le regiftre; ils pourront même remettre par écrit les motifs de leur opinion, pour être annexés à la délibération.

VII.

La nomination à toutes les places du tréfor public appartiendra au comité de tréforerie; cette nomination fera faite à la pluralité des voix, fur le rapport du commiffaire dans la divifion duquel la place fe trouvera vacante. En cas de partage d'opinions, le rapporteur aura voix prépondérante; & à l'égard des employés dont les receveurs & payeurs feroient perfonnellement refponfables, la nomination n'en fera faite que fur leur préfentation, laquelle fera fignée d'eux, & annexée à la délibération.

V I I I.

Le comité de tréforerie pourra deſtituer les ſujets qui ne rempliront pas leurs devoirs ; mais les révocations ne pourront être faites qu'aux deux tiers des voix.

I X.

Ce ſera dans les aſſemblées du comité, que ſeront rapportés les états de diſtribution de fonds adreſſés par les miniſtres de différens départemens, dont il ſera queſtion ci-après, que ſeront ſignées les lettres collectives, & que ſe ſera la vérification des états de recette & de dépenſe.

X.

Tous les jours, à l'heure de l'ouverture des bureaux, le préſident du mois ſe fera remettre l'état de ſituation du tréſor public, qui aura été arrêté la veille ; cet état ſera fait double, afin de pouvoir l'adreſſer à la première demande, ſoit à l'Aſſemblée nationale, ſoit aux commiſſaires nommés par elle ; le ſecond double ſera conſervé dans les archives du ſecrétariat du comité.

X I.

Tous les quinze jours, en exécution de l'article XX de la loi du 30 mars 1791, le compte général de recette & de dépenſe ſera porté au Corps légiſlatif & au pouvoir exécutif par le préſident du comité. Ce même compte ſera rendu public tous les mois par la voie de l'impreſſion.

X I I.

Les lettres qui ſeront adreſſées au comité de tréſorerie,

feront ouvertes par le préſident; il mettra à part les lettres & mémoires dont il croira devoir faire directement le rapport au comité; il fera le renvoi des autres à celui des commiſſaires de la tréſorerie qu'elles concerneront. Il fera tenu regiſtre par le ſecrétaire, tant des renvois qui auront été faits, que des mémoires & pièces dont le préſident ſe fera chargé de faire le rapport, & il leur fera donné un numéro pour l'ordre du bureau des rénvois, ainſi qu'il fera plus amplement expliqué dans le titre ſuivant.

X I I I.

Les commiſſaires inſtruiront le miniſtre des contributions publiques des cauſes qui apporteroient ou pourroient apporter du retard dans les recouvremens, & réclameront, par ſon entremiſe, les ſecours des corps adminiſtratifs, pour que les rôles des contributions directes ſoient mis en recouvrement; pour qu'il ſoit nommé des collecteurs ou des receveurs de communautés, & qu'il ſoit établi des percepteurs pour les contributions indirectes dans les endroits où il n'en exiſteroit pas, & généralement pour tous les objets qui pourront intéreſſer le ſervice public; & mention ſera faite de ladite réclamation dans le compte rendu tous les quinze jours au Corps légiſlatif & au pouvoir exécutif.

X I V.

Les commiſſaires de la tréſorerie correſpondront directement avec les corps adminiſtratifs, ſur tout ce qui aura trait au verſement des fonds étant dans les mains des receveurs de diſtricts, aux obſtacles que ce verſement pourroit éprouver à la vérification des caiſſes des receveurs en retard, enfin aux ordres à donner pour aſſurer le ſervice des receveurs dans le cas où il ſe trouveroit ralenti par négligence, rétention de deniers, faillite ou autrement; & ils adresseront directement aux receveurs les ordres relatifs au service public.

X V.

Les receveurs de districts ne pourront faire aucun paiement sur les deniers destinés à être versés dans la caisse de la tréforerie nationale, sans y avoir été autorisés par le comité de la tréforerie, à peine d'en demeurer personnellement garans & responsables.

X V I.

Les régies & administrations dont les produits n'entreront pas dans les caisses des receveurs de district, ne pourront faire aucun paiement étranger à leur administration, sans y avoir été autorisées par le comité de la tréforerie, à peine de demeurer personnellement garantes & responsables des ordres qu'elles auroient pu donner à leurs caissiers. Il sera arrêté par le ministre des contributions publiques, pour chacune desdites régies, un état des dépenses fixes, annuelles, dont un double sera adressé aux commissaires de la tréforerie.

X V I I.

Les préparatifs pour l'achat du numéraire, tant que cette mesure sera nécessaire, seront faits provisoirement, & les faits discutés par le comité de tréforerie; l'Assemblée nationale confirmant à cet égard pour les commissaires de la tréforerie, l'autorisation qu'elle a précédemment donnée au ministre des finances; mais les marchés ne seront conclus qu'à la majorité des deux tiers des voix.

X V I I I.

Les commiffaires de la tréforerie ne rempliront les fonctions d'ordonnateurs qu'à l'égard des frais d'achat du numéraire feulement ; dans tous les autres cas, l'ordonnance de dépenfe en l'état ordonnancé, fera préfentée à la fignature du roi, par le miniftre du département que cette dépenfe concernera. En conféquence, les bureaux des ordonnances, à compter du premier juillet prochain, cefferont de faire partie de ceux de la tréforerie nationale.

X I X.

Les commiffaires de la tréforerie prendront les précautions néceffaires pour que les effets deftinés à être brûlés ne puiffent pas rentrer en circulation ; & le brûlement defdits effets ne pourra fe faire qu'en préfence de commiffaires nommés par le Corps légiflatif.

X X.

Indépendamment de leurs fonctions collectives, les commiffaires fuivront journellement & individuellement toutes les opérations relatives aux diverfes fections de la tréforerie nationale, auxquelles ils feront particulièrement attachés, ainfi qu'il eft fpécifié dans les titres fuivans, & ils feront au comité le rapport de toutes les affaires qui les concerneront.

T I T R E I I I.

Du fecrétaire.

A R T I C L E P R E M I E R.

Le fecrétaire dont la nomination a été prefcrite par

l'article III du décret du 18 mars, sera chargé de dresser le procès - verbal de tout ce qui aura été délibéré & décidé à chaque séance, de tenir le regiftre des délibérations du comité de tréforerie, d'y faire mention en détail de tous les objets qui auront été traités dans les assemblées.

I I.

Il fera passer aux commissaires des différentes sections de la tréforerie, les lettres & mémoires adressés au comité, suivant les ordres de renvoi qui lui feront donnés par le préfident.

Il en fera l'enregiftrement fommaire, qui contiendra la date de la lettre & la date du renvoi. En marge, il fera mention de la date de la réponse & de ce qu'elle contiendra. A cet effet, les commissaires de la tréforerie, chacun dans leur partie, lui remettront des feuilles contenant la date & l'extrait fuccinct des lettres qu'ils auront préfentées au comité.

Il établira de plus un répertoire par ordre alphabétique, de toutes les lettres dont il aura fait le renvoi.

I I I.

Le fecrétaire fera chargé de la garde des archives du comité, de tenir en ordre les états de recette & dépenfe, qui feront fournis au comité aux différentes époques ci-après indiquées, ainfi que tous les mémoires & pièces de renfeignemens ou de comptabilité générale.

T I T R E I V.

De la tranfmiffion du tréfor public, aux commiffaires de la tréforerie.

A R T I C L E P R E M I E R.

Du jour où les commissaires de la tréforerie nationale

entreront en exercice, les écritures des bureaux de la recette & de ceux de la dépenſe, paſſeront de compte ancien à compte nouveau. Le montant des recettes & dépenſes des ſix premiers mois ſera certifié par les comptables, & arrêté par les commiſſaires de la tréſorerie nationale, en préſence des commiſſaires du Corps légiſlatif.

I I.

Le premier enregiſtrement qui ſera fait ſur les livres de la recette, énoncera par maſſes, & pour mémoire ſeulement, les différentes natures des recettes faites depuis le premier du mois de janvier 1791. Le ſecond enregiſtrement ſera la copie exacte de l'inventaire fait en conformité de l'article VI du décret du 18 mars de ladite année : il énoncera, 1°. les valeurs & effets caducs; 2°. les effets ſolides qui ne ſont pas encore échus, avec leur date & leur échéance; 3°. l'or, l'argent, les aſſignats.

I I I.

Le premier enregiſtrement qui aura lieu ſur les livres de dépenſes, préſentera, mais ſeulement pour mémoire, ce qui aura été acquitté pour chaque partie, à compter du premier janvier 1791.

I V.

A cet effet, il ſera fourni par les adminiſtrateurs du tréſor public, chacun dans leur département, un état certifié d'eux, de toutes les dépenſes qu'ils ont faites ſur l'année 1791.

V.

Les quatre payeurs qui, ſous les ordres du comité de

O 4

tréforerie, feront chargés d'acquitter toutes les dépenfes,
tiendront un ordre d'écritures diftinct, 1°. pour les dépenfes ordinaires de 1791, dont l'Affemblée nationale a
fixé le montant à cinq cent quatre-vingt-deux millions
fept cent mille livre; 2°. pour les dépenfes particulières
de la même année, qui font déja décrétées ou qui le
feront par le Corps légiflatif, au-delà de ladite fomme
de cinq cent quatre-vingt-deux millions fept cent mille
livres; 3°. pour tous les objets qui, appartenant à l'année
1790 & à des années antérieures, doivent être rembourfés du fonds de la caiffe de l'extraordinaire. Le
même ordre d'écritures s'obfervera dans le bureau de
comptabilité central.

V I.

S'il a été expédié des ordonnances en maffe pour
quelques dépenfes, dont les paiemens ne feroient pas
confommés à l'époque où commenceront les fonctions
des commiffaires de la tréforerie nationale, ces ordonnances feront remifes au miniftre dont elles concerneront
le département, & elles feront remplacées chacune par
deux ordonnances, l'une pour la fomme acquittée par
l'ancienne manutention du tréfor public, & l'autre pour
la portion reftant à payer par la tréforerie nationale.

V I I.

Les héritiers & repréfentans d'un grand nombre de
penfionnaires décédés, ayant fourni les quittances totales
des décomptes de penfions, au moment où il leur a été
fait un premier paiement partiel fur ces décomptes, il
ne leur fera point demandé de nouvelles quittances ni
de nouvelles pièces juftificatives de leurs droits pour
recevoir ce qui leur refte dû; mais comme ces titres ne
pourroient être divifés & produits fur la comptabilité

ancienne du tréfor public, & fur celle de la tréforerie
nationale, ils feront fournis feulement fur la première
de ces deux comptabilités. Ces pièces ne ferviront de
décharge au ci-devant adminiftrateur des dépenfes diverfes, que jufqù'à concurrence des à-comptes qu'il a
payés, & dont il remettra aux commiffaires de la tréforerie nationale des états certifiés par lui.

V I I I.

Quant aux fommes qui reftent dues, elles feront
acquittées par la tréforerie en une feule fois, fur la
repréfentation & la remife de chacun des bordereaux
de décomptes au porteur, qui ont été donnés à l'inftant
du premier paiement aux repréfentans des penfionnaires.
Ces bordereaux de décomptes, certifiés par le payeur
des dépenfes diverfes, qui fera chargé de les folder,
en faifant mention du compte fur lequel les pièces ont
été fournies, ferviront d'acquits & de décharges du
paiement définitif qui en aura été fait par la tréforerie
nationale.

I X.

Pour que le fervice du tréfor national ne puiffe
éprouver aucun retard, les commiffaires feront autorifés
à faire acquitter dans la même forme que par le paffé
les dépenfes décrétées par l'Affemblée nationale, pour
les différens départemens du miniftère, jufqù'à l'époque
où les difpofitions du préfent décret pourront être mifes
à exécution. A l'égard des états de diftribution à fournir
chaque mois aux commiffaires de la tréforerie, les miniftres fe mettront en mefure de fatisfaire à ce qui leur
eft prefcrit à cet égard, auffitôt qu'ils auront en connoiffance du préfent décret.

X.

Il fera tenu de nouveaux regiftres pour conftater la

reconftitution des rentes dues par la nation, & la converfion en quittances de finance des effets royaux & contrats provenant des divers emprunts publics, pour lefquels cette facilité a été accordée. Les quittances de finance nouvelles à expédier pour ces différens objets, feront fignées par le payeur des dépenfes diverfes; feront cependant fignées par l'ancien adminiftrateur du tréfor public, toutes celles dont les titres auront été enregiftrés avant le commencement de l'exercice des fonctions du comité de tréforerie.

De la recette.

TITRE PREMIER.

Des bureaux chargés de fuivre la rentrée & le verfement au tréfor public, des contributions directes & indirectes.

ARTICLE PREMIER.

Il fera établi, fous les ordres des commiffaires de la tréforerie, un bureau général de correfpondance divifé comme ci-après, en quatre bureaux ou fections; ce bureau général fera particulièrement furveillé par le commiffaire prépofé à la recette journalière, qui, à l'aide d'un premier commis, dirigera tout ce qui a rapport au verfement des deniers provenant des contributions directes & indirectes, foit que ces verfemens foient faits par les receveurs de diftricts ou par des régies & adminiftrations chargées de la perception d'impofitions indirectes.

I I.

Les bureaux particuliers créés par décret du 27 dé-

cembre 1790 , fous le nom de bureaux de correfpondance , demeureront fixés au nombre de quatre , entre
lefquels feront partagés les quatre-vingt-trois départemens du Royaume. La confiftance de ces bureaux , &
la dénomination des employés dont ils feront compofés,
feront fixées par l'état annexé au préfent décret.

I I I.

Les bordereaux de recette & de dépenfe que le receveur de chaque diftrict doit faire vifer le dernier jour
de chaque mois par deux membres du directoire , conformément à l'article XX de la loi du 14 novembre
1790 , feront adreffés par lefdits receveurs , directement
aux commiffaires de la tréforerie, pour , d'après l'examen
auquel ils feront foumis dans les bureaux chargés de
fuivre la rentrée & le verfement des impofitions , & fur
le rapport qui en fera fait au comité de tréforerie , être
ordonné ce qu'il appartiendra.

I V.

Les régies & adminiftrations , & généralement tous
les comptables qui auront des verfemens à faire , foit
au tréfor public , foit dans les caiffes de diftrict , adrefferont de même directement aux commiffaires de la
tréforerie , des bordereaux dans la forme & aux époques
qui leur feront prefcrites , & leur fourniront tous les
éclairciffemens qui leur feront demandés relativement
auxdits verfemens.

V.

Indépendamment de la comptabilité centrale dont
l'établiffement eft ordonné par le titre II de la comptabilité du préfent décret , il fera établi dans chacune

des quatre divisions du bureau de la rentrée des impositions, tous les livres, journaux & regiſtres auxiliaires qui ſeront jugés néceſſaires, pour que la ſituation des receveurs & celle des recouvremens dans chaque diſtrict & dans chaque département, puiſſent être à chaque inſtant connues & conſtatées ſur chaque nature de perception.

V I.

Conformément à l'article XXI de la loi du 14 novembre 1790, les directoires de diſtrict vérifieront tous les ſix mois, d'après les quittances délivrées aux receveurs de communautés & à ceux des contributions indirectes, par les receveurs de diſtrict, ſi ces receveurs ont enregiſtré exactement & à la date des quittances par eux délivrées, tous les paiemens qui leur auront été faits.

Les directoires de département tiendront la main à ce que ces vérifications ſoient faites aux époques fixées par la loi; ils s'en feront remettre les réſultats par les directoires de diſtrict, & les tranſmettront aux commiſſaires de la tréſorerie.

V I I.

Il ſera donné connoiſſance au bureau central, de la rentrée des impoſitions, de toutes les reſcriptions de ſervice & autres qui ſeront tirées ſur les receveurs de diſtrict, pour être payées des premiers deniers de la recette, & il en ſera fait écriture.

V I I I.

Tous les détails relatifs à la comptabilité des receveurs de diſtrict, & autres comptables envers la tréſorerie nationale, ſeront ſuivis dans le bureau général de la rentrée des impoſitions, ſous les ordres du commiſſaire chargé de la recette, & les réfultats en feront remis habituellement fous les yeux du comité de la tréforerie ; les formes de cette comptabilité feront au furplus particulièrement déterminées par un décret de l'Aſſemblée nationale.

I X.

Le fervice de l'exercice 1790, pour les impofitions directes des ci-devant pays d'élection & conquis, fera continué & achevé en la forme réglée par le décret de l'Aſſemblée nationale, du 27 décembre 1790. Le commiſſaire de la tréforerie, chargé du département des recettes, mettra fous les yeux du comité de la tréforerie, à la fin de chaque femaine, l'état des verfemens faits pour chacune des ci-devant généralités, & le bordereau de fituation de la caiſſe.

TITRE II.

Des caiſſes de recette.

ARTICLE PREMIER.

Conformément aux difpofitions du décret du 10 mars 1791, il fera établi deux caiſſes principales pour le fervice des recettes de la tréforerie nationale.

L'une chargée de la recette journalière, fera toujours ouverte pour recevoir, & ne fera jamais aucun paiement de détail.

L'autre, fous le nom de la caiſſe générale, ne fera jamais ouverte qu'en préfence du comité de tréforerie, pour recevoir & pour payer en maſſe.

I I.

Pour l'exécution des difpofitions portées en l'article

précédent, il fera établi un caiffier général comptable, un caiffier des recettes journalières, un fignataire des refcriptions, un contrôleur particulier pour la recette journalière, un pour les refcriptions, & en outre le nombre de commis qui fera déterminé par l'état annexé au préfent décret, pour la tenue des livres & pour la confection des états , bordereaux & autres écritures ; toutes autres caiffes de recettes dépendant du tréfor public, font & demeureront fupprimées & réunies à la caiffe de recette journalière.

<h3 style="text-align:center">I I I.</h3>

Indépendamment du contrôle particulier établi pour la recette journalière & pour les refcriptions , toutes les opérations du tréfor public feront contrôlées par un contrôleur général des caiffes , qui aura connoiffance de toutes les recettes & dépenfes , & qui en tiendra regiftre.

<h3 style="text-align:center">I V.</h3>

Les récépiffés feront fignés par le caiffier général, comme feul comptable ; mais ils ne feront valables, qu'autant qu'ils auront été vifés par le contrôleur général des caiffes.

<h3 style="text-align:center">V.</h3>

La caiffe générale fera fermée de trois ferrures, ayant chacune leur clé particulière & indépendante ; l'une fera remife au préfident du mois, l'autre au préfident du mois précédent, la troifième reftera au caiffier général. Cette caiffe fera ouverte auffi fouvent qu'il fera néceffaire, & au moins une fois par femaine , à l'effet d'y faire le verfement en maffe des fonds de la caiffe de recettes journalières, & d'en tirer les fonds néceffaires pour alimenter les caiffes de diftribution & de dépenfe. La caisse de recette journalière sera fermée de deux serrures, ayant également deux clés particulières & indépendantes; l'une restera entre les mains du caissier général, l'autre entre les mains du caissier de la recette journalière : les fonds provenant des rescriptions qui auront été délivrées, & tous autres y seront renfermés tous les soirs.

V I.

Le signataire des rescriptions signera sur le *visa* du contrôleur particulier, établi à cet effet, les rescriptions de services & autres qui lui seront demandées, après toutefois s'être assuré de la situation par apperçu de chacune des caisses de receveur de district, sur lesquelles les rescriptions devront être expédiées. Le contrôleur des rescriptions formera, jour par jour, d'après les journaux, un bordereau double de celles qui auront été expédiées. Il remettra l'un de ces bordereaux au caissier général du trésor public, qui en fera tenir registre. En cas de maladie ou empêchement légitime, soit du caissier signataire des rescriptions, soit du contrôleur particulier chargé de les viser, il sera pourvu à leur remplacement momentané, sur la présentation du caissier général & du contrôleur général des caisses, & il sera donné aussitôt avis de ce remplacement, par une lettre du comité de trésorerie aux receveurs de district.

V I I.

Les envois ou remises de fonds, effets ou lettres de change, ainsi que des acquits d'objets payés à la décharge du trésor public, seront faits par les receveurs de district directement au caissier général du trésor public. Chaque envoi sera accompagné d'un bordereau, contenant le détail des diverses valeurs dont l'envoi sera composé. Un double de ce bordereau sera adressé par les receveurs aux commissaires de la tréforerie, en même temps que l'état des recettes & dépenses de chaque mois, mentionné en l'article III du titre premier de la recette.

V I I I.

Les fonds feront remis par les receveurs de communautés & par les percepteurs de droits indirects, aux receveurs de diftrict, en même nature qu'ils les auront reçus. Les receveurs de diftrict énonceront dans leurs quittances & dans leurs enregiftremens, comment les paiemens leur auront été faits, & ils les tranfmettront de la même manière au tréfor public.

I X.

Lorfque les fonds & effets feront parvenus au caiffier général, il en fera tenir écriture, après toutefois avoir fait le rapprochement des effets du bordereau ; puis il fera paffer le tout au caiffier de la recette journalière qui s'en chargera en recette.

X.

Chaque jour il fera donné connoiffance au contrôleur général des caiffes, du montant des effets qui auront été adreffés au caiffier général, de ceux qu'il aura fait paffer à la recette journalière, de ceux qui auront été recouvrés ou proteftés.

X I.

Les refcriptions qui auront été tirées par le tréfor public fur les receveurs de diftrict & qui auront été acquittées par eux, ainfi que les pièces juftificatives des dépenfes qu'ils auront faites par les ordres du comité de tréforerie,

feront

feront confidérées comme effets, & renvoyées comme tels au caiffier général, pour être converties en récépiffés. Ces envois feront diftingués dans les bordereaux par des articles féparés.

X I I.

Lefdits acquits & pièces juftificatives de dépenfes, feront remis par le caiffier général à celui des quatre payeurs de département que cette dépenfe concernera, lequel en fournira fa reconnoiffance, & fera chargé du foin de vérifier toutes les pièces, & de les faire enregiftrer par nature de dépenfes, & de les claffer dans l'ordre convenable pour affurer l'exactitude de fa comptabilité perfonnelle.

X I I I.

Ces acquits ne feront regiftrés dans le bureau du payeur, qu'après qu'ils auront été reconnus par lui réguliers & en bonne forme : dans les cas contraires, ils feront renvoyés par le caiffier général aux receveurs, qui demeureront toujours garans de la validité des paiemens qu'ils auront faits à la décharge du tréfor public.

X I V.

Les récépiffés de chacun des envois des receveurs feront expédiés dans les bureaux chargés de fuivre la rentrée des impofitions, d'après un état divifé par département & arrêté par le caiffier général, contenant la fomme totale qui devra être énoncée dans chacun de ces récépiffés; ils feront vifés par le contrôleur général des caiffes, après qu'il les aura fait enregiftrer. Le caiffier général les fignera enfuite, & les fera remettre aux bureaux chargés de fuivre la rentrée des impofitions où il en fera tenu écriture, & d'où l'envoi en fera fait à chacun des comptables.

Collec. des Lois. Tome XV.   P

X V.

S'il arrivoit que quelques effets fuſſent proteſtés, ou que quelques acquits euſſent été trouvés irréguliers, le montant en ſera déduit ſur l'un des envois ſubſéquens faits par le receveur, & il ſera fait mention détaillée de cette déduction dans le récépiſſé qui en ſera expédié pour ce même envoi, en la forme preſcrite par l'article précédent. Les effets proteſtés ou les acquits irréguliers, ſeront en même temps renvoyés aux comptables.

La formule des récépiſſés contiendra toujours une réſerve relative aux effets faiſant partie de chacun des envois qui pourroient n'être pas acquittés à leur échéance, & aux acquits qui auroient été jugés irréguliers.

X V I.

Le même ordre ſera obſervé pour toutes les remiſes de fonds & effets qui pourroient être faits directement au tréſor public, par les adminiſtrations d'impôts indirects, & par tous autres comptables & redevables. Leſdites remiſes ſeront accompagnées de bordereaux qui ſeront d'abord préſentés au caiſſier général, & qui ſeront enregiſtrés & viſés par lui. Il fera enſuite paſſer le tout au caiſſier de la recette journalière qui s'en chargera en recette.

Les régies, adminiſtrations & autres comptables adreſ-ſeront un double de ces mêmes bordereaux, aux com-miſſaires de la tréſorerie qui en feront tenir écriture dans le bureau central de recouvrement.

Il en ſera uſé de la même manière pour les régies, adminiſtrations & comptables ſupprimés, auxquels il reſte des verſemens à faire au tréſor public.

X V I I.

Les fonds & effets reçus par la caiſſe de recette journalière, ſeront verſés en maſſe dans la caiſſe générale à trois clés, aux époques où l'ouverture en ſera faite en préſence du comité de tréſorerie, ainſi qu'il eſt preſcrit, article V du préſent titre.

X V I I I.

Le contrôleur général des caiſſes fera habituellement l'appel du regiſtre de contrôle avec les journaux de recette; il fera toutes les vérifications qu'il jugera néceſſaires pour s'aſſurer de l'exactitude du ſervice des caiſſes; il retirera de la recette générale, les récépiſſés des caiſſiers des caiſſes de diſtribution, en en donnant reconnoiſſance, & les échangera à la fin de la journée contre les mandats acquittés par leſdits caiſſiers; il ſe concertera avec le caiſſier général pour l'exécution des ordres qui lui ſeront adreſſés par le comité de tréſorerie.

X I X.

Il ſera remis par le caiſſier général au contrôleur général des caiſſes, un bordereau détaillé des effets en retard & des objets à recouvrer, & ſur le rapport qui en ſera fait par le contrôleur général des caiſſes, le comité de tréſorerie décidera s'il y a lieu d'entamer des pourſuites; auquel cas, leſdits effets ſeront remis à l'agent du tréſor public.

X X.

Tous les ſoirs, le caiſſier général, le caiſſier de la recette journalière, le ſignataire des reſcriptions & le conrrôleur général des caiſſes, remettront au comité de tréſprerie un état de ſituation du tréſor public, chacun pour leur partie, ſigné & certifié d'eux; les recettes & les dépenſes y feront portées en maſſe.

X X I.

Les commiſſaires de la tréſorerie préſenteront inceſ-ſamment un plan tendant à accélérer la rentrée des débets des comptables & des autres créances du tréſor public, ainſi que pour la ſuite des affaires contentieuſes; & en attendant, le traitement de l'agent du tréſor public, & la conſiſtance de ſon bureau, ſeront proviſoirement réglés en conformité de l'état ci-annexé.

De la dépenſe.

TITRE PREMIER.

De l'apperçu des dépenſes de chaque année & de l'envoi des états de diſtribution.

ARTICLE PREMIER.

Auſſitôt que les dépenſes des départemens du miniſtère auront été fixées par le Corps légiſlatif, & que le décret portant cette fixation aura été ſanctionné, il en ſera adreſſé une expédition par le miniſtre de la juſtice, tant à chaque miniſtre, qu'aux commiſſaires de la tré-ſorerie.

I I.

Dans la quinzaine de la réception du décret portant fixation des dépenſes de l'année, les miniſtres de chaque département formeront & feront paſſer aux commiſſaires de la tréforerie, le projet de diftribution defdites dépenfes pour chacun des mois de l'année. Les commiffaires de la tréforerie feront toutes les obfervations qu'ils jugeront convenables fur les époques de diftribution ; & dans le cas où il s'éleveroit des difficultés fur la fixation defdites époques, il en fera référé au Corps légiflatif.

I I I.

Les commiffaires de la tréforerie, auffitôt que les époques de diftribution auront été convenues, feront monter en conformité le livre de profpectus des dépenfes, ainfi & dans la forme qui fera ci-après prefcrite ; article IV du titre II de la comptabilité : aucune des dépenfes publiques ne fera omife dans ce livre ; en forte qu'il préfentera, dans une récapitulation générale, la totalité des dépenfes préfumées pour l'année fuivante.

I V.

Les miniftres de chaque département enverront pour le premier de chaque mois, au comité de tréforerie, leur état de diftribution des fonds dont ils auront à difpofer pendant le mois. Ces états, duement fignés, feront divifés par femaine, & indiqueront : 1°. le décret qui aura légitimé la dépenfe ; 2°. l'année & la divifion auxquelles les dépenfes auront rapport ; 3°. la deftination de chacune d'elles ; 4°. le lieu où le paiement devra être fait ; 5°. le nom des parties prenantes lorfqu'elles auront à recevoir individuellement, ou la dénomination des corps lorfque le paiement devra être fait en maffe.

V.

Ces états feront renvoyés par le comité de la tréforerie, au bureau central de comptabilité dont il fera queftion, titre II de la comptabilité. Le commiffaire de la tréforérie, chargé de cette fection, les rapprochera du regiftre de profpectus des dépenfes, pour s'affurer que les fommes qui y feront portées, n'excèdent pas celles pour lefquelles le département a été employé, en exécution des décrets de l'Affemblée nationale. Il les fera enfuite expédier ; & après les avoir vifés, il les préfentera au comité de tréforerie affemblé, qui les arrêtera.

V I.

Ce même commiffaire en remettra des expéditions au commiffaire de la recette, & à chacun des commiffaires dés fections de la dépenfe, pour ce qui les concerne, & ils feront chargés de les faire paffer aux premiers commis-contrôleurs des recettes & dépenfes.

T I T R E I I.

De la divifion des dépenfes en quatre fections , & des fonctions des payeurs principaux.

A R T I C L E P R E M I E R.

Les quatre fections de la dépenfe, établies en exécution de l'article III du décret du 10 mars, & dont la confiftance a été fixée par l'article II du titre II des objets généraux du préfent décret, feront confiées à quatre payeurs principaux comptables, furveillés par quatre premiers commis - contrôleurs, lefquels feront en même temps la vérification de la comptabilité : le tout fous l'infpection générale & fous les ordres d'un des commiffaires de la tréforerie.

I I.

Les premiers commis - contrôleurs, chacun dans la

ſection de la dépenſe à laquelle ils ſeront attachés, projeteront les réponſes dont le renvoi leur aura été fait par le commiſſaire de la tréſorerie de ladite ſection. Ils ſe concerteront ſur tous les objets avec les payeurs principaux, & prendront dans leurs bureaux tous les renſeignemens qui leur ſeront néceſſaires. C'eſt également aux premiers commis-contrôleurs que ſera fait par chacun des commiſſaires de la tréſorerie, le renvoi des états de diſtribution arrêtés par le comité. Dès qu'ils leur ſeront parvenus, ils les feront tranſcrire ſur un regiſtre qui ſera tenu dans leur bureau à cet effet; puis ils les remettront au payeur principal attaché à la ſection, après les avoir viſés.

III.

Aucun paiement ne ſera fait par les payeurs principaux, s'il ne ſe trouve compris dans l'état de diſtribution, & ſi la partie prenante qui ſe préſentera pour recevoir, n'eſt munie d'une lettre d'avis, expédiée dans les bureaux du miniſtre, dans laquelle lettre ſera rappelé l'article de l'état de diſtribution.

IV.

Les paiemens ſeront faits par les payeurs principaux en mandats ſur l'une des caiſſes de diſtribution. Chacun de ces mandats ſera accompagné d'un bordereau ou décompte détaillé, & il y ſera fait mention du nom de la partie, & de l'année ſur laquelle la dépenſe devra être imputée. Les quittances & pièces juſtificatives de la dépenſe qu'on a coutume de comprendre ſous le nom d'*acquit*, reſteront entre les mains du payeur principal de la ſection, qui aura délivré le mandat, & il en ſera fait écriture ſur un journal général, ſur des journaux par exercices, ſur des regiſtres de contrôle, & enfin ſur un grand livre en parties doubles, qui contiendra autant de comptes particuliers qu'il y aura de natures de dépenfes.

V.

Les caiffes de diftribution, dont le nombre avoit été fixé à quatre par l'article V du décret du 10 mars, feront réduites à deux ; l'une pour les dépenfes du culte, de la lifte civile, des paiemens de la dette publique, des dépenfes diverfes ; l'autre pour les dépenfes de la guerre & de la marine. Les paiemens faits pour le compte des départemens de la guerre & de la marine, quoique réunis dans une même caiffe, feront enregiftrés fur des journaux féparés ; & pour éviter toute confufion, les mandats tirés par chacun de ces départemens, feront de formats différens.

V I.

Les lettres-de-change tirées, foit du royaume, foit de l'étranger, pour achat de matières d'or ou d'argent & de numéraire, feront acquittées par la caiffe des dépenfes diverfes. Il en fera de même des reconnoiffances reftant à rembourfer pour vaiffelles portées dans les monnoies ; mais à la charge du remplacement de cette dernière dépenfe par la caiffe de l'extraordinaire.

V I I.

Les payeurs des caiffes de diftribution ne pourront, fous quelque prétexte que ce puiffe être, donner des bons de caiffe en paiement des dépenfes qu'ils feront chargés d'acquitter.

V I I I.

Les caiffes de diftribution feront ouvertes au public tous les jours de la femaine, depuis les neuf heures du matin jufqu'à trois heures après midi, à l'exception des fêtes & des dimanches. Toutes les écritures des paiemens qui auront été faits le matin, seront passées dans l'après midi sur les livres qui seront tenus en parties doubles. Elles ne seront différées, sous aucun prétexte, jusqu'au lendemain. Tous les soirs, il sera fait sur une feuille imprimée, un relevé général des résultats de la journée par nature de dépenses, & cette feuille sera remise aux commissaires de la trésorerie.

I X.

Les payeurs principaux attachés à chaque service feront tenir dans leurs bureaux, pour la plus grande facilité de l'expédition, des registres & répertoires par ordre alphabétique, de manière à ce qu'ils retrouvent promptement tous les renseignemens dont ils pourront avoir besoin. Leur correspondance sera transcrite sur des registres à ce destinés, & ils établiront entre ces registres, les répertoires par ordre alphabétique & les cartons, une correspondance de numéros qui renverra de l'un à l'autre.

TITRE III.

Disposition particulière pour le paiement des rentes, des pensions & des intérêts de la dette publique.

ARTICLE PREMIER.

A mesure que le montant des pensions aura été individuellement fixé par l'Assemblée nationale, de manière qu'il n'y ait plus lieu à d'anciens décomptes, elles seront entièrement assimilées aux rentes viagères, & seront acquittées par les mêmes payeurs ou la même caisse.

II.

Le paiement des coupons & intérêts de la dette pu-

blique, sera également réuni à celui des rentes, &
sera fait par les mêmes payeurs ou par la même caisse,
à compter de l'époque qui sera déterminée par un décret
particulier.

I I I.

Les commissaires de la trésorerie présenteront à l'Assemblée nationale un plan dont l'objet sera de mettre
dans le paiement des rentes viagères & perpétuelles, ainsi
que des pensions, l'ordre & l'économie nécessaires,
d'abréger les retards, de diminuer les frais des parties,
d'exclure toute préférence & tout arbitraire, & de procurer
une entière sûreté au trésor public.

De la comptabilité.

TITRE PREMIER.

*De la comptabilité intérieure de la trésorerie nationale,
de celle par année & de celle par exercices.*

ARTICLE PREMIER.

La comptabilité de la trésorerie nationale sera de trois
espèces :

La première, purement intérieure, ne s'étendra pas
au-delà des caisses du trésor public ; elle en présentera
la situation par jour, par quinzaine, par mois & par
année, avec distinction de ce qui appartiendra aux
exercices antérieurs. Rien ne devant retarder les résultats
de cette comptabilité, elle sera tenue à jour, & les bordereaux de la veille seront mis régulièrement tous les
matins sous les yeux du comité de trésorerie.

I I.

Le bordereau de fin d'année de cette première comp-

tabilité, préfentera le compte de toutes les recettes &
dépenfes faites par les caiffes du tréfor public, depuis
le premier janvier jufqu'au dernier décembre de l'année
expirée, avec diftinction d'exercices; il fera toujours
formé pour le 10 janvier au plus tard de chaque année.

I I I.

La feconde comptabilité embraffera toutes les caiffes
des recéveurs de diftrict & des payeurs particuliers; elle
préfentera la totalité de ce qu'ils auront reçu ou dépenfé
par mois & par année, avec diftinction d'exercices. Les
états relatifs à cette comptabilité ne feront retardés
qu'autant qu'il fera néceffaire pour le raffemblement &
le dépouillement des bordereaux des comptables. Celui
de fin d'année de cette feconde comptabilité préfentera
le tableau général de tout ce qui aura été reçu ou dépenfé
dans toute l'étendue du royaume, par les caiffes dépendant du tréfor public, depuis le premier janvier jufqu'au
dernier décembre de l'année expirée. Ce bordereau ou
compte général fera formé & remis fous les yeux du
comité de tréforerie au plus tard, pour le 15 mars de
chaque année.

I V.

Pour ne point retarder la préfentation & l'arrêté des
états de fin d'année, les envois de fonds faits aux payeurs
particuliers de la marine établis dans les colonies, dans
l'Inde & aux îles de France & de Bourbon, feront
regardés provifoirement comme dépenfes réelles, d'après
les pièces qui établiront la réalité de l'envoi. Il en fera
ufé de même pour les opérations qui pourroient être
faites hors du royaume par les miniftres de la guerre &
de la marine.

V.

La première & la seconde espèce de comptabilité n'ayant pour objet que de présenter la totalité des recettes & dépenses nationales, faites depuis le premier janvier jusqu'au dernier décembre de chaque année, il restera à classer ces mêmes recettes & dépenses pour chacun des exercices auxquels elles appartiennent, à quelque époque & pendant quelque année que ces recettes & dépenses aient été faites : ce sera l'objet d'une troisième comptabilité qui sera définitive, dont les opérations seront toujours faciles au moyen des distinctions d'exercices faites dans les comptes par année.

V I.

La troisième comptabilité sera définitive : à cette comptabilité demeureront annexées les pièces justificatives de la dépense ; & néanmoins le payeur principal, à mesure que les pièces & acquits lui seront envoyés par les payeurs particuliers, en fera la vérification ; il les rapprochera des articles de dépense portés dans les bordereaux, & les classera dans l'ordre des chapitres du compte.

V I I.

L'Assemblée nationale déterminera la forme & le mode de la vérification des comptes définitifs, & par exercices, le délai dans lequel ils seront rendus ; & les dispositions qui seront faites pour les objets qui se trouveront encore en retard au moment de la reddition desdits comptes.

V I I I.

Les livres en parties doubles des payeurs principaux

dont la tenue a été ordonnée par l'article IV du titre II de la dépense, feront montés de manière à pouvoir préfenter les comptes ouverts avec les différens comptables, par année, & avec diftinction d'exercice; & lefdits payeurs fourniront au bureau central dont il va être queftion dans le titre fuivant, tous les réfultats & élémens néceffaires pour fatisfaire aux opérations dont il fera chargé.

TITRE II.

Du bureau central pour la tenue des regiftres en parties doubles, & pour la formation des bordereaux.

ARTICLE PREMIER.

En conformité de l'article XII du décret du 10 mars 1791, il fera établi un bureau central de comptabilité qui fera chargé de la formation de tous les bordereaux & comptes généraux, à l'exception de ceux de comptabilité définitive par exercices, dont l'Affemblée nationale s'eft réfervé de régler le mode par l'article VII du titre précédent.

II.

Il fera tenu dans ce bureau :

1°. Un journal à parties doubles, en tête duquel feront enregiftrés les fonds & les effets du porte-feuille, qui fe trouveront dans la caiffe générale, le jour où les commiffaires entreront en exercice, & dans lequel feront infcrites, jour par jour, toutes les recettes & dépenfes des différentes caiffes divifées par exercices;

2°. Un grand livre à parties doubles, où feront rapportés à leurs comptes refpectifs tous les articles du journal. Ce grand livre aura des comptes ouverts pour chaque section de la tréforerie, dans lefquels ils feront débités jour par jour, des fommes qui lui feront verfées en maffe, & crédités dans le plus grand détail de leurs paiemens.

Il contiendra auffi deux comptes pour la caiffe de l'extraordinaire, l'un relatif aux fommes qu'elle pourra verfer au tréfor national comme fecours, en exécution des décrets rendus par l'Affemblée nationale; l'autre, relatif aux fommes que ladite caiffe de l'extraordinaire fera tenue, aux termes des décrets, de remplacer au tréfor public. Ces livres feront à jour, au plus tard le furlendemain des dernières recettes & dépenfes;

3°. Un regiftre qui préfentera chaque jour la balance générale de toutes les opérations, & la fituation du tréfor national;

4°. Un grand livre auxiliaire correfpondant par des renvois avec le grand livre général; il contiendra les divifions des comptes principaux qui en feront fufceptibles.

I I I.

Pour l'établiffement des regiftres ci-deffus, il fera fourni par la caiffe générale, par la caiffe journalière des recettes, & par celles des payeurs des quatre départemens, des feuilles journalières qui préfenteront en détail toutes leurs recettes & leurs dépenfes.

Ces feuilles certifiées feront remifes chaque jour au bureau central, avant fix heures du foir, afin que la balance ou fituation générale du tréfor public puiffe être rédigée dans la même foirée.

I V.

Il fera tenu un regiftre intitulé: *regiftre de profpectus*, dans lequel feront infcrites toutes les dépenfes à faire d'après les décrets de l'Affemblée nationale. Ce regiftre sera préparé tous les ans à l'avance pour l'année suivante, & à commencer de l'année 1792. Chaque département aura son compte ouvert, dans lequel il sera crédité des sommes qui lui seront assignées par les décrets de l'Assemblée nationale, & débité de celles qui lui seront versées, d'après les états généraux & particuliers de distribution qui seront expédiés dans ce bureau, & arrêtés par les commissaires de la tréforerie.

V.

Indépendamment des écritures prescrites ci-dessus, dont l'objet est d'établir l'ordre intérieur de la tréforerie nationale & la situation de ses caisses, il sera tenu un second journal & grand livre à parties doubles, qui correspondra par des renvois au grand livre principal ; il contiendra les comptes sommaires des divers comptables, tant de Paris que des départemens : ils y seront débités des fonds qui leur seront versés, & crédités de l'emploi qu'ils en auront fait.

V I.

Chaque année, le 15 mars au plus tard, il sera remis aux commissaires de la tréforerie un réfultat général de la comptabilité énoncée dans l'article précédent ; tous les comptables de la tréforerie nationale y seront compris en débit & en crédit en une seule ligne, & ces réfultats généraux devront cadrer avec ceux obtenus en détail par les comptes courans & en parties doubles établis, soit dans les bureaux de la recette, soit dans ceux des payeurs principaux ; ces mêmes réfultats généraux feront le contrôle & la sûreté de tout le tréfor public.

V I I.

Il sera établi sur un registre un tableau général de

comparaifon, qui embraffera un intervalle de dix années confécutives, fur lequel feront infcrites, à la fin de chacune, toutes les recettes & dépenfes par totaux, de manière qu'on puiffe embraffer d'un même coup-d'œil, les variations qui pourront furvenir dans les recettes comme dans les dépenfes, & remonter aux caufes qui les auront occafionnées. Pour la poffibilité des comparaifons, les recettes & les dépenfes de même nature feront claffées fous les mêmes dénominations ; les commiffaires de la tréforerie en préfenteront inceffamment les divifions qui feront décrétées par l'Affemblée nationale.

V I I I.

C'eft dans le bureau central de comptabilité que fe prépareront les calculs néceffaires pour les travaux du comité de tréforerie.

T I T R E I I I.

Des cautionnemens.

A R T I C L E P R E M I E R.

Il ne fera point fourni de cautionnement en argent, mais feulement en immeubles ou contrats libres de toute hypothèque, & dont le capital fera évalué fur le pied du denier vingt du revenu.

I I.

Seront également admis pour cautionnement les effets publics au porteur, portant intérêts, & le capital en fera également évalué fur le pied du denier vingt du revenu ; lefdits effets feront dépofés dans la caiffe générale, &

les

les coupons en feront détachés & remis aux comptables,
aux époques de paiemens.

I I I.

Les cautionnemens feront provifoirement fixés ainfi
qu'il fuit :

Pour le caiffier, cinq cent mille livres.

Pour chacun des payeurs principaux, deux cent mille
livres.

T I T R E   I V.

Des traitemens & des dépenfes.

A R T I C L E   P R E M I E R.

Le traitement de chacun des commiffaires de la tréforerie nationale fera fixé à la fomme de . . . . . .
laquelle commencera à courir du jour de leur nomination.

Ils ne pourront être deftitués fans que les caufes
de leur deftitution n'aient été vérifiées par le Corps
légiflatif.

I I.

Les appointemens & émolumens fixes des premiers
commis, directeurs, caiffiers, payeurs, contrôleurs,
chefs, fous-chefs, teneurs de livres, concierge, garçons
de caiffes & de bureaux, portiers, & tous autres qui
formeront à l'avenir la confiftance habituellement permanente de la tréforerie nationale, feront fixés annuel-
lement à la fomme de fept cent quarante-deux mille cinq
cent quatre-vingt-quatre livres, conformément aux détails
portés dans l'état ci-annexé.

I I I.

Pourront en outre les commiſſaires de la tréſorerie diſtribuer chaque année aux employés des grades inférieurs attachés à la tréſorerie, une ſomme de vingt - quatre mille livres en gratifications, ſans que les premiers commis, directeurs & payeurs puiſſent y participer, à l'exception du ſecrétaire nommé en exécution de l'article III du décret du 18 mars 1791.

I V.

Les appointemens, traitemens & gratifications portés par les deux articles précédens, commenceront à courir à l'égard des employés précédemment attachés à la tréſorerie nationale, à compter du premier octobre prochain, & à l'égard du ſecrétaire & des autres employés de nouvelle création, à compter du jour de leur nomination juſqu'à ladite époque du premier octobre. Les appointemens & émolumens des employés précédemment attachés à la tréſorerie nationale, ſeront payés en conformité des états arrêtés par l'ordonnateur du tréſor public.

V.

Dans les ſommes ci-deſſus fixées, montant enſemble à ſept cent ſoixante-douze mille cinq cent quatre-vingt-quatre livres, ne ſont point compris les frais de papiers, impreſſions, fournitures de regiſtres & de bureaux, bois, lumières, tranſports d'eſpèces ou aſſignats par les meſſageries ou autrement, & généralement tous ceux relatifs à l'entretien de l'hôtel de la tréſorerie, leſquels formeront l'objet d'états particuliers qui ſeront arrêtés par les commiſſaires de la tréſorerie & par eux adreſſés au miniſtre de l'intérieur, pour être compris dans ſes états ordinaires de diftribution. Pendant le reftant de cette année, & le cours de l'année 1792, les commiffaires de la tréforerie s'occuperont des moyens de diminuer le plus qu'il fera poffible les dépenfes de ce genre, en convertiffant toutes celles qui en feront fufceptibles en des fommes, marchés ou abonnemens fixés; & ils propoferont à cet égard au Corps légiflatif, le plan qui leur paroîtra le plus économique & le moins fufceptible d'inconvéniens.

V I.

Dans les fommes ci-deffus n'eft point comprife non plus celle de quatre - vingt - quatorze mille deux cents livres, attribuée aux bureaux de formation des états au vrai ou comptes de toutes les recettes, dépenfes du tréfor public, fuivant les états précédemment arrêtés par l'ordonnateur du tréfor. Ces bureaux feront provifoirement confervés dans leur confiftance actuelle, & il y fera ajouté un premier commis à huit mille livres d'appointemens, qui dirigera & furveillera le travail, & qui fera en outre chargé des opérations relatives à l'exécution de l'article VI du titre de la tranfmiffion du tréfor public; au moyen de quoi, la dépenfe totale de ces bureaux s'élevera à la fomme de cent deux mille deux cents livres.

V I I.

Les employés attachés à ces bureaux s'occuperont de la confection & de la reddition des comptes arriérés, conformément à ce qui a été prefcrit, titre premier de la fection première du préfent décret. Ils pafferont fucceffivement aux différentes parties qui exigeront du fecours; le nombre en fera diminué en proportion de la diminution du travail, & il fera définitivement fixé, lorfque l'Affemblée aura prononcé fur le mode de comptabilité.

V I I I.

Il ne sera rien innové, quant à présent, relativement aux payeurs particuliers, ci-devant trésoriers, chargés d'acquitter dans les départemens les dépenses de la guerre, de la marine & des ponts & chaussées ; l'Assemblée nationale se réservant de statuer sur leur nombre, leurs fonctions & leur traitement, d'après les plans & mémoires qui lui seront incessamment présentés par les commissaires de la trésorerie.

I X.

Jusqu'à ce qu'il ait été définitivement statué sur les fonctions & sur le traitement de l'agent du trésor public, il lui sera provisoirement accordé tant pour son traitement personnel, que pour celui de ses bureaux, une somme de seize mille quatre cents livres, conformément à l'état ci-annexé.

X.

Les bureaux de paiement des pensions & des coupons d'intérêts de la dette publique, subsisteront dans leur consistance actuelle, jusqu'au moment où s'opérera la réunion desdites parties aux payeurs des rentes ou à l'établissement qui en tiendra lieu. Les commissaires de la trésorerie s'occuperont des moyens d'accélérer cette réunion ; & en attendant, les employés attachés à ces bureaux, jouiront des émolumens qui leur ont été précédemment fixés par l'ordonnateur du trésor public. Le bureau d'expédition des brevets de pension demeurera supprimé, à compter du premier janvier prochain : & celui ci-devant établi à la chambre des comptes pour la vérification des certificats de vie, sera réuni dès ce moment, au bureau des rentes.

X I.

A compter de la date de la publication du présent décret, le bureau de liquidation de l'ancienne compagnie des Indes, sera réuni à la direction générale de liquidation pour les objets qui restent à liquider: la partie administrative sera réunie au ministre de l'intérieur, & les capitaux & coupons d'actions seront acquittés de la même manière que les autres parties de la dette publique, conformément à ce qui a été prescrit par le décret du 14 août dernier. Le traitement des employés attachés à ce bureau, fixé à la somme de trente-huit mille sept cents livres par l'ordonnateur du trésor public, continuera de leur être payé sur ce pied jusqu'au premier octobre prochain ; & pour cette époque, le ministre de l'intérieur & le commissaire de la liquidation proposeront tels arrangemens ultérieurs qu'ils jugeront convenables.

X I I.

Le bureau de surveillance de la loterie royale cessera également de faire partie de la trésorerie nationale, à compter de la publication du présent décret, & dépendra du ministre des contributions publiques. Celui connu sous le titre de bureau de liquidation, & dont les fonctions consistoient, 1°. à suppléer les gardes des registres du contrôle du trésor public ; 2°. à suivre & à terminer les opérations relatives à l'édit de 1764, concernant la liquidation des dettes de l'Etat, sera supprimé, ainsi qu'il est ordonné par le décret du 21 janvier 1790 ; à compter du premier octobre prochain, ses fonctions seront réunies à la direction générale de liquidation. Enfin, le bureau établi pour l'échange momentanée des assignats, cessera, à compter de la même époque, d'être à la charge du trésor public, & sera à celle du département.

Q 3

X I I I.

Dans le cas où des personnes actuellement employées à la tréforerie voudroient continuer leurs fonctions, quoique l'ancienneté de leurs fervices leur donnât droit à une penfion de retraite fupérieure au traitement qui leur eft attribué, fuivant l'état ci-annexé, on leur paiera, en fus de leurs traitemens, l'excédant qui leur fera néceffaire pour compléter le montant de leur penfion.

X I V.

Les appointemens, traitemens, gages & gratifications fixés par les articles précédens, feront payés chaque mois aux employés, fur des états arrêtés par les commiffaires de la tréforerie, & fans autres quittances qu'un émargement.

X V.

Au mois de décembre de chaque année, les commiffaires de la tréforerie rendront publics par la voie de l'impreffion, l'état de leurs bureaux, la lifte nominative des employés dont ils feront compofés, les appointemens dont ils jouiront, & la diftribution des fommes deftinées aux gratifications.

X V I.

Les fujets qui fe trouveroient privés de leur emploi, par l'effet des fuppreffions relatives à la préfente organifation de la tréforerie nationale, obtiendront toute préférence pour leur rétabliffement, foit dans les places de nouvelles créations, foit dans toutes celles qui pourront devenir vacantes, & en attendant, ils auront droit au traitement fixé par les décrets de l'Affemblée nationale

en faveur des fonctionnaires publics. Si , après que tous
les remplacemens de sujets capables auront été opérés ,
il se trouve , dans l'espace de trois années , des places dis-
ponibles , les sujets supprimés dans les autres parties de
finance & d'administration , entreront en concurrence
pour les remplir , suivant leur mérite & leur ancienneté.
Le bureau de comptabilité , en parties doubles , sera
le seul excepté de cette règle , relativement aux connoissances particulières qu'il exige de ceux qui y seront
attachés.

X V I I.

Les quittances de toutes les parties prenantes qui
sont dans le cas de recevoir de différens payeurs du
trésor public , seront en papier timbré ; mais les journaux , regiftres , livres servant aux comptes , à l'ordre
& à la manutention de la tréforerie nationale , ainsi
que les récépissés , reconnoissances , quittances , mandats,
rescriptions & autres pièces servant à la comptabilité , ne
seront point assujétis à la formalité du timbre.

Mandons & ordonnons à tous les corps administratifs
& tribunaux , &c.

Suit l'état des bureaux.

B U R E A U X

Qui formeront la confiſtance habituelle & permanente de la Tréſorerie nationale, à compter du premier octobre 1791 , non compris les bureaux de comptabilité définitive.

S E C T I O N   D E   L A   R E C E T T E.

Bureaux chargés de ſuivre la rentrée & le verſement au tréſor public , de toutes les contributions directes & indirectes.

Ces bureaux ſont compoſés, en exécution des articles I & II du décret du 11 juillet 1791 , d'un premier commis, d'un bureau principal & de quatre bureaux particuliers de correſpondance.

Fonctions du premier commis.

Il doit ſeconder le commiſſaire de la tréſorerie particulièrement chargé de la recette , & , à cet effet, ſurveiller le travail des quatre directeurs, dont il ſera fait mention ci-après, & préparer , à l'aide du bureau principal , tout ce qui n'eſt pas compromis dans les opérations dont ces directeurs ſont ſpécialement chargés. Il préparera la correſpondance du comité de tréſorerie avec les quatre-vingt-trois départemens, avec les cinq cent quarante-quatre diſtricts , avec le miniſtre des contributions publiques ; il projettera les mémoires généraux , & les rapports fur les difficultés qui pourroient contrarier l'exécution des décrets de l'Assemblée nationale, concernant le verfement des contributions au tréfor public : enfin, il fuivra, fous les ordres du comité de tréforerie, la rentrée de celles des contributions indirectes, dont le produit ne paffe pas par les caiffes des receveurs de diftrict.

Compofition du bureau général & traitemens.

Premier commis de la feftion de la recette	12,000^{tt}
Trois chefs de bureau, à 3,600 liv.	10,800
Trois fous-chefs, à 2,400 liv.	7,200
Six commis, à 1,800 liv.	10,800
Trois, à 1,500 liv.	4,500
Trois, à 1,200 liv.	3,600
Deux garçons de bureau, à 720 liv.	1,440

T O T A L . . . . 50,340^{tt}

Fonctions des quatre directions particulières de correfpondance.

Ces bureaux particuliers font deftinés à fuivre la correfpondance journalière & le verfement des fonds de chacun des receveurs de diftrict. Les quatre directeurs entre lefquels les quatre-vingt-trois départemens feront partagés, tranfmettront à ces receveurs, chacun dans leur divifion, les obfervations dont leurs bordereaux auront été jugés fufceptibles. Ils donneront avis aux receveurs des refcriptions qui feront tirées fur eux par le fous-caiffier fignataire des refcriptions ; ils feront expédier les récépiffés que le caiffier général du tréfor public délivrera à la décharge des receveurs de diftrict pour chacun de leurs envois, & ils leur adrefferont ces récépiffés, après qu'ils auront été revêtus de toutes les formalités ; enfin, lorfque l'époque de la comptabilité fera arrivée, ils feront chargés, chacun dans leur division, de vérifier les comptes des receveurs, d'après les formes qui auront été décrétées par l'Assemblée nationale.

Les travaux de la section de la recette seront infiniment multipliés. Les bureaux qui en dépendent auront incessamment à suivre à-la-fois les restes de l'exercice de 1792, & le recouvrement de 1791. Au commencement de l'année prochaine, les détails des contributions de 1792 viendront s'y joindre; & à compter de 1793, on peut calculer qu'il y aura toujours trois exercices marchant de front.

Composition & traitemens.

Quatre directeurs, à 8,000 liv.	32,000ʰ
Huit chefs, à 3,600 liv.	28,800
Quatre premiers commis teneurs de livres à 2,400 l.	9,600
Huit premier commis, à 2,000 liv.	16,000
Seize commis, à 1,800 liv.	28,800
Huit, à 1,500 liv.	12,000
Huit, à 1,200 liv.	9,600
Quatre garçons de bureau, à 720 liv.	2,880
T o t a l	139,680ʰ

CAISSE DE RECETTE.

Fonctions.

Les caisses de recette de la trésorerie nationale seront au nombre de deux; savoir, la caisse journalière de recette, où se réuniront les contributions directes & indirectes de tout le royaume; la caisse générale où elles seront versées en masse. Ces deux caisses remplaceront l'ancienne consistance, 1º. des caisses du trésor public; 2º. de celles des recettes générales des finances; 3º. de celles de la ferme générale; 4º. de celles de la régie générale; 5º. de celles de toutes les administrations des finances qui se trouvent supprimées.

COMPOSITION ET TRAITEMENS.

Administration générale.

Un caiffier général comptable	24,000	
Un contrôleur général des caiffes . . .	12,000	
Un caiffier de la recette journalière . .	18,000	64,000
Un fous - caiffier fignataire des ref-criptions.	10,000	

Bureau du caiffier général.

Un commis principal, aide du caiffier .	3,500	
Un autre.	3,500	
Un teneur du grand livre de caiffe générale & de recette journalière	3,500	17,700
Pour la tenue des journaux & autres écritures. { Un commis, à. . .	3,000	
{ Un, à	2,400	
{ Un, à	1,800	

Bureau du contrôleur des caiffes.

Un commis principal pour la tenue des livres de recette & de dépenfe des caiffes générale & journalière . . .	3,500	
Un fecond commis principal pour le même objet.	3,000	
Un fecond commis pour la tenue des regiftres de dépenfe de départemens. . .	2,400	15,520
Un commis pour les opérations relatives aux reconftitutions	2,400	
Un fecond commis pour le même objet	2,000	
Un commis aux écritures.	1,500	
Un garçon de bureau.	720	

Bureau du caissier de la recette journalière.

Un commis principal. . . . . 3,000^{tt}
Un contrôleur des rescriptions. 4,000
Un commis pour l'expédition des rescriptions 2,400
Un commis pour la tenue du journal des rescriptions 1,800
Un commis aux écritures. . . . . . . 1,500 } 12,700^{tt}
Il sera en outre conservé un commis chargé particulièrement des restes des exercices des ci-devant receveurs-généraux des finances, , qui sera porté sur l'état des établissemens momentanés, ci . . . . *Mémoire.*

Garçons de caisse.

Un premier garçon de caisse 2,000
Six garçons de caisse, à 1,500 liv. . . 9,000 } 13,880
Quatre garçons de bureau pour le service des caisses, à 720 liv. 2,880

T o t a l . . . . 123,800^{tt}

PREMIÈRE SECTION DE LA DÉPENSE.

Frais du culte, de la liste civile, des affaires étrangères, des ponts & chauffées, & des dépenfes diverfes.

Bureau de contrôle de la dépenfe, & de vérification des comptes.

FONCTIONS.

Les bureaux de correfpondance & de contrôle, établis dans chacune des fections de la tréforerie nationale, font chargés de la furveillance habituelle de toutes les opérations relatives à la dépenfe & à la vérification de la comptabilité. Ces bureaux exiftoient du temps des tréforiers, & ils ne font devenus que plus néceffaires dans le nouvel ordre de chofes qui a été établi.

Compofition & traitemens.

Premier commis-contrôleur de la dépenfe, chargé en même temps de la correfpondance & de la vérification des comptes . . . . 8,000^{tt}

Correfpondance & contrôle des frais du culte & des dépenfes diverfes.

Un chef . . . . 3,600^{tt}
Un fous-chef . . . . 2,400 } 7,500
Un commis aux écritures 1,500

Correfpondance & contrôle des monnoies.

Un chef 3,600
Un commis principal . . . . 2,000 } 7,100
Un commis aux écritures 1,500

*Vérification des comptes du culte, des mon-
noies & des dépenses diverses.*

Un chef. . . . . 3,600^{tt} }
Un sous - chef. . . . . 2,400 } 9,000^{tt}
Deux commis aux écritures, à 1,500 liv. 3,000 }
Un garçon de bureau. 720

TOTAL . . . . 32,320^{tt}

BUREAU DE PAIEMENT.

Fonctions.

Les rentes & les pensions qui faisoient partie de cette
section de la dépense, en seront séparées à l'avenir, &
formeront un département particulier, conformément à
ce qui a été décrété par l'Assemblée nationale. Les états
ci-après présentent la consistance qu'aura le bureau de
paiement des dépenses diverses, lorsque cette séparation
aura été effectuée.

COMPOSITION ET TRAITEMENS.

Administration générale.

Un payeur principal . . . . 12,000^{tt} }
Un commis pour le seconder . . . . . 2,000 }
Un commis expéditionnaire . . . . . 1,800 } 18,200^{tt}
Deux, à 1,200 liv. . . . . 2,400 }

Dépenses du culte.

Un chef . . . . 3,600 }
Un premier commis . . . . 2,400 } 6,000

Tenue des journaux.

Un chef.	3,600^{tt}	
Un premier commis	3,000	9,000^{tt}
Un second commis	2,400	

Service des dépenses diverses & des ponts & chaussées.

Un chef. . . . . 3,600^{tt}

Pour les dépenses diverses . . . .
- Un commis principal . 2,400^{tt}
- Un commis, à 1,800
- Deux commis, à 1,200 l. . 2,400

= 6,600

Pour les ponts & chaussées . . .
- Un commis principal. . 2,400
- Un commis, à 1,500
- Un commis, à 1,200

= 5,100

Total = 15,300

Comptabilités en parties doubles des dépenses du culte, des ponts & chaussées, & dépenses diverses.

Un teneur de livres	3,600^{tt}	
Un commis	1,800	5,400
Deux garçons de bureau, à 720 liv.		1,440

T o t a l 55,340

SECONDE SECTION DE LA DÉPENSE.

Paiement des intéréts de la dette publique & des pensions.

Bureau de contrôle de la dépense, & de vérification des comptes.

FONCTIONS.

Le bureau de vérification & de contrôle des comptes des rentes & des pensions est un des plus importans du trésor public, relativement à la somme des dépenses qu'il est chargé de surveiller. La consistance définitive de ce bureau dépendra du parti que prendra l'Assemblée nationale pour le paiement des pensions & des intérèts de la dette publique.

COMPOSITION ET TRAITEMENS.

Un premier commis - contrôleur de la dépense, chargé en même - temps de la correspondance & de la vérification des comptes 8,000tt
Un commis principal 2,400
Un second commis 2,000
Deux commis, à 1,500 liv. 3,000
Un garçon de bureau 720

TOTAL 16,120tt

BUREAU DE PAIEMENT.

Fonctions.

Les différens objets qui formeront la consistance de cette section, faisoient précédemment partie du département des dépenses diverses.

Ce

Ce bureau devant embraſſer la totalité des dépenſes relatives à la dette publique, on y a réuni, 1°. les liquidateurs, qui, ci-devant, étoient attachés au département des dépenſes diverſes ; 2°. le détail relatif à la reconſtitution des rentes ; 3°. le paiement des penſions accordées aux ci-devant bénéficiers, qui, à beaucoup d'égard, doivent être aſſimilées aux rentes viagères. L'organiſation de ce bureau ne doit être, au ſurplus, regardée que comme proviſoire, ſa conſiſtance devant être conſidérablement augmentée, ſi l'Aſſemblée nationale ſubſtituoit une caiſſe unique au ſervice des payeurs des rentes.

Les vérifications dont eſt chargé ce bureau, relativement aux rembourſemens à faire par la caiſſe de l'extraordinaire, ont obligé d'augmenter momentanément le nombre des liquidateurs qui y étoient attachés ; mais comme ces opérations n'auront qu'une durée limitée, & dont le terme n'eſt pas très-éloigné, comme elles ne tiennent pas d'ailleurs à la conſiſtance habituelle & permanente du tréſor public, ces liquidateurs n'ont point été portés dans l'état ci-après :

COMPOSITION ET TRAITEMENS.

Un payeur principal comptable	12,000tt
Un premier liquidateur	6,000
Un ſecond liquidateur	5,000
Un troiſième liquidateur	4,000
Un quatrième liquidateur	3,000
Un teneur de livres	2,400
Deux commis, à 2,000 liv.	4,000
Deux commis, à 1,500 liv.	3,000
Deux garçons de bureau, à 720	1,440
T O T A L	40,840tt

TROISIÈME SECTION DE LA DÉPENSE.

Dépenses de la guerre.

Bureau de contrôle de la dépense, & de vérification des comptes.

FONCTIONS.

Les motifs qui ont été précédemment exposés pour le contrôle du paiement des dépenses du culte, des dépenses diverses & de la dette publique, ont déterminé à conserver un établissement de même genre pour les dépenses de la guerre. Il a paru nécessaire d'exercer une surveillance & une vérification indépendantes de celles du comptable. Ce bureau, d'ailleurs, existoit presque avec la même consistance pour la correspondance & pour la vérification des comptes ; en sorte qu'on obtiendra sans frais une augmentation de sûreté.

COMPOSITION ET TRAITEMENS.

Un premier commis-contrôleur de la dépense, chargé en même temps de la correspondance & de la vérification des comptes . . . . 8,000^{lt}

Pour le contrôle de la dépense & la correspondance.

Un chef . . . . 3,600^{lt}		
Un sous-chef 2,400	}	7,500^{lt}
Un commis expéditionnaire 1,500		

Pour la vérification des comptes.

Un chef 3 600		
Un commis principal 2,000	}	8,600
Deux commis, à 1,500 liv. 3,000		
Un garçon de bureau		720

TOTAL . . . . 24,820^{lt}

BUREAU DE PAIEMENT.

Fonctions.

Le département des dépenses de la guerre se divise en plusieurs parties ; savoir, l'extraordinaire des guerres, l'artillerie, le génie & la gendarmerie nationale. Ces divisions répondoient autrefois à autant de trésoriers particuliers, qui eux-mêmes étoient alternatifs, c'est-à-dire, dont l'un étoit chargé des exercices pairs, l'autre des exercices impairs. Le bureau ci-après remplace tous ces trésoriers & leurs commis, & en réunit toutes les fonctions.

COMPOSITION ET TRAITEMENS.

Administration générale.

Un payeur principal. . . . . 12,000^{tt}		
Un chef 3,600		
Deux sous-chefs, à 2,400 liv. 4,800	} 24,000^{tt}	
Deux commis - expéditionnaires, à 1,800 liv. 3,600		

Service & correspondance de l'extraordinaire des guerres.

Un chef. 3,600	
Un sous-chef. 2,400,	} 12,900
Trois commis, à 1,800 liv. 5,400	
Un commis, à 1,500 liv. . . . . 1,500.	

Artillerie & génie.

Un chef. 3,600	
Un commis principal 2,000	} 8,000
Deux commis, à 1,500 liv. 3,000	

Gendarmerie nationale.

Un chef. . . . . 3,600^{tt}
Un sous-chef . . . . 2,400 }   7,200^{tt}
Un commis. . . . . 1,200 }

Pour le contrôle des traites tirées des départemens.

Un commis principal . . . . 2,000 }
Un commis . . . . 1,500 }   3,500

Pour la tenue des journaux, celle des livres en parties doubles & le classement des acquits.

Un chef . . . . 3,600 }
Un teneur de livres en parties doubles . 3,000 }
Trois commis, à 2,400 liv. . . . . 7,200 }
Un commis . . . . 2,000 }   20,900
Deux commis, à 1,800 liv. . . . . 3,600 }
Un commis . . . . 1,500 }
Deux garçons de bureau, à 720 liv. 1,440

TOTAL . . . . 78,540^{tt}

QUATRIÈME SECTION DE LA DÉPENSE.

Dépense de la marine.

Bureau de contrôle de la dépense, & de la vérification des comptes.

FONCTIONS.

Les motifs précédemment exposés relativement au paiement des dépenses diverses, des intérêts de la dette publique & des dépenses de la guerre, ont déterminé la conservation d'un établissement semblable pour la marine.

COMPOSITION ET TRAITEMENS.

Un premier commis - contrôleur de la dépenfe, chargé en même temps de la correfpondance & de la vérification des comptes 8,000ᵗᵗ

Correfpondance & contrôle de la dépenfe.

Un chef.	3,600ᵗᵗ	
Un commis	2,400	7,500ᵗᵗ
Un autre	1,500	

Vérification des comptes.

Un chef de vérification	3,600	
Deux commis principaux, à 2,400 liv. .	4,800	12,900
Trois commis, à 1,500 liv.	4,500	
Un garçon de bureau		720

T O T A L 29,120ᵗᵗ

BUREAU DE PAIEMENT.

Fonctions.

Le département des dépenfes de la marine embraffe plufieurs fervices, celui des ports, celui des colonies de l'Amérique, celui des îles de France & de Bourbon, celui du continent de l'Inde. La marine a fes payeurs particuliers ou tréforiers dans toutes fes parties ; & le bureau des dépenfes eft chargé d'y faire paffer des fonds, fur les ordres du miniftre de la marine.

COMPOSITION ET TRAITEMENS.

Adminiftration générale.

Un payeur principal	12,000ᵗᵗ	
Un chef.	3,600	
Un commis	1,800	20,400ᵗᵗ
Deux commis à 1,500 liv.	3,000	

R 3

Pour la tenue des journaux, & comptes en parties doubles.

Premier teneur de livres . . . . 4,200^{tt}
Second teneur de livres 3,600
Troisième teneur de livres . . . . . 3,000 } 18,600^{tt}
Un commis 1,800
Quatre commis, à 1,500 liv. 6,000

Deux garçons de bureau, à 720 liv. 1,440

T O T A L . . . . 40,440^{tt}

CAISSES DE DÉPENSES OU DE DISTRIBUTION

Pour le service des quatre sections de la dépense.

FONCTIONS.

Le décret de l'Assemblée nationale suppofoit l'établiffement de quatre caiffes de diftribution ; mais un examen approfondi a fait connoître que celles de la guerre & de la marine étoient fufceptibles d'être réunies, fans qu'il pût en réfulter aucun inconvénient. A l'égard de celle du paiement de la dette publique, fon exiftence dépendra du parti que l'Affemblée nationale prendra pour le paiement des rentes ; & en attendant, le paiement en maffe continuera de s'en faire par la caiffe des dépenfes diverfes. Ces caiffes font fous la dépendance & la refponfabilité du receveur-général, qui les alimentera à mefure du befoin.

COMPOSITION ET TRAITEMENS.

Dépenfes diverfes.

Un caiffier . . . . 10,000^{tt}
Deux contrôleurs, à 2,400 liv. . . . . . 4,800 } 22,400^{tt}
Un commis payeur 1,600
Quatre garçons de caiffe, à 1,500 liv. 6,000

Caisses de la guerre & de la marine.

Un caissier	6,000tt	
Un contrôleur	3,000	} 12,000tt
Deux garçons de caisse, à 1,500 liv.	3,000	

TOTAL 34,400tt

SECTION

DE LA COMPTABILITÉ CENTRALE.

Bureaux de comptabilité centrale pour la tenue des livres en partie double, pour celui de prospectus des dépenses, pour les calculs de toute espèce, & pour l'expédition des états de distribution.

FONCTIONS.

Ces bureaux seront sous les ordres & sous l'inspection immédiate du commissaire de la trésorerie, chargé de la comptabilité; ils seront le centre commun auquel viendront aboutir toutes les opérations du trésor public, tant en recettes qu'en dépenses; ils en présenteront le tableau par jour, par semaine, par mois, par année. Les écritures en seront à jour; en sorte que chaque soir les commissaires de la trésorerie pourront se rendre compte de la situation du trésor public, & même en adresser l'état au président du Corps législatif, s'il est ainsi ordonné.

Les opérations de ces bureaux ne se borneront pas à la comptabilité des caisses intérieures du trésor public; elles s'étendront à toutes les caisses de recette & de dépense, & les écritures ne seront retardées qu'autant que l'exigera la distance des lieux & la nécessité d'obtenir

R 4

les bordereaux des comptables. On y diſtinguera les dépenſes faites pendant chaque année, de celles faites pour chaque année ; on y tiendra le compte du tréſor public avec la caiſſe de l'extraordinaire ; enfin, on y expédiera les états de diſtribution, après qu'il aura été vérifié ſur le regiſtre de proſpectus, ſi les ſommes y portées n'excèdent pas celles décrétées par le corps légiſlatif. C'eſt dans ce bureau que ſe feront tous les calculs néceſſaires pour les travaux des commiſſaires de la tréſorerie, & que s'expédieront les états qui y ſeront relatifs.

COMPOSITION ET TRAITEMENS.

Un premier commis directeur de la comptabilité centrale . . . . 7,200^{tt}

Tenue des livres pour la ſection de la recette.

Un chef.	5,000^{tt}	
Un teneur du grand livre de la recette .	3,000	
Un commis pour la tenue du journal .	2,400	
Un commis principal pour la tenue des regiſtres de comptes courans des receveurs de diſtrict	2,400	16,400
Deux commis pour *idem*, à 1,800 l. . .	3,600	

Tenue des livres pour la réunion de toutes les dépenſes, & pour établir la ſituation du tréſor public.

Un teneur de grand livre	3,000^{tt}	
Un commis pour la tenue du journal .	2,400	7,200
Un commis	1,800	

Calculateurs.

Un chef.	4,000	
Un commis aide	1,800	5,800

Formation & expédition des états deſtinés pour l'Aſſemblée nationale, & des états de diſtribution.

Un chef.	4,000^{tt}	
Un commis principal	2,400	7,900^{tt}
Un commis expéditionnaire	1,500	
Un garçon de bureau.	720	

Un chef. . . . . 4,000 tt
Un commis principal . . . . 2,400 } 7,900 tt
Un commis expéditionnaire 1,500
Un garçon de bureau. 720

T o t a l. . . . . 45,220 tt

BUREAU DU SECRÉTARIAT,

COMMUN AUX SIX SECTIONS PRÉCÉDENTES.

FONCTIONS.

Le ſecrétaire, établi par l'article III du décret du 18 mars 1791, eſt chargé de tenir le regiſtre des délibérations du comité de tréſorerie, & de dreſſer procès-verbal de ces ſéances ;

De faire regiſtrer les lettres envoyées aux différentes ſections & aux différens bureaux qu'elles concernent ; de projeter, lorſqu'il en eſt chargé, les réponſes & mémoires généraux dont les commiſſaires ne ſe feront pas réſervé perſonnellement la rédaction.

De la garde des archives & pièces de comptabilité générale.

COMPOSITION ET TRAITEMENS.

Secrétaire.	6,000^{tt}
Commis principal chargé de l'enregiſtrement des renvois	2,600
Un commis.	2,000

Un commis. . . . . 1,800[tt]
Un commis. 1,500
Un garçon de bureau 720

T O T A L. . . . . 14,620[tt]

SERVICE DE L'HOTEL

DE LA TRÉSORERIE NATIONALE.

Concierge. . . . . 1,200[tt]
Portier de la grande porte 1,000
Portier de la rue Vivienne 800
Portier de la rue Neuve des-Petits-Champs . . . 800
Deux balayeurs-frotteurs, chargés d'entretenir la
　　propreté dans l'hôtel, à 540 liv. chaque . . . 1.080
Trois hommes chargés de monter le bois & de
　　balayer les cours 1,080
Six garçons de bureaux pour le service intérieur,
　　à 720 liv. 4,320
Aide pour les caisses 360
Gardes-suisses 5,984
Monteur de bois 360

T O T A L 16,984

A l'égard des dépenses générales & variables, pour
fournitures de bureau & autres frais relatifs au service
de la trésorerie nationale, elles font d'autant moins
susceptibles d'évaluation, qu'il s'agit d'une nouvelle
composition, & qu'on ne peut établir aucune compa-
raison avec celles de même nature qui ont eu lieu jusqu'ici. On doit donc se borner à observer que cet objet
sera suivi avec la plus grande attention par le comité de
trésorerie, & qu'il y apportera la plus sévère économie. Ces
dépenses, après la révolution d'une année, seront remises
sous les yeux du corps législatif, qui pourra déterminer

alors, fur une bafe connue, s'il y a lieu de les fixer à
une fomme annuelle, ou de continuer à les paſſer fur
des mémoires vérifiés & arrêtés.

RÉCAPITULATION.

*Des émolumens accordés aux prépofés & employés qui
formeront la confiſtance habituelle & permanente de la
Tréforerie nationale.*

SECTION DE LA RECETTE.

Bureau général chargé de fuivre la rentrée & le
   verfement au tréfor public des contributions
   directes & indirectes . . . .   50,340#
Bureaux particuliers de correfpondance pour le
   même objet 139,680
Caiſſes de recettes, & bureaux qui en dépendent . 123,800

PREMIÈRE SECTION DE LA DÉPENSE.

*Dépenfes du culte, de la liſte civile, des affaires
étrangères, des ponts & chauſſées, & dépenfes
diverfes.*

Bureau de contrôle de la dépenfe & de vérification des comptes   32,320
Bureau de paiement   55,340

SECONDE SECTION DE LA DÉPENSE.

*Paiement des intérêts de la dette publique & des
pensions.*

Bureau de contrôle de la dépenfe, & de vérification des comptes.   16,120
Bureau de paiement   40,840

TROISIÈME SECTION DE LA DÉPENSE.

Dépenses de la guerre.

Bureau du contrôle de la dépense, & de vérification des comptes . . . . 24,820[livres]
Bureau de paiement 78,540

QUATRIÈME SECTION DE LA DÉPENSE.

Dépenses de la marine.

Bureau de contrôle de la dépense, & de vérification des comptes. 29,120
Bureau de paiement 40,440
Caisses de dépense ou de distribution, communes aux quatre sections de la dépense 34,400

SECTION DE LA COMPTABILITÉ.

Bureau de comptabilité centrale 45,200

BUREAU COMMUN AUX SIX SECTIONS.

Secrétariat 14,620

Dépenses diverses.

Service de l'hôtel de la trésorerie nationale . . . 16,984

TOTAL des dépenses habituelles & permanentes de la trésorerie nationale dans sa nouvelle consistance . . . . 742,584[livres]

ÉTAT DES BUREAUX

Qui avoient été précédemment établis dans chacune des sections , de la dépenfe de la tréforerie nationale , pour la formation des états au vrai , & qui feront provifoirement confervés dans la confiftance qu'ils avoient précédemment , fuivant les états certifiés par l'ordonnateur du tréfor public , en attendant que l'Affemblée nationale ait définitivement prononcé fur la comptabilité , tant arriérée que future. On y a ajouté un premier commis chargé de diriger & de furveiller les opérations.

(La dépenfe relative à ces bureaux eft portée par évaluation à 50,000 liv. dans la récapitulation générale qui fe trouve à la fuite de ces états. On efpère qu'elle n'excédera pas cette fomme , lorfque la comptabilité fera remife au courant.)

Formation des comptes du tréfor public.

Un premier commis	8,000ᵗᵗ	
Un chef.	3,500ᵗᵗ	
Un commis principal.	2,400	
Deux commis, à 2,000 liv.	4,000	
Un	1,800	14,200
Un	1,500	
Un garçon de bureau	1,000	

Formation des comptes du département des dépenfes diverfes.

Un chef.	4,000	
Un commis	2,500	6,500

Formation du compte des penfions.

Un chef	4,500	
Un commis principal.	2,400	
Un commis.	1,800	11,100
Un commis	1,600	
Un garçon de bureau	800	

Formation des comptes de la guerre (1).

Un chef...............................	6,000^{tt}	
Un fous-chef.........................	3,600	
Deux fous-chefs, à 3,000 liv.........	6,000	
Deux commis principaux, à 2,400 liv..	4,800	
Un commis............................	2,100	47,100^{tt}
Deux commis, à 2,000.................	4,000	
Six commis, à 1,800 liv..............	10,800	
Deux, à 1,500 liv....................	3,000	
Cinq, à 1,200 liv....................	6,000	
Un garçon de bureau..................	800	

Formation des comptes de la marine.

Un chef..............................	3,600	
Un fous-chef.........................	2,400	7,500
Un commis............................	1,500	

Formation des comptes des monnoies.

Un commis............................	1,800	3,000
Un autre.............................	1,200	

Bureau pour l'expédition des quittances comptables.

Un commis principal..................	2,600	5,000
Un commis............................	2,400	

T o t a l................... 102,400^{tt}

____

(1) L'état de l'ordonnateur du tréfor public portóit deux commis. à 1,000 livres, qui ont été mis à 1,200 livres.

É T A T   D E S   B U R E A U X

Qui ne font point partie de la nouvelle organifation de la tréforerie nationale, & qui ne doivent fubfifter que juf-qu'aux époques ci-après déterminées.

Liquidateurs pour l'examen des pièces relatives aux rembour-femens à faire par la caiffe de l'extraordinaire.

(Ce bureau ne doit avoir qu'une exiftence momentanée & fubordonnée aux circonftances.)

Un premier liquidateur	4,500[tt]	
Un fecond liquidateur	4,000	15,000[tt]
Un commis	2,000	
Trois commis, à 1,500 liv.	4,500	

Bureau pour le paiement des penfions.

(L'exiftence de ce bureau & du fuivant ne doit avoir lieu que jufqu'à l'époque de la réunion des penfions & coupons d'intérêts de la dette publique aux payeurs des rentes, ou à l'éta-bliffement qui leur fera fubftitué.)

Un vérificateur des quittances & pièces .	3,600[tt]	
Un fecond vérificateur	2,600	
Un troifième vérificateur	2,500	16,500
Un commis chargé des enregiftremens. .	2,400	
Trois commis, à 1,800 liv.	5,400	

Bureau pour la vérification des coupons d'intérêt, les états de leur paiement, & le foin d'en préparer les comptes.

Un commis principal.	2,400[tt]	
Quatre commis, à 1,500 liv.	6,000	8,400.

Commis confervé pour les reftes des exercices
des ci-devant receveurs-généraux des finances . .   2,000^{tt}

Bureau provifoire de l'agent du tréfor public.

(L'Affemblée nationale doit donner inceffamment une confiftance définitive à cet établiffement.)

A l'agent du tréfor public , à titre de
   Traitement provifoire . . . . 8,000^{tt}
Un commis principal. 3,000
Deux commis , à 1,500 liv. 3,000
Deux , à 1,200 liv. 2,400

        16,400

*Bureau d'expédition & de révifion des brevets
de penfions , dont les fonctions cefferont au
premier janvier prochain.*

Un chef. . . . . 5,000^{tt}
Un commis principal. 2,600

        7,600

*Ancien bureau de liquidation , dont les fonctions
cefferont au premier octobre prochain.*

Un premier commis . . . . 10,000^{tt}
Un commis. 2,100
Un autre 2,000

        14,100

*Bureau établi pour l'échange momentané des
affignats , tant que les circonftances exigeront cette mefure.*

(Ce bureau , à compter du premier octobre , fera
à la charge du département.)

Un premier commis . . . . 6,000^{t}
Un chef 1,800
Quatre commis , à 1,200 liv. 4,800
Deux commis , à 900 liv . , ... 1,800

        14,400

Cinq

Cinq commis, à 600 liv. . . . . 3,000^{tt}
Deux garçons de bureau, un à 800 liv.
 & un à 600 liv. 1,400
Quatre porteurs de lettres, à 1,080 liv. . 4,320

Caiffe des échanges.

Un caiffier 4,000
Deux garçons de caiffe, un à 1,200 liv.
 & un à 800 liv. 2,000

14,720^{tt}

T O T A L . . . . 109,120^{tt}

RÉCAPITULATION GÉNÉRALE

ET COMPARAISON.

Les émolumens fixes accordés aux prépofés & employés qui formeront la confiftance habituelle
& permanente de la tréforerie nationale, montent en total à . . . . 742,584^{tt}
Les gratifications à 30,000
     A quoi il convient d'ajouter,
1°. Les émolumens accordés aux employés attachés aux bureaux de formation des comptes
définitifs, lefquels montent à 102,200 liv.,
mais qui feront réduits, au plus, à 50,000 liv.
auffitôt que la comptabilité aura été remife au
courant, ci 50,000
2°. Les bureaux des ordonnances qui paffent au
miniftre de l'intérieur ; leur dépenfe qui s'élevoit à 76,450 liv., fera fufceptible d'être réduite, dans le courant de l'année prochaine, à
la fomme de 24,000
3°. Les dépenfes variables, telles que frais de
bureaux, fourniture de bois & de lumière, entretien de l'hôtel, & réparations qu'on peut
évaluer à 120,000

Total des dépenses de la trésorerie nationale
dans sa nouvelle consistance, en ce non
compris le traitement des commissaires . . . 966,584^{tt}

Dépenses dans l'ancienne consistance, conformément à l'état ci-après 1,416,081
____

É C O N O M I E . . . . 449,597^{tt}
____

Cette économie est indépendante de celle qui a été
faite au premier janvier dernier par la suppression des
receveurs-généraux des finances, des trésoriers & receveurs-généraux des pays d'États. Les bureaux établis pour
la suite de la rentrée & du versement des impositions
directes & indirectes, ne coûteront, ainsi qu'il résulte
des états ci-dessus, que 190,020 liv., & ils remplaceront
une administration qui coûtoit, pour les seules impositions directes, 2,356,456 liv., ainsi qu'il résulte de l'état
ci-après.

Les économies faites sur la rentrée & le versement des
impositions indirectes, d'après les dispositions du décret
du 18 mai, s'il étoit possible d'en faire le calcul, mon-
teroient à une somme au moins égale.

*Dépenses que supportoit le trésor public, pour la seule
rentrée des impositions directes, antérieurement au premier
janvier dernier.*

____

Pays d'élection & pays conquis.

Taxations & droits d'exercice. . . . 1,889,510 ⎫
⎪
Pays d'États. ⎬ 1,999,119^{tt}
⎪
Languedoc. ⎰Trésorerie . . . 84,469^{tt}⎱ ⎪
⎱Recette géné- ⎰ 109,609 ⎪
rale . . . . 25,140 ⎭

Bretagne	Tréforerie . . . 25,524^{tt} Recette générale. 11,258	36,782^{tt}	

Bretagne . . . { Tréforerie . . . 25,524^{tt} / Recette générale. . . . . 11,258 } 36,782^{tt}

Bourgogne. { Tréforerie . . . 70,000 / Recette générale. . . . . 5,800 } 75,800

Provence. . { Tréforerie . . . 9,800 / Recette générale . . . . 15,968 } 25,768

} 2,357,256^{tt}

Pau & Bayonne, recette générale . . . 42,787
Caiffe commune des recettes générales
  des finances & bureaux du comité . . 102,000
Partie des anciens bureaux d'adminiftration des recettes générales tranf-
  férés au tréfor public 75,000

Etat des dépenfes de la Tréforerie nationale dans fa
confiftance antérieure au premier juillet 1791.

Traitement du directeur-général. . . . . 60,000^{tt}

Traitement du premier commis des finances 30,000

Département de la recette & de la dépenfe générale 206,921

Département des dépenfes diverfes 186,400

Département des dépenfes de la guerre 207,350

Département des dépenfes de la marine 98,000

Bureau de l'agent du tréfor public, en évaluant
  à 8,000 liv. fon traitement annuel 14,300

Bureau du dépôt des ordonnances & de la diftribution des fonds 35,350

Bureau d'expédition des ordonnances & de correfpondance pour les affaires du département . . . 41,100

Bureau de contrôle de la recette & de la dépenfe
  du tréfor public 10,650

Bureaux de correfpondance établis au premier janvier dernier, pour la fuite des rentrées & verfe-

mens des impofitions directes , y compris les bu-
reaux de M. Gaudin . . . .   255,450[tt]
Bureaux d'expédition des brevets de penfion . . .   7,900
Bureaux des monnoies   7,450
Bureau de vérification des états au vrai des dé-
penfes diverfes   26,240
Bureau du contrôle des dépenfes & de la vérifica-
tion des comptés de la guerre   25,400
Bureau du contrôle des dépenfes & de la vérifica-
tion des comptes de la marine   38,640
Cinq garçons de bureau, pour les bureaux ci-deffus.   4,000
Bureau des états du roi   20,000
Bureau des rentes   16,400
Bureau de liquidation.   15,350
Bureau des dépêches   14,900
Bureau pour l'échange des affignats contre efpèces ,
y compris les dépenfes de la caiffe   29,120
Loyer du petit contrôle   14,000
Portier du petit contrôle & monteur de bois . .   1,160
Dépenfes *variables* , autres que la bougie & les
fournitures de bureau, attendu que celles-ci ont
été comprifes dans les dépenfes ci-deffus, envi-
ron   50,000

TOTAL des dépenfes à la charge du tréfor public
dans fon ancienne confiftance . . . .   1,416,081[tt]

2208.

L O I

Relative au régiment des Gardes-Suisses.

Donnée à Paris le 13 novembre 1791.

Louis, par la grace de Dieu, &c.

Décret du 15 *septembre* 1791.

L'Assemblée nationale décrète que le Roi sera prié de faire présenter incessamment au Corps législatif une nouvelle formation du ci-devant régiment des Gardes-Suisses, d'après les conventions & capitulations qui auront été agréées par le Corps Helvétique.

Et cependant l'Assemblée nationale considérant que ce régiment s'est comporté de la manière la plus satisfaisante, & a bien mérité de la Nation par sa conduite, décrète qu'il sera entretenu sur l'ancien pied, jusqu'à ce qu'il ait été statué autrement sur sa destination & sur le mode de son service.

Mandons & ordonnons à tous les corps administratifs & tribunaux, &c.

2209.

L O I

Relative aux citations faites devant les bureaux de conciliation de la ville de Paris.

Donnée à Paris le 13 novembre 1791.

Louis, par la grace de Dieu, &c.

Décret du 21 *septembre* 1791.

L'Assemblée nationale décrète que les citations devant les bureaux de conciliation de la ville de Paris, ne pourront, à peine de nullité, être faites que par les huissiers attachés aux juges-de-paix établis dans cette ville.

Mandons & ordonnons à tous les corps administratifs & tribunaux, &c.

2210.

L O I

Qui ordonne l'exécution des anciens réglemens de police relatifs aux ufines, ateliers ou fabriques établis dans les villes.

Donnée à Paris le 13 novembre 1791.

Louis, par la grace de Dieu, &c.

Décret du 21 septembre 1791.

L'Affemblée nationale décrète que les anciens réglemens de police relatifs à l'établiffement ou l'interdiction dans les villes, des ufines, ateliers ou fabriques qui peuvent nuire à la fûreté & à la falubrité de la ville, feront provifoirement exécutés.

Mandons & ordonnons à tous les corps adminiftratifs & tribunaux, &c.

2211.

L O I

Relative aux Juifs.

Donnée à Paris le 13 novembre 1791.

Louis, par la grace de Dieu, &c.

Décret du 2 septembre 1791.

L'Assemblée nationale considérant que les conditions nécessaires pour être citoyen Français & pour devenir citoyen actif, sont fixées par la constitution, & que tout homme qui, réunissant lesdites conditions, prête le serment civique & s'engage à remplir tous les devoirs que la constitution impose, a droit à tous les avantages qu'elle assure ;

Révoque tous ajournemens, réserves & exceptions insérés dans les précédens décrets relativement aux individus juifs qui prêteront le serment civique, qui sera regardé comme une renonciation à tous priviléges & exceptions introduits précédemment en leur faveur.

Mandons & ordonnons à tous les corps administratifs & tribunaux, &c.

2212.

L O I

*Relative à la remise des copies collationnées des décrets,
dont les minutes manquent aux archives du sceau.*

Donnée à Paris le 13 novembre 1791.

Louis, par la gracé de Dieu, &c.

Décret du 11 septembre 1791.

L'Assemblée nationale décrète que le garde de ses archives remettra au ministre de la justice des copies collationnées, soit des minutes des décrets acceptés ou sanctionnés, soit des expéditions en parchemin des lois qui sont aux archives nationales pour remplacer tant les minutes des décrets, que les expéditions authentiques des lois qui manquent aux archives de la chancellerie.

Mandons & ordonnons à tous les corps administratifs & tribunaux, &c.

2213.

L O I

Relative aux Juifs de la ci-devant province d'Alsace.

Donnée à Paris le 13 novembre 1791.

Louis, par la grace de Dieu, &c.

Décret du 28 septembre 1791.

L'Assemblée Nationale décrète ce qui suit :

ARTICLE PREMIER.

Dans le mois, les Juifs de la ci-devant province d'Alsace donneront aux directoires des districts du domicile des débiteurs, l'état détaillé de leurs créances, tant en principal qu'intérêts, sur les particuliers non-Juifs dénommés dans les anciens réglemens de la ci-devant classe du peuple de la même province.

I I.

Les directoires de district prendront aussitôt tous les renseignemens nécessaires, pour constater les moyens connus des débiteurs pour acquitter ces créances ; ils feront passer ces renseignemens, avec leur avis sur le mode de liquider ces créances, aux directoires des départemens du haut & du bas-Rhin.

I I I.

Les directoires des départemens du haut & du bas-

Rhin , donneront sans délai leur avis sur ce mode de liquidation , communiqueront cet avis aux Juifs, & l'enverront avec les observations de ces derniers, au Corps légiflatif, pour être ftatué ce qu'il appartiendra.

Mandons & ordonnons à tous les corps adminiftratifs & tribunaux , &c.

2214.

L O I

Relative au mode de nomination aux emplois de fous-lieutenans dans l'armée.

Donnée à Paris le 13 novembre 1791.

Louis , par la grace de Dieu , &c.

Décret du 28 septembre 1791.

L'Affemblée nationale , après avoir entendu fon comité militaire , décrète ce qui fuit :

ARTICLE PREMIER.

Le mode provifoire de nomination aux emplois de fous-lieutenans dans l'armée, qui a été fixé par le décret du premier août 1791, n'aura fon effet que pour les places actuellement vacantes , & pour celles qui viendront à vaquer d'ici au 15 octobre prochain. A cette époque , les lois fur l'avancement militaire , auxquelles il avoit été momentanément dérogé , reprendront leur cours.

I I.

En conféquence , à dater du 15 octobre prochain

nul ne pourra être admis aux emplois de sous-lieute-
nans dans l'armée, qu'après avoir justifié d'une instruction, d'une capacité suffisante, en se soumettant à des
concours & examens, ainsi qu'il sera dit ci-après.

I I I.

Jusqu'à ce que le Corps législatif ait statué sur la
partie de l'institution publique militaire, & sur la forme
définitive des examens qui en feront le résultat, il
sera fait, à commencer du premier avril prochain, par
les examinateurs des corps du génie & de l'artillerie, dans
le chef-lieu de chaque division militaire, & en présence
des officiers supérieurs de la garnison, & de trois commissaires choisis par le directoire du département, des
examens provisoires & publics, qui auront pour objet
les principes de la Constitution, & les élémens de l'a-
rithmétique, de la géométrie & de la fortification.

I V.

Tous les citoyens Français, depuis l'âge de seize ans
jusqu'à celui de vingt ans accomplis, pourront se présenter à ces examens, pourvu qu'ils soient d'une bonne
conformation, & qu'ils puissent fournir des certificats
de civisme, de bonnes mœurs & de bonne conduite,
de leurs municipalités respectives.

V.

Le nombre des aspirans qui pourront être admis
chaque année par ces examens, sera déterminé d'après
celui des emplois vacans dans l'armée. Le ministre de
la guerre en donnera avis, un mois à l'avance, aux
commandans de chacune des divisions militaires, lesquels seront tenus de lui faire parvenir directement la

lifte nominative des fujets admis, & le procès-verbal
de l'examen figné par les officiers civils & militaires
qui y auront affifté, ainfi que par les examinateurs.

V I.

Le miniftre de la guerre fera former du raffemblement de toutes ces liftes partielles, une lifte générale
qui fera rendue publique par la voie de l'impreffion,
& fur laquelle devront être exclufivement choifis par le
roi tous les fujets deftinés à remplir les places de fous-
lieutenans vacantes dans l'armée, autres que celles ré-
fervées aux fous-officiers.

V I I.

Les colonels feront autorifés à choifir fur cette lifte
les fujets qu'ils defireront préfenter pour remplir les
emplois de fous-lieutenans vacans dans les régimens ;
mais, dans tous les cas, la lifte de la date la plus
ancienne devra être épuifée avant qu'on en puiffe entamer une nouvelle.

V I I I.

Les concours & examens pour les corps de l'artillerie & du génie, continueront à avoir lieu dans les
formes & aux époques accoutumées. Les fujets qui fe
préfenteront pour la première fois à ces examens, feront néanmoins tenus d'être munis des mêmes certificats exigés ci-deffus pour les examens de fous lieutenans, & ils feront également interrogés fur les principes de la conftitution.

Mandons & ordonnons à tous les corps adminiftratifs & tribunaux, que les préfentes ils faffent configner
dans leurs regiftres, lire, publier & afficher dans leurs

départemens & refforts refpectifs, & exécuter comme loi du Royaume. Mandons & ordonnons pareillement à tous les officiers généraux & autres qui commandent les troupes de ligne dans les différens départemens du Royaume, comme auffi à tous les officiers, fous-officiers & gendarmes de la Gendarmerie nationale, & à tous autres qu'il appartiendra, de fe conformer ponctuellement à ces préfentes, &c.

2215.

L O I

Relative aux officiers généraux qui font employés dans les poffeffions françaifes de l'Afie, de l'Afrique & de l'Amérique.

Donnée à Paris le 13 novembre 1791.

Louis, par la grace de Dieu, &c.

Décret du 28 feptembre 1791.

L'Affemblée nationale, après avoir entendu le rapport de fon comité militaire, fur la manière de fixer l'état des officiers généraux qui font employés dans les colonies & poffeffions françaifes de l'Afie, de l'Afrique & de l'Amérique, décrète ce qui fuit :

ARTICLE PREMIER.

Les officiers généraux employés dans les colonies ne font pas nombre parmi ceux décrétés pour le fervice de l'armée dans le royaume.

I I.

Ils concourront pour la suite de leur avancement, soit par ancienneté, soit au choix du roi, avec les officiers généraux en France.

I I I.

Les appointemens attribués à ces officiers-généraux continueront à leur être payés sur les fonds des colonies comme ci-devant; néanmoins leur nombre, provisoirement & jusqu'à l'organisation définitive du service des troupes employées dans les colonies, ne pourra excéder celui de neuf, dont trois pour les Isles sous le vent, deux pour les Isles du vent, trois pour l'Inde & les Isles de France & de Bourbon, un pour la Guiane.

De ces neuf officiers généraux, trois pourront être lieutenans-généraux; savoir, ceux qui commanderont en chef aux Isles sous le vent, aux Isles du vent & dans l'Inde.

I V.

Les aides-de-camp nommés par lesdits officiers-généraux, seront maintenus dans leurs grades & fonctions, après que leur nomination aura été confirmée par le roi.

Mandons & ordonnons à tous les corps administratifs & tribunaux, que les présentes ils fassent consigner dans leurs registres, lire, publier & afficher dans leurs départemens & ressorts respectifs, & exécuter comme loi du Royaume. Mandons & ordonnons pareillement à tous les officiers-généraux de la marine, aux commandans des ports & arsenaux, aux gouverneurs, lieutenans-généraux, gouverneurs & commandans particuliers des Colonies orientales & occidentales, & à tous autres qu'il appartiendra, de se conformer ponctuellement à ces présentes, &c.

2216.

L O I

Relative au zèle que les gardes nationales ont manifesté pour concourir d'une manière active à la défense du Royaume.

Donnée à Paris le 13 novembre 1791.

Louis, par la grace de Dieu, &c.

Décret du 29 septembre 1791.

L'Assemblée nationale déclare qu'elle est satisfaite du zèle que les gardes nationales des départemens de l'intérieur ont manifesté pour concourir d'une manière active à la défense de l'État; & que si des circonstances nouvelles l'exigent, il sera indiqué des lieux de rassemblement aux gardes nationales de ceux des départemens de l'intérieur qui n'ont pas été compris dans la répartition fixée par les précédens décrets.

Mandons & ordonnons à tous les corps administratifs & tribunaux, &c.

2217.

L O I

Relative au tableau repréfentant le ferment du jeu de paume.

Donnée à Paris le 13 novembre 1791.

Louis, par la grace de Dieu, &c.

Décret du 28 feptembre 1791.

L'Affemblée nationale, confidérant que le 20 juin 1789 eft l'époque qui a affuré à la France une conftitution libre,

Décrète que le tableau repréfentant le ferment prêté à Verfailles le 20 juin 1789, au jeu de paume, commencé par Jacques-Louis David, peintre, fera fait aux frais du tréfor public, & qu'il fera placé dans le lieu deftiné aux féances de l'Affemblée nationale.

Mandons & ordonnons à tous les corps adminiftratifs & tribunaux, &c.

2218.

L O I

Qui ordonne au ministre de la guerre de présenter l'état des maréchaux-de-France en activité.

Donnée à Paris le 13 novembre 1791.

Louis, par la grace de Dieu, &c.

Décret du 17 septembre 1791.

L'Assemblée nationale décrète que le ministre de la guerre adressera dans la huitaine à l'Assemblée l'état des maréchaux-de-France en activité, afin que, conformément à ses décrets, elle puisse statuer sur la retraite de ceux qui n'étant pas conservés en activité seroient dans le cas d'obtenir une retraite.

Mandons & ordonnons à tous les corps administratifs & tribunaux, &c.

2219.

L O I

Relative à la liquidation de divers offices de perruquiers.

Donnée à Paris le 16 novembre 1791.

Louis, par la grace de Dieu, &c.

Décret du 29 septembre 1791.

L'Assemblée nationale, après avoir entendu le rapport qui lui a été fait au nom de ses comités central de liquidation & judicature réunis :

Résultat des rapports de la liquidation des charges de perruquiers-baigneurs-étuvistes, remis au comité de judicature par le commissaire du Roi, directeur-général de la liquidation, le 28 septembre 1791.

Perruquiers de Paris, trente-trois charges. Cent un mille sept cent quatre-vingt-quatre livres dix sous, ci . . . . 101,784 l. 10 f. » d.

Idem, de Clamecy, neuf charges. Trois mille deux cent cinquante-trois liv. six sous huit deniers, ci.   3,253   6   8

Idem, de Roye, douze charges. Deux mille quatre cent soixante-sept livres treize sous quatre deniers, ci   2,467   13   4

Idem, Noyon, dix-sept. Six mille trois cent soixante-seize livres six sous huit den. ci   6,376   6   8

Idem, Valogne, dix-huit. Six mille quatre cent vingt-deux livres seize sous huit deniers, ci . . . .   6,422 l. 16 f. 8 d.

Idem, Paris (troisième procès-verbal), trente-deux. Quatre-vingt-treize mille sept cent quatre-vingt-treize livres cinq sous, ci . . . .   93,793 5 »

Idem, de Manosque, quatre charges. Sept cent vingt liv., ci . .   720 » »

Idem, Saint-Pierre-le-Moutier, cinq. Mille trente-quatre livres trois sous quatre deniers, ci 1,034 3 4

Idem, Mâcon, vingt-trois. Trente-trois mille sept cent soixante livres trois sous quatre deniers, ci 33,760 3 4

Idem, Paris (quatrième procès-verbal), trente charges. Quatre-vingt-treize mille cinq cent vingt-quatre livres, ci . . . .   93,524 » »

Idem, Marle, une. Six cent soixante livres, ci . . . .   660 » »

Idem, Bar-sur-Aube, neuf. Seize cent quatorze livres, ci . . . . .   1,614 » »

Idem, Neuf-Château, deux. Cinq cent douze livres, ci . . .   512 » »

Idem, Calais, vingt-un. Quinze mille trois cent vingt-deux livres treize sous quatre deniers, ci 15,322 13 4

Total de la liquidation, montant à la somme de trois cent soixante-un mille deux cent quarante-quatre livres dix-huit sous quatre deniers, ci . . . . . .   361,244 l. 18 f. 4 d.

Décrète que les sommes portées au présent procès-verbal de liquidation, des places ou offices de perruquiers, du 28 de ce mois, ainsi qu'au résultat du même jour, seront payées aux titulaires dénommés audit procès-verbal, à la charge par eux de remplir les formes & conditions prescrites par les décrets.

Mandons & ordonnons à tous les corps administratifs & tribunaux, &c.

2220.

L O I

Portant établissement de tribunaux de commerce à Saint-Brieuc & à Quintin, & nomination de suppléans pour ceux de Caen, Amiens & Saumur.

Donnée à Paris le 7 décembre 1791.

Louis, par la grace de Dieu, &c.

Décret du 27 août 1791.

L'Assemblée nationale, après avoir entendu le comité de constitution, décrète ce qui suit :

Il sera établi des tribunaux de commerce dans les villes de Saint-Brieuc, chef-lieu du département des Côtes-du-Nord, & à Quintin, lieu principal de l'établissement des manufactures dites de *toiles de Bretagne.*

Le ressort de chacun de ces tribunaux est déterminé ainsi qu'il suit :

T 3

 ## L o i *du* 7 *Décembre* 1791.

Saint-Brieuc.

La ville & fauxbourg de Saint-Brieuc, la ville de Châtelaudren, les paroisses de Plérin, Tremuson, Plonfargon, Tregeux, Langeux, Cesson, Etables, Pordies, Saint-Quay, Treveneuc, Plourhan, Lantié, Plegnien, Plelô, Tressignaux, Trégomeure, Treguidel, Tremeloir, Iffigniac, Hillion, Pommerais & de Quessonnais.

Quintin.

Les villes & fauxbourgs de Quintin, & les paroisses de Plaine-haute, Saint-Brandant, le Focil, le Lessay, le vieux Bourg, Saint-Gildas, Saint-Bihy, Jeveu-le-Hart, Saint-Coreuc, Plaintel, Pleuc, Lorges, Lenfains, le Bodér, Laharmoie, Cohignac, Saint-Donnant, Plouvaroi, Boquehô, Plerneuf, Lameaugon, Pledran, Henon & de Saint-Julien de la Côte.

Il sera nommé quatre suppléans aux tribunaux de commerce établis à Caen, Amiens & Saumur.

Mandons & ordonnons à tous les corps administratifs & tribunaux, &c.

2221.

L O I

Relative à l'emplacement de l'administration du département
de l'Aisne.

Donnée à Paris le 9 décembre 1791.

Louis, par la grace de Dieu, &c.

Décret du 26 *septembre* 1791.

L'Affemblée nationale, après avoir ouï le rapport de fon comité d'emplacement, décrète ce qui fuit :

ARTICLE PREMIER.

L'emplacement de l'adminiftration du département de l'Aifne fera à la charge de tous les adminiftrés de ce département : en conféquence, l'acquifition faite par la municipalité de Laon, de la maifon conventuelle de la ci-devant abbaye de Saint-Jean, eft déclarée nulle & comme non avenue.

I I.

Le directoire du département de l'Aifne fatisfera inceffamment aux décrets précédemment rendus, en fe pourvoyant, dans les formes qu'ils prefcrivent, pour être autorifé à acquérir ou à louer les parties d'édifices néceffaires pour l'établiffement de l'adminiftration & de fes bureaux, à peine, par les membres du directoire, d'en demeurer perfonnellement refponfables.

T 4

III.

Il s'occupera également des moyens de réunir, autant qu'il sera possible, dans le même local, l'administration du district de Laon & de ses bureaux.

IV.

Les membres du directoire, procureur-général-syndic, & secrétaire du département, seront tenus de vider, sous quinzaine, les appartemens qu'ils occupent dans la maison acquise par la municipalité pour l'emplacement de l'administration, & de payer le loyer pour le temps de leur occupation, entre les mains du receveur de la régie des domaines, à dire d'experts nommés d'office par le commissaire de la caisse de l'extraordinaire, qui est chargé spécialement de veiller à l'exécution du présent décret, & d'en rendre compte au pouvoir exécutif.

Mandons & ordonnons à tous les corps administratifs & tribunaux, &c.

2222.

L O I

Relative au changement à faire, dans le décret du 20 mars, portant suppression de la ferme & de la régie générale, & dans toutes les pièces y relatives.

Donnée à Paris le 15 décembre 1791.

Louis, par la grace de Dieu, &c.

Décret du 4 mai 1791.

L'Assemblée nationale décrète que ces mots : *premier juillet mil sept cent quatre-vingt-neuf*, seront substitués à ceux-ci : *premier janvier mil sept cent quatre-vingt-onze*, dans le décret du 20 mars, portant suppression de la ferme & régie générale, & dans toutes les pièces y relatives.

Mandons & ordonnons à tous les corps administratifs & tribunaux, &c.

2223.

L O I

Relative à la peine de mort, à celle de la marque, &
aux délais accordés à l'accuse.

Donnée à Paris le 30 décembre 1791.

Louis, par la grace de Dieu, &c.

Décret des 26 & 27 septembre 1791.

L'Assemblée nationale décrète ce qui suit :

ARTICLE PREMIER.

Dès-à-présent la peine de mort ne sera plus que la
simple privation de la vie.

II.

La marque est abolie de ce jour.

III.

Le condamné aura trois jours pour déclarer qu'il entend se pourvoir en cassation : du jour de cette déclaration, il aura quinzaine pour présenter sa requête &
y faire statuer.

Le temps sera augmenté d'un jour pour dix lieues,
tant pour l'aller que pour le retour, en faveur des
condamnés détenus ou domiciliés hors du lieu où siégera.

le tribunal de caſſation : pendant ces différens délais il
ſera ſurſis à l'exécution.

Mandons & ordonnons à tous les corps adminiſtratifs & tribunaux , &c.

2224.

L O I

*Relative à l'établiſſement de l'hôpital militaire de Beſort
dans la maiſon des capucins de cette ville.*

Donnée à Paris le 18 janvier 1792.

Louis , par la grace de Dieu , &c.

Décret du 29 ſeptembre 1791,

L'Aſſemblée nationale , ouï le rapport de ſon comité
d'emplacement , excepte de la vente des biens nationaux
la maiſon des capucins de la ville de Beſort & dépendances, pour être employées à l'établiſſement de l'hôpital militaire de Beſort, actuellement exiſtant dans
la partie des caſernes de la ville, laquelle ſera rendue
à ſa deſtination naturelle & à l'extenſion du logement
des troupes de ligne.

Mandons & ordonnons à tous les corps adminiſtratifs & tribunaux , &c.

2225.

L O I

*Relative aux frais extraordinaires supportés par les gref-
fiers des tribunaux de district dans l'expédition des affaires criminelles.*

Donnée à Paris le 18 janvier 1792.

Louis, par la grace de Dieu , &c.

Décret du 29 septembre 1791.

Sur la repréſentation qui a été faite , qu'il eſt néceſſaire de pourvoir aux frais extraordinaires qui ont été
ſupportés par les greffiers des tribunaux de diſtrict ,
dans l'expédition des affaires criminelles , & à ceux qu'ils
auront encore à ſupporter juſqu'au premier janvier prochain , l'Aſſemblée a renvoyé à la légiſlature la fixation
des indemnités dues aux greffiers ; & cependant a décrété que les états des frais extraordinaires deſdits greffiers feront renvoyés à la légiſlature , viſés par les juges
de leurs tribunaux reſpectifs & par les directoires de
leurs départemens.

Mandons & ordonnons à tous les corps adminiſtratifs & tribunaux , &c.

2226.

L O I

Relative aux différens particuliers renfermés , bannis ou condamnés aux galères pour fait de révolte , depuis le premier mai 1788.

Donnée à Paris , le 18 janvier 1792.

Louis, par la grace de Dieu , &c.

Décret du 30 septembre 1791.

L'Assemblée nationale décrète que tous ceux qui , pour fait d'émeute ou de révolte, ont été renfermés, bannis ou condamnés aux galères depuis le premier mai 1788 , feront incessamment délivrés.

Mandons & ordonnons à tous les corps administratifs & tribunaux , &c.

2227.

L O I

Relative aux remboursemens à faire aux officiers de judicature supprimés, qui n'étoient point à finance.

Donnée à Paris le 20 janvier 1792.

Louis, par la grace de Dieu, &c.

Décret du 29 septembre 1791.

L'Assemblée nationale, ouï le rapport de ses comités central de liquidation & de judicature, décrète que les officiers de judicature supprimés, qui n'étoient point à finance, mais pourvus à vie & inamovibles, seront remboursés des sommes qu'ils justifieront avoir versées au trésor public, à l'effet d'obtenir leurs provisions.

Mandons & ordonnons à tous les corps administratifs & tribunaux, &c.

2228.

L O I

Relative aux loteries, aux droits de marque d'or &
d'argent, & aux droits des hypothèques.

Donnée à Paris le 20 janvier 1792.

Louis, par la grace de Dieu, &c.

Décret du 30 septembre 1791.

L'Assemblée nationale décrète que les loteries, les
droits de la marque d'or & d'argent, & les droits des
hypothèques, continueront d'avoir lieu.

Mandons & ordonnons à tous les corps administratifs & tribunaux, &c.

2229.

L O I

Relative au remboursement des frais de bureau de savans patriotes réunis aux Quatre-Nations.

Donnée à Paris le 4 mars 1792.

Louis, par la grace de Dieu, &c.

Décret du 26 septembre 1791.

L'Assemblée nationale décrète que les noms des savans patriotes réunis aux Quatre-Nations, seront inscrits dans le procès-verbal.

Suivent les noms de MM. les savans, classés par ordre alphabétique.

Messieurs.

Ameilhon,	Lemercier,
Berthelemy,	Maisonrouge,
Leblond,	Masson,
Debrequigny,	Mongez,
Debure,	Mouché,
Dacier,	Pajou,
David,	Poirier,
Desmarets,	Vandermonde.
Doyen,	

Décrète, en outre, que les frais de bureau, faits par ledit comité des savans, lui seront remboursés.

Mandons & ordonnons à tous les corps administratifs & tribunaux, &c.

2230.

L O I

Relative à une erreur existant dans celle du 28 juillet dernier, concernant les mines.

Donnée à Paris le 23 mars 1791.

Louis, par la grace de Dieu, &c.

Décret du 20 septembre 1791.

L'Assemblée nationale décrète que sur les deux expéditions originales de la loi du 28 juillet dernier, relative aux mines, seront rétablis les mots *& troisième*, après ces mots de l'article IV : *sous prétexte d'aucune des dispositions consenties aux articles premier & II ;* que la même rectification sera faite sur la minute du procès-verbal du 15 juin dernier, & qu'il sera fait en marge, tant dudit procès-verbal que des deux expéditions originales, mention de la rectification décrétée.

Mandons & ordonnons à tous les corps administratifs & tribunaux, &c.

2231.

LOI

Relative aux ci-devant avocats aux conseils.

Donnée à Paris le 15 avril 1792.

Louis, par la grace de Dieu, &c.

Décret du 21 septembre 1791.

L'Assemblée nationale décrète que l'autorisation pro-visoire, accordée aux ci-devant avocats aux conseils, d'exercer en même temps les fonctions d'avoués auprès du tribunal de cassation & auprès des tribunaux de dis-trict, demeure abrogée.

Mandons & ordonnons à tous les corps administra-tifs & tribunaux, &c.

V

2232.

L O I

Relative aux employés au secrétariat ou dans les comités de l'Assemblée nationale.

Donnée à Paris le 16 mai 1792.

Louis, par la grace de Dieu, &c.

Décret du 21 septembre 1791.

L'Assemblée nationale décrète que le travail des commis qui ont été employés au secrétariat ou dans les comités de l'Assemblée nationale, leur sera compté comme surnumérariat, à l'égard des emplois pour lesquels la loi ou des règlemens non abrogés demandent une ou deux années de travail préliminaire.

Mandons & ordonnons à tous les corps administratifs & tribunaux, &c.

2233.

LOI

*Portant que la défertion depuis le commencement de la
révolution, eft comprife dans l'amniftie.*

Donnée à Paris le 19 juin 1792.

Louis, par la grace de Dieu, &c.

Décret du 28 feptembre 1791.

L'Affemblée nationale décrète que la défertion depuis le commencement de la révolution, étoit comprife dans l'amniftie.

Mandons & ordonnons à tous les corps adminiftratifs & tribunaux, &c.

2234.

L O I

Relative à l'exploitation des salins & salines.

Donnée à Paris le 19 juin 1791.

Louis, par la grace de Dieu, &c.

Décret du 28 septembre 1791.

L'Assemblée nationale, en ajournant le projet de décret sur l'administration des salins & salines, décrète que les forêts affectées aux différentes salines, seront régies par l'administration forestière, qui fera les délivrances des bois nécessaires pour l'exploitation des salines.

Mandons & ordonnons à tous les corps administratifs & tribunaux, &c.

2235.

L O I

Additionnelle au décret du 21 *juillet* 1791 *, relatif au commerce des échelles du Levant & de Barbarie.*

Donnée à Paris le 22 *juillet* 1792.

Louis, par la grace de Dieu , &c.

Décret du 30 *août* 1791.

L'Affemblée nationale , ouï le rapport de fon comité d'agriculture & de commerce , décrète qu'il fera ajouté à l'article V du décret du 21 juillet dernier , relatif au commerce des échelles du Levant & de Barbarie , ces mots : *fans entendre rien innover au fujet du Lazaret de Toulon , qui continuera d'exercer le droit de donner la quarantaine, comme par le paſſé.*

Mandons & ordonnons à tous les corps adminiftratifs & tribunaux , &c.

Certifié conforme aux originaux.

Fin du Tome quinzième & dernier.

TABLE

CHRONOLOGIQUE

DES LOIS

Contenues dans le quinzième volume.

DATES des Lois.	Titres des Lois.	DATES des Décrets.
	2159.	
19 Octobre 1791.	Loi qui conserve comme oratoire l'église du ci-devant monastère des Ursulines de la ville de Ligny, page 5.	21 Sept. 1791.
	2160.	
19.	Loi relative à la circonscription des paroisses des cantons de Confolens & de Chabannais, 6.	21.
	2161.	
19.	Loi relative à la circonscription des paroisses du district de Vihiers, 11.	21.
	2162.	
19.	Loi relative à la réunion des paroisses de Bar-sur-Aube, 13.	21.

Collection des Lois. Tome XV. A

DATES des Lois.	*Titres des Lois.*	DATES des Décrets.
	2163.	
19 Octobre 1791.	Loi relative à la réunion des paroisses de Neuilly-Saint-Front , 14.	21 Sept. 1791.
	2164.	
19.	Loi relative à la réunion des paroisses de la ville de Dourdan , 15.	21.
	2165.	
19.	Loi relative à la circonscription des paroisses du district de Besse , 16.	21.
	2166.	
19.	Loi relative à la circonscription des paroisses du district de Calais , 19.	21.
	2167.	
19.	Loi relative à la circonscription des paroisses du district de Boulogne , 22.	21.
	2168.	
19.	Loi relative à la circonscription des paroisses du district d'Issoire , & qui rectifie une erreur commise dans le décret de circonscription des paroisses des districts de Clermont & de Riom , 26.	21 & 24.
	2169.	
19.	Loi relative à la circonscription des paroisses de Commercy , 30.	21.

DATES des Lois.	Titres des Lois.	DATES des Décrets.
	2170.	
Octobre 1791.	Loi relative à la réunion des paroisses de la ville d'Uzerche, 31.	21 Sept. 1791.
	2171.	
19.	Loi relative à la réunion des paroisses de la ville de Gonesse, 32.	21.
	2172.	
19.	Loi relative à la circonscription des paroisses de la ville de Bar, 33.	26.
	2173.	
19.	Loi sur la réclamation du sieur Desperriers, relativement à la liquidation de son office de lieutenant-général au bailliage d'Orbec, 34.	21 Août.
	2174.	
19.	Loi sur la réclamation du sieur Aucante, relativement à la liquidation de son office, 35.	21.
	2175.	
19.	Loi qui déclare qu'il n'y a lieu à délibérer sur la réclamation du sieur Ballot, ci-devant procureur au châtelet de Paris, 36.	21.
	2176.	
19.	Loi relative à la liquidation des offices de secrétaires du roi, audienciers & contrôleurs en la chancellerie près le parlement de Bordeaux, 37.	21.
	2177.	
19.	Loi relative à l'inscription aux ar-	1er Sept.

D A T E S des Lois.	Titres des Lois.	D A T E S des Décrets.
	chives nationales des noms & adreſſes des députés de la première légiſlature, 38.	
	2178.	7 Sept. 1791.
19 Octobre 1791.	Loi relative aux électeurs de la ville de Nantes, 39.	
	2179.	
19.	Loi qui renvoie le ſieur Négrier à ſe pourvoir au tribunal de caſſation, contre le juri tenu dans la rade du Port-au-Prince, 40.	16 Août.
	2180.	
19.	Loi portant qu'il n'y a pas lieu à liquider les offices de porteurs de ſel à Rouen, 41.	26.
	2181.	
19.	Loi relative à l'emplacement des corps adminiſtratifs des diſtricts de Champlitte, Pontarlier & Morhange, 41.	29 Sept.
	2182.	
19.	Loi qui improuve la conduite tenue par les électeurs du département de Paris, relativement à l'huiſſier Damiens, 43.	17.
	2183.	
19.	Loi portant que le ſceau dont le corps légiſlatif ſe ſervira, portera ces mots : *la Nation, la Loi & le Roi*, 44.	15.

DATES des Lois.	Titres des Lois.	DATES des Décrets.
	2184.	
19 Octobre 1791.	Loi relative à la résiliation du bail des domaines & droits de la ci-devant principauté de Sedan & dépendances, 45.	21 Sept. 1791.
	2185.	
19.	Loi relative au terrier-général de l'île de Corse, 46.	22.
	2186.	
19.	Loi qui déclare nulles des élections faites par le district de Pont-à-Mousson, & qui fixe les règles à suivre en pareilles circonstances par les assemblées électorales, & les administrations des districts & de départemens, 48.	22.
	2187.	
19.	Loi portant répudiation du legs fait à la patrie par la dame de Melliand, 49.	23.
	2188.	
19.	Loi relative aux eaux-de-vie de grains, dites de *Genièvre*, 50.	23.
	2189.	
19.	Loi relative à la fabrication & vente des poudres & salpêtres, 52.	27.
	2190.	
19.	Loi. Code militaire, 66.	30.

DATES des Lois.	Titres des Lois.	DATES des Décrets.
	2191.	
19 Octobre 1791.	Loi relative aux receveurs des consignations & aux commissaires aux saisies réelles, 78.	30 Sept. 1791.
	2192.	
19.	Loi relative aux officiers & gendarmes de la ci-devant Gendarmerie, à qui il a été accordé un logement aux casernes de Lunéville, 80.	22.
	2193.	
19.	Loi qui suspend la vente des haras de Rozière, 81.	27.
	2194.	
19.	Loi qui accepte la résiliation offerte par le sieur du Châtelet, du bail emphytéotique à lui passé le 6 juin 1792, 82.	27.
	2195.	
19.	Loi qui rectifie & confirme l'échange fait entre le roi & les auteurs de la dame Castanier, veuve du sieur Poulpri, 83.	27.
	2196.	
19.	Loi relative à l'affaire de Brie-Comte-Robert, 84.	6 Août.
	2197.	
19.	Loi relative à l'indemnité réclamée par les anciens régisseurs des droits d'octrois dans la ci-devant province d'Artois, 85.	19.
	2198.	
19.	Loi qui autorise le département de	23 Juillet.

DATES des Lois.	Titres des Lois.	DATES des Décrets.
	l'Orne à faire vendre quarante étalons du haras du Pin , 86.	
	2199.	
21 Octobre 1791.	Loi relative à la compofition de l'armée , 86.	18 Août 1790 & 28 Sept. 1791
	2200.	
21.	Loi en forme d'inftruction , pour la procédure criminelle , 107.	29 Septemb.
	2201.	
21.	Loi portant que le troifième commiffaire du roi pour les affignats continuera de remplir fes fonctions tant que la fabrication occupera deux manufactures, 209.	29.
	2202.	
23.	Loi qui accorde une penfion de deux mille livres à M. de la Salle , & de mille livres à M. Defaudray , 201.	30.
	2203.	
23.	Loi qui met cent mille livres à la difpofition du miniftre de l'intérieur pour acquifition de livres & manufcrits pour la bibliothèque nationale , 202.	27.
	2204.	
23.	Loi concernant la penfion de la veuve du maréchal de Richelieu , 203.	21.
	2205.	
	Loi relative au paiement de la penfion & du traitement de M. Perronnet, premier ingénieur des ponts & chauffées, 304.	30 Août.

DATES des Lois.	Titres des Lois.	DATES des Décrets.
	2206.	
4 Nov. 1791.	Loi portant réunion à la France du pays d'Enrichemont, 205.	27 Septemb. 1791.
	2207.	
13.	Loi relative à la trésorerie nationale, 206.	30 Juin, 11 Juillet & 16 Août.
	2208.	
13.	Loi relative au régiment des gardes-suisses, 275.	15.
	2209.	
13.	Loi relative aux citations faites devant les bureaux de conciliation de la ville de Paris, 276.	21.
	2210.	
13.	Loi qui ordonne l'exécution des anciens règlemens de police relatifs aux rues, ateliers ou fabriques établis dans les villes, 277.	21.
	2211.	
13.	Loi relative aux Juifs, 278.	2.
	2212.	
13.	Loi relative à la remise des copies collationnées des décrets dont les minutes manquent aux archives du sceau, 279.	11.
	2213.	
13.	Loi relative aux Juifs de la ci-devant province d'Alsace, 280.	28.
	2214.	
13.	Loi relative au mode de nomination	28.

Titres

DATES des Lois.	Titres des Lois.	DATES des Décrets.
	2222.	
15 Décemb. 1791.	Loi relative au changement à faire dans le décret du 29 mars, portant suppression de la ferme & de la régie générale, & dans toutes les pièces y relatives, 295.	4 Mai 1791.
	2223.	30.
30.	Loi relative à la peine de mort, à celle de la marque & aux délais accordés à l'accusé, 296.	26 & 27 Sept.
	2224.	
18 Janvier 1792.	Loi relative à l'établissement de l'hôpital militaire de Béfort dans la maison des capucins de cette ville, 297.	29.
	2225.	
18.	Loi relative aux frais extraordinaires supportés par les greffiers des tribunaux de district dans l'expédition des affaires criminelles, 298.	29.
	2226.	
18.	Loi relative aux différens particuliers renfermés, bannis ou condamnés aux galères pour fait de révolte, depuis le premier mai 1788, 299.	30.
	2227.	
20.	Loi relative aux remboursemens à faire aux officiers de judicature supprimés, qui n'étoient point à finance, 300.	29.
	2228.	
	Loi relative aux loteries, aux droits de marque d'or & d'argent, & aux droits des hypothèques, 301.	30.

DATES des Lois.	Titres des Lois.	DATES des Décrets.
	2229.	
4 Mars 1792.	Loi relative au remboursement des frais de bureau des savans patriotes réunis aux Quatre-Nations, 302.	26 Sept. 1791.
	2230.	
23.	Loi relative à une erreur existant dans celle du 28 juillet dernier, concernant les mines, 303.	26.
	2231.	
15 Avril.	Loi relative aux ci-devant avocats aux conseils, 304.	27.
	2232.	
16 Mai.	Loi relative aux employés au secrétariat ou dans les comités de l'Assemblée nationale, 305.	27.
	2233.	
19 Juin.	Loi portant que la désertion depuis le commencement de la révolution, est comprise dans l'amnistie, 306.	28.
	2234.	
19.	Loi relative à l'exploitation des salins & salines, 307.	28.
	2235.	
22 Juillet.	Loi additionnelle au décret du 21 juillet 1791, relatif au commerce des échelles du Levant & de Barbarie, 308.	30 Août.

Fin de la table chronologique du tome quinzième.